상표법의 쟁점과 사례

상표법의 쟁점과 사례

최 성 우

한국지식재산연구원 · 新論社

머리말

강산이 거의 두 번 변할 동안 상표 분야에서 실무를 하면서도 늘 부족함을 느껴왔습니다. 상표 전문가로서, 상표법의 본질을 궤뚫고 그 사회 · 경제적 기능을 제대로 이해하기는 커녕, 상표법에서 논의되는 개별의 쟁점들에 대해서도 이해가 부족하여 혼란스러운 경우가 적지 않았습니다. 그래서 상표 분야에서의 마일스톤이 될 만한 판례들을 중심으로 상표법의 중요한 쟁점들을 정리해 보고 싶은 욕심이 늘 있었습니다. 하지만, 실무에 쫓겨 엄두를 내지 못하던 차에, 한국지식재산연구원으로부터 지식재산연구총서 발간기획에 대한 안내와 집필 제안을 받고, 용기를 내어 이 책 집필을 시작하게 되었습니다.

집필을 시작하기 전에, 소위 브랜드 전문가로서 이 책의 포지셔닝에 대해서 생각해 보았습니다. 이 책의 내용과 깊이, 이 책이 추구하는 목표, 그리고 독자층은 누구를 대상으로 해야 하는지, 기존의 논문이나 저서들과의 차별화 포인트는 무엇인지에 대해서 많은 고민을 하였습니다.

상표 분야에서는 이미 여러 판례들을 훌륭한 전문가들이 평석하고 해설하는 작업이 꾸준히 진행되어 왔습니다. 예를 들면, 대법원에서 '대법원판례해설'이 계속해서 나오고 있고, 한국정보법학회의 '정보법 판례백선(Ⅰ)'에서 상표 분야 주요 판례에 대한 평석이 다루어진 적이 있습니다. 또한, 작년 초에는 일본에서 발간된 '商標判例百選'이 '비교상표판례연구회'의 번역 작업을 거쳐 '상표판례백선'이라는 이름으로 출간되기도 하였습니다. 이 책은 이와 같은 노력의 연장선상에 있는 것이기는 하지만, 다음과 같은 차이

점을 갖고 있으며, 그것이 이 책의 포지셔닝 포인트이기도 합니다.

이 책은 판례평석을 목적으로 한 것이 아니라, 판례를 중심으로 하여 꼬리에 꼬리를 무는 방식으로 상표법의 쟁점을 두루 살펴보기 위한 것입니다. 이를 위해 상표법상 중요한 의미가 있는 판례들을 100여 개 정도 뽑은 후에 주제별로 겹치지 않게 정리하여 최종적으로는 30~40개 정도의 판례를 선정하였습니다. 그리고 복잡한 이론과 학설에 치중하기보다는, 해당 판례를 둘러싼 쟁점과 여러 의견을 소개하면서 실무적인 측면에서 정리하려고 노력했습니다.

아울러, 해당 판례와 관련된 미국과 일본의 상표 판례 및 관련 제도를 소개함으로써 입체적인 이해가 가능하도록 시도했습니다. 당초 계획은 우리나라의 판례와 관련이 있는 미국과 일본의 판례 중 대표적인 것을 번역하여 소개하려고 했지만, 이것은 지면 관계상 별도의 작업으로 미루기로 하고, 이 책에서는 각 판례의 주요 쟁점을 비교하거나 소개하는 정도로 만족할 수밖에 없었습니다.

아마도 한국지식재산연구원의 의뢰와 원고마감 독촉이 없었더라면 이 책은 완성되지 못했을 것입니다. 개인적으로는 집필하는 과정이 힘들었다기보다는 매우 행복했습니다. 본 작업 과정에서 미국과 일본의 판례를 각각 100여 개씩 검토하였지만, 그것들을 우리 판례와 섞어 녹여 내는 것이 쉽지는 않았습니다. 또한 상표법의 전체를 관통하는 일관된 논리로, 여러 판례들의 문제점을 짚어 내고 그 해결을 제시하는 것도 능력의 한계와 주어진 시간상 역부족이었습니다. 이 점에서 내공이 부족함을 절감했지만, 역설적으로 앞으로 도전해야 할 분명한 목표를 보게 되어 오히려 감사했습니다.

지식재산연구총서 시리즈 발간을 기획하신 한국지식재산연구원의 김원중 원장님, IP인프라팀의 이승현 팀장님, 그리고 필자가 원고 마감시간을 지키지 못해 속을 까맣게 태우신 유은영 연구원님께 진심으로 감사드립니다. 그리고 부족한 컨텐츠를 멋진 편집으로 보완해 주신 新論社 편집부에도 감사드립니다. 아울러 이 책을 보시는 상표 분야의 전문가분들과 실무자분들의 평가와 질책을 생각하면 벌써부터 걱정이 앞서지만, 그래도 이 책을 읽어주시고 조언해 주실 여러 독자분들께 감사의 말씀을 전합니다. 감사합니다.

2012. 12. 1.
최성우 식

일러두기

- 사실관계는 사안의 정리를 위해 다소 단순화하거나 수정한 부분이 있습니다.
- 관련규정은 특별한 표시가 없으면 상표법 조문입니다.
- 판결문의 표현이 지나치게 장문(長文)이거나 다소 어색해도 고치지 않았습니다.
- 판결문상의 상표법 조문번호는 현행 상표법에 맞게 바꾸었습니다.

목차

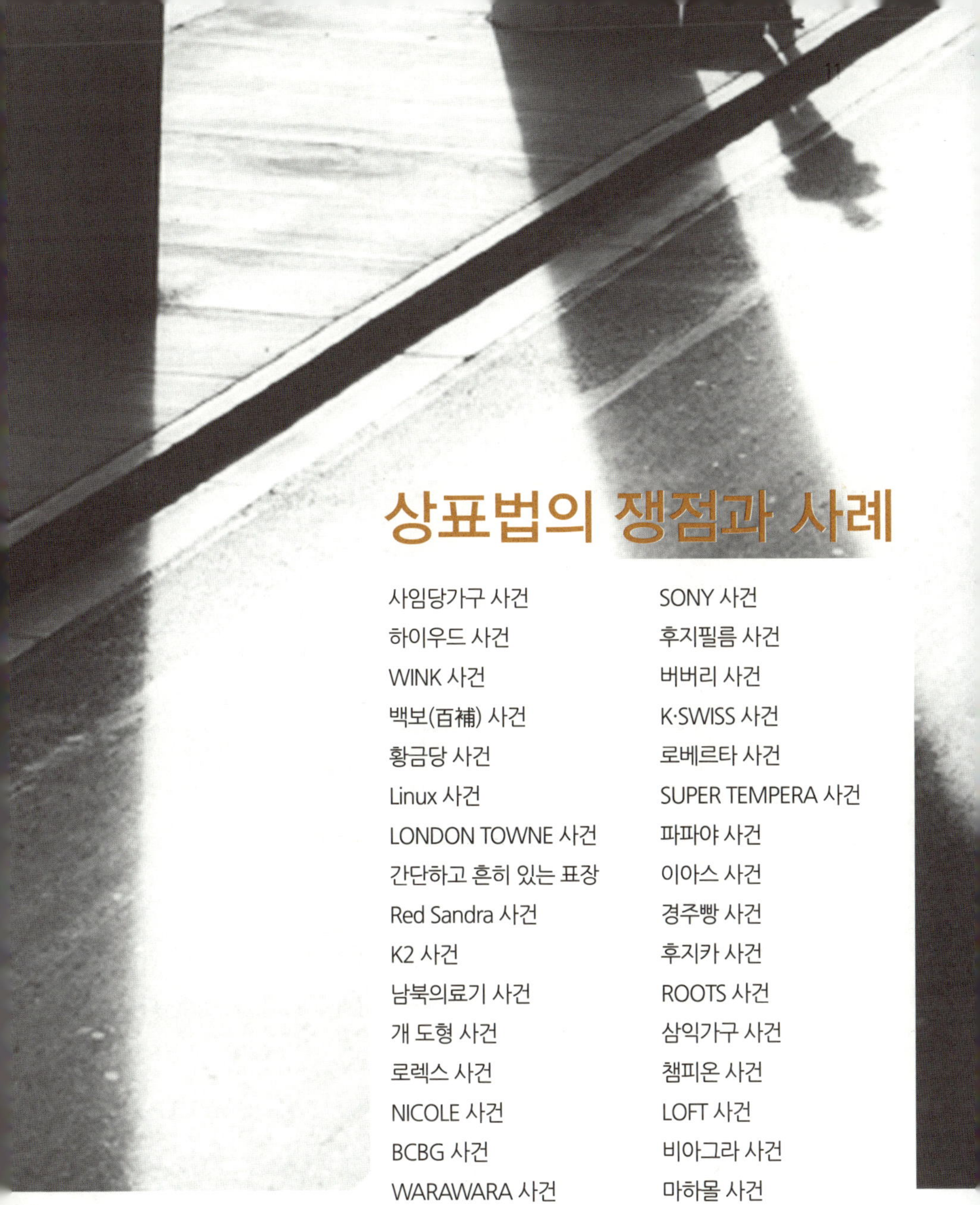

상표법의 쟁점과 사례

사임당가구 사건
하이우드 사건
WINK 사건
백보(百補) 사건
황금당 사건
Linux 사건
LONDON TOWNE 사건
간단하고 흔히 있는 표장
Red Sandra 사건
K2 사건
남북의료기 사건
개 도형 사건
로렉스 사건
NICOLE 사건
BCBG 사건
WARAWARA 사건
아디다스 3선사건
유화정철학관 사건
핫윙 사건
가필드 사건
SONY 사건
후지필름 사건
버버리 사건
K·SWISS 사건
로베르타 사건
SUPER TEMPERA 사건
파파야 사건
이아스 사건
경주빵 사건
후지카 사건
ROOTS 사건
삼익가구 사건
챔피온 사건
LOFT 사건
비아그라 사건
마하몰 사건
이스타운송 사건
VSP 사건
Adidas 오픈마켓 사건

사임당가구 사건

□ 사건번호 : 대법원 1993. 1. 19. 선고 92도2054 판결 (부정경쟁방지법위반)
□ 키워드 : 타인의 선사용 유명상표를 모방한 상표권의 효력, 권리남용

1. 사건의 개요

(1) 이 사건 계쟁상표는 다음과 같다.

구분	선사용 상표	이 사건 등록상표
권리자	乙(선사용자)	甲(상표권자)
표장	사임당가구	전통 공예 사임당
상품	(전통공예) 가구	침대, 농

(2) 가구업체인 乙은 '사임당가구'라는 상표로 1982. 10.경부터 독특한 목상감기법으로 전통공예 가구류를 개발하여 국내에서 상당한 판매량을 확보하였고, 1984년 서울국제가구전시회에서 최우수상을 획득했으며, 1985년경부터 활발하게 수출(국내 점포 13개, 해외 3개)하였으나 상표등록은 받지 않았다.

(3) 인쇄업자인 甲은 그 사실을 알면서 사임당가구라는 상표권을 먼저 취득할 의도하에 1988. 12. 19. 이 사건 등록상표를 출원하였고, 1990. 7. 16. 상표등록을 받았다. 그 후 甲은 무효심판청구사실을 아는 甲2에게 상표권을 양도하였고 甲2는 처인 甲3에게 상표권을 양도하였으며, 甲3은 '주식회사 사임당가구'를 설립하여 그 회사에 상표권을 양

도하였다. '주식회사 사임당가구'는 상표권을 양수한 후에 7개 가구 업체와 대리점계약을 체결하고 대리점들로 하여금 입간판 및 네온사인에 乙의 상호명인 '사임당가구'와 유사한 '전통공예 사임당가구'라는 상호를 사용하게 하면서 글씨체의 모양과 색상 배열을 똑같이 하였고, 대리점의 상품에도 '전통공예 사임당가구'라는 라벨을 붙여 이를 판매하게 하였다.

(4) 乙은 상표등록 무효심판을 청구하는 한편, 부정경쟁방지법 제2조 제1호 및 제2호에 해당함을 이유로 하는 소를 제기하였다.[1)]

2. 법원의 판단

(1) 부정경쟁방지법 제9조의 규정은 그 법률이 시행되기 전의 부정경쟁방지법(1961. 12. 30. 법률 제911호) 제7조가 상표법 등에 의하여 권리를 행사하는 행위에 대하여는 부정경쟁방지법의 규정을 적용하지 아니한다고 규정하였던 것과는 달리, 상표법, 상법 중 상호에 관한 규정 등에 부정경쟁방지법의 규정과 다른 규정이 있는 경우에는 그 법에 의하도록 한 것에 지나지 아니하므로, **상표법 등 다른 법률에 의하여 보호되는 권리일지라도 그 법에 저촉되지 아니하는 범위 안에서는 위의 법률을 적용할 수 있다고 볼 것**인데, 피고인들의 판시와 같은 행위에 대하여 그 법률을 적용하는 것이 상표법이나 상법 중 상호에 관한 규정 등에 저촉된다고 할 수 없다.

(2) 물론 상표권자는 지정상품에 대하여 그 등록상표를 사용할 권리를 독점하는 것이고, 일단 등록된 상표는 심판에 의하여 무효로 확정되

1) 이 사건 등록상표는 1993. 2. 12. 선고 92후1608 판결에 의하여 상표등록이 상표법 제7조 제1항 제9호에 해당함을 이유로 무효로 되었고, 이 사건 판결은 그에 앞서 1993. 1. 19.에 선고된 것이다.

기까지는 유효한 것임은 소론과 같고, 그러므로 일반적으로는 상표법에 의한 상표권자의 상표권 행사가 국내에 널리 알려진 타인의 상표와 동일 또는 유사한 것을 사용하거나 이러한 것을 사용한 상품을 판매 반포하여 타인의 상품과 혼동을 일으키게 하는 행위에 해당하는 경우에도 위의 법률의 적용대상이 되지 않는다고 보는 것이 옳을 것이다.

(3) 그러나 상표의 등록이나 상표권의 양수가 자기의 상품을 타업자의 상품과 식별시킬 목적으로 한 것이 아니고, 국내에 널리 인식되어 사용되고 있는 타인의 상표가 상표등록이 되어 있지 아니함을 알고, 그와 동일 또는 유사한 상표나 상호 표지 등을 사용하여 일반 수요자로 하여금 타인의 상품과 혼동을 일으키게 하거나 타인의 영업상의 시설이나 활동과 혼동을 일으키게 하여 이익을 얻을 목적으로 형식상 상표권을 취득하는 경우에는 그 상표의 등록출원이나 상표권의 양수 자체가 부정경쟁행위를 목적으로 하는 것으로서, 가사 권리행사의 외형을 갖추었다 하더라도 이는 상표법을 악용하거나 남용한 것이 되어 상표법에 의한 적법한 권리의 행사라고 인정할 수 없으므로, 부정경쟁방지법 제9조에 해당한다고 할 수 없다.

3. 해설

(1) 대상판결은 대법원이 등록상표권의 행사에 대해서도 부정경쟁방지법의 규정을 적용할 수 있는지에 관하여 판단한 최초의 사건이다. 상표법과 부정경쟁방지법 간의 적용순위에 관한 규정은 아래 표에서와 같이 변경되어 왔다. 현재는 부정경쟁방지법 제15조의 해석에 따라 상표법 등 다른 법률에 의하여 보호되는 권리일지라도 그 법에 저촉되지 아니하는 범위 안에서는 부정경쟁방지법을 적용할 수 있다

는 것이 통설 · 판례인데, 대상판결은 위 규정을 들어 등록 상표권의 권리남용적인 행사에 대해서도 부정경쟁방지법상의 부정경쟁행위에 해당함을 인정한 최초의 판례라고 할 수 있다.

<1961. 12. 30. 제정, 1962. 1. 1. 시행 법률 제911호>
제7조 (무체재산권행사행위에 대한 적용의 제외) 제2조제1호 및 제2호, 제3조, 전조제1항 및 제2항과 제8조제2호의 규정은 특허법, 실용신안법, 의장법, 상표법 또는 상법중 상호에 관한 규정에 의하여 권리를 행사하는 행위에 대하여는 적용하지 아니한다.

<1986. 12. 31. 전부개정 1987. 1. 1. 시행 법률 제3897호>
제9조 (다른 법률과의 관계) 특허법, 실용신안법, 의장법, 상표법, 독점규제및공정거래에관한법률, 상법중 상호에 관한 규정 또는 형법중 국기 · 국장에 관한 규정에 제2조 내지 제4조 및 제11조의 규정과 다른 규정이 있는 경우에는 그 법에 의한다.

<1991. 12. 31. 일부개정 1992. 12. 15. 시행 법률 제4478호>
제15조 (다른 법률과의 관계) 특허법, 실용신안법, 의장법, 상표법, 독점규제및공정거래에관한법률 또는 형법중 국기 · 국장에 관한 규정에 제2조 내지 제6조, 제10조 내지 제14조 및 제18조제1항의 규정과 다른 규정이 있는 경우에는 그 법에 의한다.

(2) 이 사건 이후에, 등록상표권의 적극적 효력, 즉 상표권자 또는 사용권자에 의한 상표의 사용이 부정경쟁행위를 구성한다고 판단한 사건으로 K2 사건,[2] 헬로키티 사건,[3] 캠브리지멤버스 사건,[4] 비제바노 사

---

2) 대법원 2008. 9. 11.자 2007마1569 결정
3) 대법원 2001. 4. 10. 선고 2000다4487 판결
4) 대법원 2007. 6. 14. 선고 2006도8958 판결

건[5] 등이 있다. 이들 판례에 의하면 타인의 선사용 유명상표가 미등록임을 기화로 모방상표를 등록한 자가 자기의 등록상표를 사용하는 행위는 그것이 설령 권리행사의 외형을 갖추었다 하더라도 상표법을 악용하거나 남용한 것이 되어 적법한 권리의 행사라고 인정할 수 없고, 오히려 그 타인과의 관계에서 부정경쟁행위를 구성하는 것으로 된다.

(3) 한편, 판례는 등록상표권의 소극적 효력, 즉, 상표권자가 타인의 상표 사용 행위에 대하여 상표권 침해를 이유로 하는 금지청구권 등을 행사하는 경우에도 소정의 경우에는 그것을 권리남용으로 보아 권리행사를 불인정하는 경우가 있다. 예를 들면, 대법원은 진한커피 사건,[6] 에이시엠파이워터 사건,[7] 스타스위트 사건에서,[8] 그리고 서울고등법원은 D&G 사건[9] 등에서, 타인의 미등록 유명상표를 모방한 상표를 등록받은 자가 그 타인이나 그 타인으로부터 허락을 받아 상표를 사용하는 자에게 상표권을 행사하여 상표사용금지 또는 손해배상 등을 청구한 경우에도 그러한 상표권 행사는 상표제도의 목적이나 기능을 일탈하고 법적으로 보호받을 만한 가치가 없다고 인정되므로 비록 상표권의 행사라는 외형을 갖추었다 하더라도 그것은 권리를 남용하는 것으로 허용될 수 없다고 판시하였다.

(4) 이상에서와 같은 상표권의 적극적 또는 소극적 행사를 불인정하는 것에서 더 나아가, 최근에는 후등록 상표권에 대하여 선등록 상표권자가 상표등록 무효심판을 청구한 경우에 그 무효심결이 확정되기 전

5) 대법원 2000. 5. 12. 선고 98다49142 판결
6) 대법원 2007. 1. 25. 선고 2005다67223 판결
7) 대법원 2007. 2. 22. 선고 2005다39099 판결
8) 대법원 2008. 7. 24. 선고 2006다40461, 40478 판결
9) 서울고법 1998. 5. 12. 선고 97라152 결정

이라도 후등록 상표권자에 의한 상표의 사용에 대하여 손해배상책임을 인정하거나[10] 또는 형사상 상표권 침해죄를 인정하는 경우도 등장하고 있어 향후 그 추이가 주목된다.[11]

(5) 일본의 경우, 최고재판소가 권리남용을 이유로 상표권의 행사를 부정한 것은 소위 제3 뽀빠이 사건[12]에서부터이다. 이 사건은 유명한 만화 캐릭터의 이름인 'POPEYE' 및 'ポパイ' 문자와 캐릭터 그림의 결합으로 이루어진 등록상표(, 만화의 저작권자의 승낙은 없었음)의 상표권자가 저작권자의 허락을 받은 라이선시로부터 상품을 구입하여 소매점에 판매한 자에게 상표권을 행사한 사안이다. 원심은 만화도안에 대해서는 만화 원작물의 복제이므로 일본 상표법 제29조(우리 상표법 제53조)에 따라 상표권의 행사가 인정되지 않는다고 하였지만, 문자는 저작물이 아니라는 점에서 위 규정이 적용되지 않는다는 이유로 상표권 침해를 인정하였다. 그러나 최고재판소는 등록상표가 뽀빠이의 인물상의 저명성을 무상으로 이용한 것에 불과하고 공정한 경업질서를 유지하고자 하는 상표법의 목적에 반하므로 그 상표권의 행사는 권리남용에 해당하여 허용할 수 없다고 하였다.

권리 취득의 과정을 참조하여 권리남용이론을 도입한 경우로는 타인의 미등록 유명상표인 '天の川'에 편승하고자 제3자가 그 전에 등록받아 일체 사용하지 않은 상표 '銀河'를 양수하여 '天の川'의 사용을 금지시키려고 한 사건에서 권리남용을 인정하였고(동경고재 1955. 6. 28. 昭28(ネ)2096), 출원과정에서 출원상표가 'K'와 'II'의 결합이 아니라고 주장하여 상표권을 취득한 자가 상표권 침해소송에서는 당해 상표가 'K'와 'II'의 결합체로 간주될 수 있으므로 피고의 표장(KII)과 유사하다

10) 대법원 2009. 6. 11. 선고 2007다65139 판결

11) 대법원 2012. 4. 12. 선고 2011도4037 판결

12) 최고재판소 평성 2년 7월 20일 선고 소화60(オ)1576 판タ738호74면

고 주장하는 것은 신의성실의 원칙상 허여될 수 없다고 한 사례가 있다(동경지재 1984. 6. 29. 평성5년(ワ)6949호).

한편, 일본 상표법은 특허에서의 소위 킬비판결의 영향을 받아 상표등록에 무효사유가 있는 것이 명백한 경우에는 소위 무효의 항변을 인정하여 왔으며,[13] 제39조에서 무효의 항변을 규정한 특허법 제104조의3을 준용하도록 하고 2005. 4. 1.부터 시행하고 있다. 따라서 권리남용의 항변은 그 역할이 보완적인 정도로 축소되고 있는데,[14] 우리나라도 다소 추상적인 권리남용의 법리에 기댈 것이 아니라 무효의 항변을 상표법에 법정하는 것이 타당하다고 생각된다.

13) 대표적인 사례로 보통명칭이라는 항변(칸쇼우유산 사건, 동경고재 2001.10.31. 平13(ネ) 1221호), 부정경쟁목적으로 다른 주지상표와 유사상표를 출원하였으므로 상표법 제4조 제1항 제10호 위반이라는 항변(모즈라이토 사건, 동경고재 2002.4.25. 平133(ネ) 5748호) 등이 있다.

14) 예를 들면, 무효사유에 해당하지만 제척기간을 경과한 경우 또는 무효사유에 해당하지 않는 상표권의 행사가 상표법의 목적에 중대하게 반하는 경우에 활용될 수 있다.

하이우드 사건

□ 사건번호 : 대법원 2012. 10. 18. 선고 2010다103000 전원합의체 판결
□ 키워드 : 상표권의 행사와 권리남용

1. 사건의 개요

(1) 이 사건 계쟁상표는 다음과 같다.

이 사건 등록상표	사용상표
상표권자(甲)	피고(乙)
HI WOOD, HI WOOD 하이우드	Hi-WOOD, 하이우드
비금속제 계단/문틀/창틀/천정판	좌측과 같거나 유사한 상품

(2) 원고는 2001. 2. 10. 설립된 법인이고, 피고는 원고와 동일한 상호로 2004. 3. 12. 설립된 법인이다.

(3) 원고는 건축용 비금속제 몰딩/계단/문틀/창틀/천정판/바닥판과 그 상품의 판매대행/판매알선업 등에 대하여 HI WOOD, HI WOOD 하이우드, 하이우드를 상표 또는 서비스표로 등록을 받은 자이다.

(4) 소외 김ㅇㅇ는 Hi-Wood가 작게 표시되어 포함된 상표를 창문틀, 천정판 등에 대하여 1993. 1. 26. 출원, 1994. 4. 2. 등록받았고, 피고는 2004. 3.에 김ㅇㅇ의 영업권과 위 상표권을 양수하였는데 그 상표권은 관리소홀로 소멸하였다.

(5) 피고는 회사 설립 후부터 Hi-WOOD, 하이우드 등의 상표를 사용하여 원고의 지정상품과 같은 상품을 생산, 판매하여 왔다.

(6) 원고는 피고를 상대로 상표권 침해를 이유로 하는 상표사용금지청구 및 폐기청구, 손해배상청구의 소를 제기하였는데, 1심에서는 원고의 청구가 대부분 받아들여졌지만, 항소심에서는 피고가 승소하였다.

2. 법원의 판단

(1) 상표법은 등록상표가 일정한 사유에 해당하는 경우에 별도로 마련한 상표등록의 무효심판절차를 거쳐 그 등록을 무효로 할 수 있도록 규정하고 있으므로, 상표는 일단 등록된 이상 비록 등록무효사유가 있다고 하더라도 이와 같은 심판에 의하여 무효로 한다는 심결이 확정되지 않는 한 대세적(對世的)으로 무효로 되는 것은 아니다.

(2) 그런데 상표등록에 관한 상표법의 제반 규정을 만족하지 못하여 등록을 받을 수 없는 상표에 대해 잘못하여 상표등록이 이루어져 있거나 상표등록이 된 후에 상표법이 규정하고 있는 등록무효사유가 발생하였으나 그 상표등록만은 형식적으로 유지되고 있을 뿐임에도 그에 관한 상표권을 별다른 제한 없이 독점·배타적으로 행사할 수 있도록 하는 것은 그 '상표의 사용과 관련된 공공의 이익을 부당하게 훼손할 뿐만 아니라 상표를 보호함으로써 상표사용자의 업무상 신용유지를 도모하여 산업발전에 이바지함과 아울러 수요자의 이익을 보호하고자' 하는 상표법의 목적에도 배치되는 것이다. 또한, 상표권도 사적 재산권의 하나인 이상 그 실질적 가치에 부응하여 정의와 공평의 이념에 맞게 행사되어야 할 것인데, 상표등록이 무효로 될 것임

이 명백하여 법적으로 보호받을 만한 가치가 없음에도 형식적으로 상표등록이 되어 있음을 기화로 그 상표를 사용하는 자를 상대로 침해금지 또는 손해배상 등을 청구할 수 있도록 용인하는 것은 상표권자에게 부당한 이익을 주고 그 상표를 사용하는 자에게는 불합리한 고통이나 손해를 줄 뿐이므로 실질적 정의와 당사자들 사이의 형평에도 어긋난다.

이러한 점들에 비추어 보면, 등록상표에 대한 등록무효심결이 확정되기 전이라고 하더라도 그 상표등록이 무효심판에 의하여 무효로 될 것임이 명백한 경우에는 그 상표권에 기초한 침해금지 또는 손해배상 등의 청구는 특별한 사정이 없는 한 권리남용에 해당하여 허용되지 아니한다고 보아야 하고, 상표권침해소송을 담당하는 법원으로서도 상표권자의 그러한 청구가 권리남용에 해당한다는 항변이 있는 경우 그 당부를 살피기 위한 전제로서 상표등록의 무효 여부에 대하여 심리·판단할 수 있다고 할 것이며, 이러한 법리는 서비스표권의 경우에도 마찬가지로 적용된다.

3. 해설

(1) 대상판결은 일본의 소위 킬비판결, 특허법에서의 대법원 2012. 1. 19. 선고 2010다95390 전원합의체 판결과 맥락을 같이하는 것으로서, 등록무효사유가 명백한 상표권의 행사에 대해서 권리남용의 법리를 확대하고 그 기준을 제시한 점에서 중요한 의의가 있다. 다만, 우리나라의 현행 법체계 하에서 타당한 판결인지에 대해서는 논란이 있다.

(2) 일본은 킬비판결 이후로 상표등록에 무효사유가 있는 것이 명백한 경우에 그 상표권에 기초한 권리행사는 권리남용이라는 킬비항변의

법리로 문제를 해결해 왔다. 예를 들면, 보통명칭화된 상표라는 항변, 부정경쟁목적으로 다른 주지상표와 유사상표를 출원하였다는 취지의 항변, 출원이 공서양속위반에 해당하는 것이라는 항변 등에 대해서 킬비항변을 인정하고 있다.[15)]

(3) 킬비항변은 권리남용의 항변의 일종이지만, 상표등록에 무효사유가 존재하는 것이 명백한 경우에 한하여 인정되는 것이므로 통상의 경우에 비하여 객관성과 예측가능성이 담보되는 경우가 많다는 특징이 있다. 이 점을 중시하여 일본은 킬비판결 이후에 특허법 제104조의3을 신설하여 "특허권 또는 전용실시권의 침해에 관한 소송에서 당해 특허가 특허무효심판에 의해 무효로 될 것으로 인정되는 때에는 특허권자 또는 전용실시권자는 상대방에게 그 권리를 행사할 수 없다"고 규정하였고, 이 규정을 일본 상표법 제39조가 준용하고 있다.

(4) 우리나라는 '사임당가구 사건'에서 살펴본 바와 같이, 상표권의 부당한 행사에 대하여 권리남용의 법리를 인정한 사례가 다수 있었지만(따라서 여기에서는 우리 법원이 권리남용으로 본 사례에 대해서는 설명을 생략한다), 상표등록에 무효사유가 있음을 이유로 그 권리행사를 권리남용으로 본 것은 대상판결이 처음이다. 이 점에서 대상판결은 일본의 킬비판결과 같은 선상에 있는 것이라고 할 수 있다. 다만, 일본이 킬비판결을 특허법과 상표법의 체계내로 끌어들여 법적 근거를 명확하게 한 것과 마찬가지로 우리나라도 같은 취지의 규정을 상표법에 신설할 필요가 있을 것이다.

(5) 그런데, 대상판결은 다음과 같은 문제가 있다.

---

15) 앞서 소개한 '제3 뽀빠이 사건'도 현행 일본 상표법 하에서라면 상표등록무효심판, 일본 상표법 제39조가 준용하는 일본 특허법 제104조의3에 의한 권리행사 제한의 항변 및 킬비항변으로 문제를 해결할 수 있을 것이다.

첫째, 현행 법체계 하에서 침해소송을 담당하는 법원이 선결문제로 상표등록의 무효사유를 따질 수 있다고 보는 것은 문제가 있다. 대상판결이 지적한 바와 같이 그 필요성에 공감하지 않는 것은 아니지만, 우리나라는 심결취소소송과 특허침해소송의 관할을 달리하고 있다는 점, 상표법이 심판 및 심결취소소송을 특허심판원과 특허법원의 전속관할로 하고 있다는 점, 상표등록 무효사유는 해당성 여부가 명백하지 않은 경우가 많다는 점 등에서 입법론으로는 별론으로 하고 현행 법체계하에서 대상판결과 같이 보는 것은 논란의 소지가 있다고 본다.

둘째, 대상판결은 상표등록이 무효심판에 의하여 무효로 될 것임이 '인정'될 것을 넘어 '명백'하여야 한다고 판시하고 있다. 그러나 실무상 어떠한 경우에 명백성 요건이 갖추어졌다고 볼 수 있는지가 분명하지 않고, 또한 하자가 중대하고 명백하여 당연무효로 되는 것과의 구별이 쉬운 것도 아니므로 이 요건이 필요한지에 대하여 의문이며,[16] 굳이 이 요건이 필요하다면 어떤 경우가 명백한 것인지 그 판단요소(factor)들을 제시할 필요가 있다.

셋째, 명백성의 요건에 비추어 볼 때, 대상판결이 이 사건 등록상표가 무효사유가 있음이 명백하다고 한 것은 납득하기 어려운 면이 있다. 이 사건 등록상표에 관한 상품류구분 제19류에는 건축용 재료나 건축용 자재에 대하여 '하이샤시', '하이도어', '하이멘트', '하이패널시스템', '하이팔트', '하이샌드', '하이텍스' 등 '하이'와 상품명 또는 그 약어의 결합으로 된 상표가 다수 등록되어 있다. 그럼에도 불구하고 대법원이 이 사건 등록상표에서 '하이'는 영어단어 'high'의 줄임말이

16) 박정희, '특허침해소송 등에서의 당해 특허의 무효사유에 대한 심리판단', "특허판례연구(개정판)", 박영사, 523면.

고 '우드'는 '나무, 목재'의 뜻을 가진 영어단어이므로 일반수요자나 거래자들에게 '고급 목재, 좋은 목재' 등의 의미로 직감된다 할 것이고 따라서 이 사건 등록상표는 그 등록이 무효로 될 것임이 '명백하다'고 판단하였는데, 이는 상기 등록례 및 판례들에 비추어 볼 때 의문이다. 오히려 상표법 제51조 제1항 제2호의 상표권의 효력이 미치지 아니하는 범위에 속하는 것이라고 하여 원고의 상표권의 행사를 부정하는 것이 간명했을 것이다.

넷째, 대상판결은 "특별한 사정이 없는 한" 권리남용에 해당한다고 하였는데 그 의미가 무엇인지 분명하지 아니하다. 일본 최고재판소는 킬비판결에서 정정심판이 청구되어 있는 경우를 예로 들었지만, 상표 분야에서는 그 의미를 상정하기가 쉽지 않다.

다섯째, 선사용 유명상표의 모방상표에 대해서는 권리남용의 항변을 인정할 여지가 있지만 모방상표와 관련이 없는 선원의 존재, 조약위반, 공익적 부등록사유 등의 무효사유가 있는 상표등록에 대해서는 상기 이론으로 해결할 수 없을 뿐만 아니라 그러한 무효사유 해당 가능성이 있다는 이유만으로 상표권의 행사를 권리남용이라고 보는 것은 설득력이 약하다.

따라서 대상판결은 그 필요성과 취지에는 공감하지만, 현행 법체계하에서는 무리한 해석이라고 생각된다. 따라서 향후 항소심 관할집중 등의 제도 보완과 함께, 일본 특허법 제104조의3과 같이 침해소송절차에서 모든 무효사유를 판단할 수 있는 등록무효의 항변을 입법화할 필요가 있을 것이다.[17)]

---

17) 동지. 김태현, '공지기술과 자유실시기술의 항변', "특허판례연구(개정판)", 박영사, 508면.

WINK 사건

ㅁ 사건번호 : 대법원 1999. 6. 25. 선고 98후58 판결 (상표등록취소)
ㅁ 키워드 : 상표법상의 상품의 개념, 상표의 사용

1. 사건의 개요

(1) 이 사건 등록상표는 다음과 같다.

등록번호	상표등록 제228751호
등록상표	WINK
지정상품	서적, 월간잡지, 계간잡지, 연감

(2) 상표권자(피심판청구인, 피상고인)는 영화 · 음악 · 연예인 등에 관한 정보를 담은 'ROADSHOW, 로드쇼'라는 월간잡지를 발행하는 자이다.

(3) 상표권자는 이 사건 등록상표를 1991. 12. 19.에 월간잡지 등에 대하여 등록하였고, 심판청구인(상고인)은 1996. 8. 29.에 불사용을 이유로 하는 상표등록취소심판을 청구하였다.

(4) 원고는 외국의 유명한 영화배우들의 사진을 모아 'WINK'라는 제호의 책자를 'ROADSHOW, 로드쇼' 잡지의 부록으로 그 독자들에게 사은품으로 제공하였다.

2. 법원의 판단

(1) 상표법상 '상표의 사용'이라고 함은 상품 또는 상품의 포장에 상표를 표시하는 행위 등을 의미하고(상표법 제2조 제6호 각 목 참조), 여기에서 말하는 '상품'은 그 자체가 교환가치를 가지고 독립된 상거래의 목적물이 되는 물품을 의미한다 할 것이므로, 상품의 선전광고나 판매촉진 또는 고객에 대한 서비스 제공 등의 목적으로 그 상품과 함께 또는 이와 별도로 고객에게 무상으로 배부되어 거래시장에서 유통될 가능성이 없는 이른바 '광고매체가 되는 물품'은, 비록 그 물품에 상표가 표시되어 있다고 하더라도 물품에 표시된 상표 이외의 다른 문자나 도형 등에 의하여 광고하고자 하는 상품의 출처표시로 사용된 것으로 인식할 수 있는 등의 특별한 사정이 없는 한, 그 자체가 교환가치를 가지고 독립된 상거래의 목적물이 되는 물품이라고 볼 수 없고, 따라서 이러한 물품에 상표를 표시한 것은 상표의 사용이라고 할 수 없다고 할 것이다.

(2) 위 'WINK'라는 제호의 책자는 그 자체가 교환가치를 가지고 거래시장에서 유통될 가능성이 있는 독립된 상거래의 목적물이 될 수 없어 '광고매체가 되는 물품'에 해당된다고 할 것이고, 따라서 위 책자에 이 사건 등록상표가 제호로 사용된 것은 이 사건 등록상표의 사용이라고 할 수 없다고 보아야 할 것인데도 불구하고, 원심이 그 판시와 같이 위 책자에 이 사건 등록상표가 표시된 것을 이 사건 등록상표의 사용이라고 한 것은 상표법상의 상품의 개념을 오해한 나머지 상표의 사용에 관한 법리를 위배함으로써 심결 결과에 영향을 미친 위법을 저지른 것이라 할 것이다.

3. 해설

(1) 대상판결은 판촉품, 증정품(이하, '판촉품 등'이라 한다)과 같이 어떤 상품의 선전광고 내지 판매촉진을 위해서 또는 사은품으로 무상으로 제공되는 물건이 상표법상의 물건에 해당하는지에 관한 최초의 판결이다. 일본에서는 판촉품 등을 소위 노벨티라고 부르는데, 이와 같은 상품은 한정된 수량만이 판촉 등을 위하여 무상으로 제공되고, 시장에서 유통될 가능성이 없음을 전제로 한다.

(2) 상표권은 상표를 상품에 대하여 사용하는 권리이므로, 어떤 물건이 상표법상의 상품에 해당하는지 아닌지는 매우 중요하다. 예를 들어 성명이나 상호로서의 사용, 디자인적 사용 등에 대하여 상표권의 효력이 미치지 않는 것처럼 상표법상의 상품이 아닌 물건에 대하여 상표를 사용한 것은 상표권의 침해로 되지 않고, 등록상표의 정당한 사용으로도 되지 않기 때문이다.

(3) 대상판결에 의하면 "상품은 그 자체가 교환가치를 가지고 독립된 상거래의 목적물이 되는 물품"을 의미한다. 따라서 대상판결에서와 같이 잡지의 부록으로 제공되는 사은품은 상표법상의 상품이라고 할 수 없고, 즉석건조 건강식품의 성분인 '보리, 수수, 옥수수' 등을 각각의 유리병에 담아 등록상표를 표시하고 대리점에 제공하여 전시하게 한 경우에 있어서 그 곡물은 독립거래되는 상품이 아니라 일부 성분의 견본에 불과하여 상표법상의 상품으로 인정되지 아니한다(대법원 2004. 5. 28. 선고 2002후123 판결).

(4) 일본에서 상품성이 문제된 대표적인 사건으로 보스(BOSS)판결이 있다. 이 사건에서 원고는 '의류, 침구류' 등에 대하여 'BOSS'라는 상표를 등록받은 자이고, 피고는 악기를 제조·판매하는 회사로서 '전자

응용기기, 전자악기' 등에 대하여 'BOSS'라는 문자와 도형을 결합한 상표를 등록받은 자이다. 피고가 자기의 등록상표를 전자악기에 사용하는 외에, 판촉품으로 티셔츠, 잠바 등에 자기의 상표와 동일한 상표를 부착하여 무상배포하자 원고가 상표권 침해를 이유로 하는 손해배상을 청구한 사건이다.

이 사건에서, 일본 법원은 "피고는 'BOSS'를 그 제조, 판매하는 전자악기의 상표로서 사용하고 있는 것이고, 상기 'BOSS' 상표를 붙인 티셔츠 등은 악기에 비하면 현격하게 저가이고, 상기 악기의 선전광고 및 판매촉진용 물품으로서 피고의 악기구입자에 한정하여 일정 조건으로 무상배부하고 있는 것에 지나지 않아, 상기 티셔츠 등은 그 자체를 거래의 목적물로서 하는 것이 아니며, 또한 상기 배부방법을 감안해 보면 상기 티셔츠 등을 입수하는 자가 한정되어 있어 장래 시장에서 유통될 개연성도 인정되지 않는다. 그렇다면 상기 티셔츠 등은 그 자체가 독립된 상거래의 목적물인 상품이 아니라 전자악기의 단순한 광고매체에 지나지 않은 것으로 인정된다. 본건 상표의 지정상품이 제17류, 의류, 침구류이고, 전자악기가 상기 지정상품 또는 이에 유사한 상품이라고 할 수 없는 것은 명백하기 때문에 피고의 상기 행위는 원고의 본건 상표를 침해하는 것이라 할 수 없다"고 판시한 바 있다(오사카지재, 1987. 8. 26. 소화61년(ワ) 제7518호).

(5) 우리나라 법원도 'CASS'라는 등록상표로 맥주를 제조·판매하는 자가 맥주판촉행사에서 'CASS'가 표시된 티셔츠를 무상으로 배포하자 티셔츠 등에 대하여 'CASS'라는 상표권을 가진 자가 상표사용금지 가처분신청을 한 사건에서, "피신청인이 배포한 위 티셔츠 등은 피신청인이 그의 상품인 카스 맥주의 선전광고 또는 판매촉진의 목적으로 피신청인의 상품을 취급하는 자 또는 그 관련되는 자에게 한정하

여 무상으로 배포한 것이라고 할 것이므로 피신청인의 상품인 카스 맥주의 단순한 광고매체에 지나지 아니한다. 따라서, 'CASS' 상표가 부착된 티셔츠 등을 배포한 행위는 신청인의 상표의 사용에 해당하지 않아 상표권 침해에 해당하지 않는다"고 판시한 사례가 있다(서울지방법원 1995. 10. 24. 선고 95카합3529 판결).

(6) 시인성과 유체물성

상표법상의 상품은 반드시 시인성(視認性)을 요하는 것은 아니므로 용기에 담아 판매되는 가스도 상품이 될 수 있다. 또한 종래에는 동산(動産)이어야 한다거나 서비스와의 구별을 위하여 유체물이어야 한다는 견해가 있었지만, 정보기술(IT)의 보급에 따라 컴퓨터프로그램이나 전자출판물 등의 전자정보재가 독립거래의 대상이 되는 현실에서 '유체물성'을 고집하는 것은 타당하지 않게 되었다.

유체물성과 관련하여, 대상판결도 상품을 "상거래의 목적물이 되는 물품"이라고만 했지 유체물 또는 동산이라고 표현하고 있지는 않음에 주의할 필요가 있다. 그리고 국제적으로는 2002. 1. 1.부터 발효된 니스분류 8판에 '다운로드 가능한 전자출판물', '다운로드 가능한 프로그램'이 제9류에 포함되는 상품으로 예시되었고 우리나라도 이를 따르고 있다.

(7) 유상성(有償性)

비영리적으로 또는 무상으로 제공되는 물건도 상표법상의 상품이라고 할 수 있을까. 지금까지의 통설은 미술가의 작품이나 소설과 같은 문학작품에 표기되는 작품명은 유체물에 화체된 저작물의 명칭에 불과하므로 상표라 할 수 없고, 비영리적으로 만들어져 무상으로 제공되는 물건은 생산자의 손을 떠나 시장에서의 전전유통을 전제로 한 것이 아니기 때문에 상품으로 볼 수 없다는 것이었다.

이 견해에 따르면, 예를 들어 비영리 법인이 무상으로 발행하는 잡지 또는 서비스업의 제공에 부대하여 무상으로 제공되는 잡지의 제호가 장기간의 계속적인 제공에 의하여 유명해진 경우에도 그 잡지는 상표법상의 상품이 아니므로 그 제호의 모방에 대하여 상표법상 보호를 받을 수 없다. 같은 이유에서 판촉품 등이 무상배부되어 다른 상품과의 관계에서 출처의 혼동이 생기거나 타인의 저명상표가 희석되더라도 이는 상표적 사용의 문제가 아니므로 상표법이 아니라 부정경쟁방지법이나 민법상 불법행위로 문제를 해결하여야 한다. 굳이 상품의 요건으로 유상성을 요구하는 것이 옳은 것인지에 대해서는 의문이 있다.

(8) 음악그룹의 명칭 등

끝으로, '동방신기', '소녀시대'와 같은 음악그룹의 명칭이나 '난타'와 같이 장기간 상영되는 연극이나 뮤지컬의 제목도 상표법상의 상표라고 할 수 있을까? 그것을 상표라고 하기 위해서는 음악그룹, 연극이나 뮤지컬, 미술작품 그 자체를 상표법상의 상품으로 볼 수 있어야 한다. 생각건대, 연예그룹의 명칭, 연극이나 영화의 제목, 소설의 제호 등도 경제적 이익을 목적으로 기획, 생산되는 경우가 많아지고 있지만, 이것들은 컴퓨터프로그램이나 타이프페이스처럼 순전히 산업상의 목적을 위하여 기획 · 제작 · 제공되는 것이라고 보기는 어렵다. 또한 이것들은 성명권, 표현의 자유, 저작물의 자유로운 생산 · 유통의 문제 등과 관련이 있으므로 이것들을 일률적으로 상표법의 체계 내로 끌어들이기보다는 구체적 · 개별적 상황에 맞게 부정경쟁방지법, 민법상 불법행위 등의 문제로 보아 문제를 해결함이 타당할 것이다.

이와 관련하여, 일본 법원은 타이프페이스(디지털폰트)에 관한 부정경쟁방지법 관련 사건(1993. 12. 24 동경고등재판소 결정)에서 "**유체물로 한정되어야 할 합리적 이유가 없고, 경제적 가치가 사회적으로 승인되고 독립하여 거래의 대상이 되는 경우**에는 상품으로 보아야 한다"고 판시한 바 있다. 생각건대 독립하여 상거래의 대상이 되는 것이고, 경제적 가치가 있는 것이며, 거래자나 수요자가 그것을 타인의 것과 구별할 필요성이 있는 것이면 부정경쟁방지법상의 상품 또는 영업으로 볼 필요가 있을 것이다. 따라서 이 견해에 따르면, 연예기획사에 의하여 기획되고 운영되는 연예그룹명, 장기간 상영되는 연극이나 뮤지컬 등의 제목, 시리즈 서적의 제호 등과 같이 상표법상의 상품으로 보기 어려운 것들도 부정경쟁방지법의 영역 내에서 보호가 가능하게 된다.

(9) 음식점에서 판매하는 음식물

음식점에서 공급되는 요리나 커피숍에서 제공되는 커피(커피원두나 커피믹스가 아닌 것) 등의 음식물은 상품이라고 할 수 있을까? 일본 판례 중에는 '中納言' 사건에서 "점내에서 음식에 제공되어 즉시 소비되는 요리는 제공자 자신이 지배하는 장소내에서 제공되는 것이기 때문에, 출처와의 결부가 직접적이며 명백하고, 그곳에는 다른 사람의 것과의 식별을 필요로 하는 경우가 존재하지 않으며, 유통성도 전혀 없다. 따라서 음식점 내에서 고객에게 제공되는 요리는 상표법 상의 상품에는 해당되지 않는다"고 판단한 사례가 있다.

그렇다면 음식점에서 테이크아웃(take-out)용으로 판매하는 음식물은 상품이라고 할 수 있을까? 일본의 판례를 보면, 음식점에서 의도하지 않았는데 손님의 요청에 따라 예외적으로 포장을 해 준 경우에는 상품성을 부정하고, 반대로 음식점이 적극적으로 포장용기 등을 준비하고 테이크아웃용 음식물을 만들어 고객에게 판매한 경우에는 상품성을 인정하고 있다. 이 점은 우리나라에서도 마찬가지라고 생각되는데, 특허법원은 '막국수'를 지정상품으로 하는 상표를 등록받은 자가 그 상표와 동일한 표장을 한식당의 간판이나 먹고 남은 음식을 포장해가는 포장지에 사용한 것은 지정상품에 대한 상표의 사용으로 볼 수 없다고 판단한 사례가 있다(특허법원 2004. 8. 6. 선고 2004허2208 판결).

백보(百補) 사건

- ㅁ 사건번호 : 대법원 1997. 9. 12. 선고 96후2494 판결 (거절결정)
- ㅁ 키워드 : 기술적 표장의 판단
- ㅁ 관련규정 : 제6조 제1항 제3호, 제51조 제1항 제2호

1. 사건의 개요

(1) 이 사건 출원상표는 다음과 같다.

출원번호	40-1994-28694
등록상표	백 보 百 補
지정상품	중추신경계용약제, 소화기관용약제

(2) 출원인은 위의 상표등록출원이 상표법 제6조 제1항 제3호에 해당한다는 거절결정을 받고 특허청 항고심판소에 거절결정불복심판을 청구하였지만, 그 청구가 기각되었다.

2. 법원의 판단

(1) 어떤 상표가 지정상품의 품질, 효능, 용도 등을 보통으로 사용하는 방법으로 표시한 표장만으로 된 상표인지의 여부는 그 상표가 지니고 있는 관념, 지정상품과의 관계, 일반 수요자나 거래자의 그 상표에 대한 이해력과 인식의 정도, 거래사회의 실정 등을 감안하여 객관적

으로 판단하여야 하고, 그 상표가 지정상품의 품질, 효능, 용도를 암시 또는 강조하는 것으로 보여진다고 하더라도 전체적인 상표의 구성으로 볼 때 일반 수요자나 거래자가 지정상품의 단순한 품질, 효능, 용도 등을 표시하는 것으로 인식할 수 없는 것은 이에 해당하지 아니한다 할 것이다.

(2) 이 건 출원상표 '백보, 百補'는 사전에도 수록되어 있지 아니하고 의약계나 일반 수요자들이 일반적으로 사용하는 용어도 아니어서, 그 지정상품인 중추신경계용 약제 등과 관련하여 보더라도 원심의 인정과 같이 "백가지 보약, 몸을 보하는 여러 가지 원료로 된 약제" 등의 의미가 도출되지는 아니한다고 할 것이고, 설사 그러한 관념이 생성된다고 하더라도 이 사건 출원상표는 그 지정상품의 품질이나 효능을 암시 또는 강조하는 것으로 보여질 뿐 전체적인 상표의 구성으로 볼 때 일반 수요자나 거래자가 그 지정상품의 단순한 품질이나 효능만을 직접적으로 표시하는 것으로 인식할 수 없는 것이라고 할 것이어서, 결국 이 사건 출원상표는 상표법 제6조 제1항 제3호에서 규정하고 있는 기술적 상표에 해당하지 아니한다.

3. 해설

(1) 어떤 상표가 기술적 표장인지 아니면 암시적 표장인지에 따라 그 법적 취급이 매우 달라지지만, 실무상 그 구별이 용이하지는 않다. 우리 대법원은 "상표가 상품의 품질, 효능, 용도를 암시 또는 강조하는 것으로 보여진다고 하더라도" 예외적인 경우에는 기술적 표장이 아니라는 식의 표현을 자주 사용하고 있다. 그러나 '암시'와 '강조'는 다른 개념이라 할 것이며, 상표가 상품의 특성을 '암시'하는 정도면 그

자체로 기술적 표장이 아닌 것이지 다른 사정을 고려해서 예외적인 경우에 한하여 기술적 표장이 아닌 것으로 되는 것은 아니라 할 것이다.

(2) 미국의 판례와 소정의 경우에 랜햄법은 상표의 보호와 관련하여 4가지 카테고리의 용어를 사용하고 있는데, 상표 보호의 적격성이 낮은 것부터 순서대로 1) generic, 2) descriptive, 3) suggestive, 4) arbitrary 또는 fanciful mark가 있다. 1)은 절대적 부등록사유이고, 2)는 사용에 의하여 이차적 의미를 획득한 경우에 한하여 예외적으로 등록이 가능하며, 3) 내지 4)는 본래적으로 식별력이 인정되므로 이차적 의미를 입증할 필요가 없이 상표등록이 가능하다. 그러나 각각의 경계선이 명확하지는 않아 그 구별이 용이하지 않은데, 프렌들리 판사는 이를 다음과 같이 설명하고 있다.

"특정 상품에 대해서는 어떤 카테고리에 속하는 용어가 다른 상품에 대해서는 전혀 다른 카테고리에 속할 수 있기 때문에 어려움이 가중된다('Ivory'는 상아로 만든 제품을 설명하기 위하여 사용되면 'generic'이지만, 비누에 적용되면 'arbitrary'이다). 왜냐하면 모든 용어는 시간의 경과에 따라 사용 태양(態樣)이 달라지면 하나의 카테고리에서 다른 카테고리로 옮겨갈 수 있기 때문이고('Escalator'는 본래 'fanciful'이거나 적어도 'suggestive'였지만 'generic'으로 되었다. Haughton Elevator Co. v. Seeberger, 85 U.S.P.Q. 80 (1950)), 일단의 사용자들에게는 이런 의미를 갖지만, 다른 사용자들에게는 다른 의미를 가질 수도 있으며, 동일한 용어가 하나의 상품에 대해서 다르게 사용될 수도 있기 때문이다."[18]

(3) 어떤 상표가 보통명칭인지, 기술적 표장인지 또는 암시적 표장인지 등에 따라 그 법적 취급이 달라지는데, Abercrombie & Fitch Co. v.

18) Abercrombie & Fitch Co. v. Hunting World, Inc. 537 F.2d 4 (2d Cir. 1976)

Hunting World, Inc. 사건에서, 미국 연방항소심은 "특정한 유형의 의류에 대해서 (1) 'safari'는 보통명칭화 되었으며, 'minisafari'는 챙이 작은 모자에 대해서 사용될 수 있다. (2) 'safari'는 부츠나 신발에 대해서는 보통명칭이 아니다. 이것은 암시적이거나 '단순 기술적'인데, '단순 기술적'이라고 해도 랜햄법상 불가쟁력을 취득하였으므로 유효한 상표권이다. (3) 'Camel Safari', 'Hippo Safari', 'Safari Chukka'는 부츠에 대해서 단지 기술적 표장으로 사용된 것이므로 피고는 공정사용의 법리에 기초한 항변이 가능하다"고 판단하였다. 따라서 보통명칭에 해당하는 상품에 대해서는 상표등록이 취소되었으며, 피고가 부츠에 대하여 'safari'를 상표로 사용하는 것은 허용되지 않지만 'Camel Safari'처럼 'safari'만으로 사용된 것이 아니라 다른 단어와 함께 사용되어 그 부분이 기술적 표장으로 사용되었음이 분명한 경우에는 공정사용의 법리에 따라 피고의 자유사용이 인정되었다.

(4) 상기 4가지 카테고리는 스펙트럼의 색조처럼 경계에서 흐려지거나 또는 합쳐지는 경향이 있어, 그 구별이 용이하지 않다. 특히 암시적 표장과 기술적 표장은 상표로서 적합한지 여부의 경계선에 있어 법적 취급이 전혀 다른데, 일찍이 미국의 Learned Hand 판사는 "표장의 유효성은 암시가 끝나고 설명이 시작하는 곳에서 끝난다"고 하였다.

미국 법원은 일반적으로 어떤 상표가 기술적인지 아니면 암시적인지를 판단하기 위하여 1) 사전적 의미(dictionary definition), 2) 연상테스트(imagination test), 3) 경쟁자의 필요성 테스트(usefulness of the term to competitors), 4) 실제의 사용 테스트(actual use of the term by competitors)의 4가지 요소를 사용하는데, 이와 같은 요소들은 우리 법원에서도 채용되는 것들이므로 그 구체적인 사례로 Zatarain's Inc. v. Oak Grove Smokehouse, Inc. 사건을 소개한다.

(5) 위 사건에서 원고(Zatarain's)는 튀김음식에 사용되는 튀김가루의 상표로 'Fish-Fri'와 'Chick-Fri'를 사용하였다. 원고의 'Fish-Fri'는 1950년 이후로 사용되었고, 1962년에 연방상표등록을 받았으며, 'Chick-Fri'는 1968년부터 사용되었고, 1976년에 연방상표등록을 받았다.

피고(Oak Grove)는 1979년 3월부터 회사의 명칭, 엠블렘과 함께 'FISH FRY', 'CHICKEN FRY'라는 단어를 자사가 생산하여 판매하는 제품의 포장에 사용하기 시작했고, 원고가 랜햄법의 상표권 침해 및 부정경쟁행위로 소를 제기한 사건이다.

연방지방법원은 원고의 'Fish-Fri' 상표는 기술적 표장이 사용에 의한 식별력을 획득한 것이지만 그것이 공정사용(fair use)에 해당한다는 피고의 항변을 받아들였고, 'Chick-Fri'는 기술적 표장으로서 이차적 의미를 갖지 못했다는 이유로 그 등록을 취소하여 피고 전부 승소의 판결을 하였다.

한편, 연방항소법원은 상기 4가지 요소에 따라 'Fish-Fri'와 'Chick-Fri'가 기술적 표장에 해당하는지 여부를 다음과 같이 판단하였다.

- 사전적 의미(Dictionary definition)

  Webster's Third New International Dictionary 858면에 의하면, 'fish fry'는 "1. 생선을 잡아 튀기고 먹는 소풍, 2. 튀긴 생선"이라고 정의하고 있다. 따라서 그 용어의 사전적 정의는 튀긴 생선의 준비 및 소비와 관련이 있다. 이것은 적어도 'Fish-Fri'가 원고 상품의 기술적 표장이라는 예비적인 증거(preliminary evidence)라고 할 수 있다.

- 연상테스트(Imagination test)

  이것은 상표의 실제적인 단어와 그것이 적용된 상품 사이의 관계를 측정하기 위한 것이다. 만약에 어떤 용어가 상상, 사고 또는 지각작용(imagination, thought, perception)을 거쳐야만 상품의 성질에 대한 결론에 도달할 수 있다면 그것은 암시적이라고 판단된다. 반면, 어떤 용어가 그 자체만으로 상품의 특성에 관한 정보를 전달한다면 그것은 기술적이다. 이 사건의 경우, 상표를 보는 순간 'Fish-Fri'가 표시된 상품이 튀기기 전에 생선에 바르는 포장되어 판매되는 튀김가루라는 결론에 이르게 된다. 상품과 용어 사이의 관계가 너무 밀접하고 직접적이어서 그 상품에 익숙하지 않은 수요자라 할지라도 의심할 여지 없이 그 목적이나 기능을 알 수 있다.

- **경쟁자의 필요성 테스트**(Usefulness of the term to competitors)
  기술적 표장은 대개의 경우 그 상품 또는 서비스와 매우 밀접하고 직접적인 관련이 있기 때문에 유사한 상품을 판매하는 상인들은 그 용어가 그들의 상품을 표시하기 위해 유용하다고 생각한다. 상식에 입각해 보면, 이 사건에서도 원고를 제외한 상인들은 'fish fry'라는 용어가 그들의 튀김가루를 설명하는데 유용하다고 생각할 것이다. 원고는 피고들이 그들의 튀김가루의 이름으로 다른 수십가지의 용어를 선택할 수 있었다고 하지만, 그 주장은 받아들일 수 없다. 왜냐하면 어떤 상품이 한가지 방식으로만 설명될 수 있다는 법적 근거가 없다는 점에서, 어떤 용어가 상품의 유일한 또는 가장 일반적인 이름이 아니라는 사실은 중요하지 않기 때문이다. 'fish'와 'fry'라는 단어의 동의어가 별로 없다는 점에 비추어 보면, 튀김용 생선에 사용되는 튀김가루를 제조하는 상인들은 'fish fry'가 그들의 상품을 설명하기 위한 유용한 용어라고 생각할 것이다.

- **실제의 사용 테스트**(Actual use of the term by competitors)
  이 네 번째 테스트는 세 번째 테스트와 매우 밀접한 관련이 있다. 원고를 제외한 많은 회사들이 그들의 튀김가루를 표시하기 위하여 'fish fry'라는 단어의 조합을 선택하고 있다.

(6) 한편, 상기 사건에서 지방법원과 항소법원은 원고의 'Fish-Fri'가 사용에 의한 식별력을 획득하였음을 인정하면서도, 공정사용의 법리에 입각하여 피고의 사용이 상표권 침해가 아니라고 판단하였다. 이에 대해서는 사용에 의한 식별력의 인정요건 및 그 효력에 대한 부분에서 설명하겠지만, 그 요지만 간단히 소개하면, 원고는 'Fish-Fri' 상표에 대해서만 식별력을 획득한 것이므로 그 상표와 동일하거나 동일성이 있는 한도에서 상표권이 인정된다는 전제에서, 피고가 'fish fry'라는 단어를 일반적이고 기술적인 의미(in the ordinary, descriptive sense)로 사용하는 것은 원고 상표권의 침해가 아니고, 공정사용에 해당한다는 것이다. 그 밖에 미국 법원은 전지에 대한 'EVEREADY'가 긴 수명을 암시하기는 하지만, 누구도 그 배터리의 수명이 무기한이라고 직감하게 하지는 않는다는 점에서 기술적 표장이라고 할 수 없다고 하였고,[19] 방풍문과 방풍창에 대한 'SEASON-ALL' 상표는 경쟁자들이 그 상표외에도 선택가능한 단어가 있으므로 암시적이라고 판단한 사례가 있다.[20]

기술적 표장이 아니라고 한 판례

대법원 1997. 5. 23. 선고 96후1729 판결 (거절결정)

출원상표 'SMART & SOFT' 중의 'SOFT'는 지정상품인 '축전지, 세탁기, 냉장고, TV수신기, 전화기' 등의 전기 · 전자제품들과 관련하여서는 제품의 품질이나 효능을 직접적으로 나타낸다기보다는 간접적 · 암시적으로 표

19) Union Carbide Corp. v. Ever-Ready, Inc. 531 F. 2d 366 (7th Cir. 1967)

20) Aluminum Fabricating Co. v. Season-All Window Corp., 259 F.2d 314 (2nd Cir. 1958)

현한다고 봄이 타당하다 할 것이어서, 비록 'SMART' 부분이 그 지정상품의 품질, 효능을 직접적으로 나타낸다고 하여도 전체적인 상표의 구성으로 볼 때 출원상표는 그 지정상품의 성질을 직접적으로 표시한 것으로 보기는 어렵다.

대법원 1995. 2. 10. 선고 94후1770 판결 (거절결정)

출원상표 'NOIR & BLANC'의 지정상품인 '스웨터, 스포츠셔츠, 티셔츠, 바지, 점퍼' 등 의류에는 검은색 또는 흰색으로 된 것도 있을 수 있으므로 출원상표가 가지는 의미가 그 지정상품 중 일부의 색상과 일치할 수도 있으나 거래실정에 비추어 볼 때 의류에는 그 밖에도 아주 다양한 색상이 있고, 그 지정상품들 역시 모두 검은색과 흰색만으로 되어 있을 리도 만무하므로 일반거래자나 수요자들이 위 출원상표를 보고 그것이 곧 지정상품인 의류의 색상 기타의 성질을 나타내고 있다고 인식할 리 없고, 그와 같은 상표가 누구나 사용하고 싶어하는 것으로서 그 독점사용이 공익에 배치된다고 보기도 어려워, 위 출원상표는 그 지정상품의 형상 기타 성질을 표시한 상표로 볼 수 없다.

대법원 1997. 7. 8. 선고 97후358 판결 (거절결정)

출원상표 'HAIR DOCTOR' 중 'HAIR'는 '머리카락, 털' 등의, 'DOCTOR'는 '의사, 박사, 진료하다' 등의 뜻이 있어 전체적으로 보면, '머리카락 의사(박사)' 등의 의미가 있다고 보겠으나, 이를 지정상품인 '양모제'와 관련하여 볼 때 그 품질이나 효능을 어느 정도 간접적으로 암시하고 있기는 하지만 이를 직접적으로 표시하는 것이라고는 보기 어렵고, 이를 특정인에게 독점·배타적으로 사용하게 하는 것이 공익에 반하는 것이라고도 볼 수 없다.[21]

---

21) 이와 다른 취지에서 본 판결을 소개하면, 지정서비스업을 '가사서비스업'으로 하고 '파출'과

대법원 1995. 7. 28. 선고 95도702 판결 (상표법위반)

'bio'가 'bio seramic'의 약자로 사용되는 일이 있다고 하더라도 등록상표 'BIO TANK'의 'bio'가 그러한 뜻만을 가지고 있는 것이 아니므로 이를 상품의 품질이나 원재료를 표시하는 것이라고 보기 어렵고, 'TANK'라는 표장도 이를 단순히 물통만을 의미한다고 볼 수도 없어 등록상표를 그 지정상품인 '화분, 물통, 도시락' 등과 관련하여 전체적으로 관찰하면 상품의 품질이나 효능, 원재료 등을 보통으로 사용하는 방법으로 표시한 표장만으로 된 상표라고 볼 수 없다.

대법원 1997. 9. 9. 선고 97후327 판결 (거절결정)

출원상표 'ILLUMINATOR'의 지정상품인 '팔뚝시계, 탁상시계, 전자시계' 등 시계류에는 야광의 것이 있을 수 있어, 출원상표가 지정상품의 품질, 효능, 형상 등을 암시 표현하는 것으로 인식될 수도 있다 하겠으나, 지정상품인 시계류는 시각을 나타내거나 시간을 측정하는데 사용되는 것으로서 빛을 내거나 조명하는 것과는 직접 관련이 없으므로, 일반 거래자나 수요자들이 출원상표를 보고 그것이 곧 지정상품인 시계류의 성질을 표시하는 것으로 인식한다고 보기는 어렵다.

대법원 1992.6.23. 선고 92후124 판결 (거절결정)

출원상표인 'GAMEBOY'가 놀이소년, 게임소년으로 인식되어 그 지정상품인 'TV 게임세트'의 성질을 어느 정도 간접적으로 암시하고 있기는 하지만 그 지정상품의 성질을 직접적으로 보통의 방법으로 표시하는 것이라고 볼 수는 없고 또 이를 특정인에게 독점배타적으로 사용하게 하는 것이 공

'박사'의 두 단어를 결합하여 구성한 등록서비스표 "파출박사"는 그 지정서비스업에 사용될 경우에 '사람(특히 파출부)을 보내어 집안일을 하는 데 능통함'이라는 의미로 인식되어, 가사서비스업의 품질 · 용도 · 효능 등을 보통으로 사용하는 방법으로 표시한 표장만으로 구성된 기술적 표장에 해당한다(대법원 2007. 9. 20. 선고 2007후1824 판결)고 판시한 사례가 있다.

익에 반하는 것이라고 볼 수도 없다.

기술적 표장에 해당한다고 본 판례

대법원 2000. 2. 22. 선고 99후2440 판결 (거절결정)

출원상표 'SOFTLIPS'는 영문자만으로 구성된 표장으로서 그 앞 부분의 영문자 'SOFT'는 '부드러운, 유연한' 등의 뜻이 있고, 뒷 부분의 'LIPS'는 '입술'이라는 의미의 영문자 'LIP'의 복수형으로서, 이들 단어들은 우리 나라 중학교 정도의 학력수준이면 알 수 있는 쉬운 단어들이고, 출원상표가 비록 두 단어를 띄어 쓰지 아니하고 붙여서 표시한 점은 있으나 우리 나라 일반 수요자들이 용이하게 그 뜻을 알 수 있는 단어들로 구성되어 있으므로 일반 수요자들은 출원상표를 보고 직관적으로 '부드러운 입술'의 관념을 일으킬 수 있고, 출원상표의 지정상품이 입술이 갈라지고 트는 것, 또는 출혈을 방지하기 위한 '비약용입술방향연고'인 점을 감안하여 볼 때 일반 수요자들로 하여금 '입술을 부드럽고 유연하게 하여 주는 방향연고'라는 관념으로 직감될 수 있는 것이므로 이는 그 지정상품의 품질이나 효능 등을 직접적으로 보통으로 사용하는 방법으로 표시한 표장에 해당한다.

대법원 2000. 4. 21. 선고 98후386 판결 (거절결정)

지정상품을 '헤어콘디셔너, 모발보존처리제, 모발엉킴방지제' 등으로 하여 출원된 출원상표 'NO MORE TANGLES'는 그 구성 중 'NO MORE'는 '더 이상 –하지 않다'라는 의미의 아주 쉬운 관용어이고, 'TANGLES'를 수식 강조하는 표현으로 사용되고 있으며, 그 'TANGLES'는 여러 의미가 있으나 우리 나라의 영어 보급수준에 비추어 볼 때, 그 주된 의미인 '엉키게 하다, 얽히게 하다, 머리카락 등의 엉킴, 얽힘' 등의 뜻으로 일반 수요자가 쉽게 인식함에 지장이 없다고 보이므로, 출원상표를 그 지정상품과 관련지워 보면 출원상표는 일반 수요자로 하여금 '더 이상 엉키거나 얽히게 하지 않도록 제조된 모발엉킴방지제, 모발보존처리제, 헤어콘디셔너' 등을 직감케 할 개연성이 농후하여 그 지정상품의 성질(품질, 효능)을 직접적으로 표시한 표장에 해당한다.

대법원 2004. 8. 16. 선고 2002후1140 판결 (등록무효)

지정상품을 '녹차, 오룡차' 등으로 하는 이 사건 등록상표 '七子餅茶 칠자병차'에 대한 등록무효심판 사건에서 특허법원 2002. 5. 31. 선고 2001허5893 판결은 "이 사건 등록상표의 구성 중 '병차' 및 '餠茶'는 '떡차' 또는 '떡모양의 차'라는 의미가 있어 그 지정상품의 형상을 표시하는 것으로 식별력이 없는 부분이라 할 것이고, 이 사건 등록상표의 등록결정 이전에 발행된 잡지, 서적 등에 의하여 '칠자병차'가 보이차의 일종으로 7개의 단위로 포장된 차인 점을 알 수 있으나, '칠자' 및 '七子'가 우리 나라의 일반 수요자들에게 이 사건 등록상표의 지정상품이 일곱 개의 단위로 포장되었다는 의미로 인식된다고 볼 수는 없으므로, 이 사건 등록상표는 그 전체적인 의미 내용만으로 우리 나라의 일반 수요자들이 직관적으로 그 지정상품의 형상 또는 수량 등의 성질을 표시하는 것으로 인식할 수 없는 상표라 할 것이어서, 이 사건 등록상표는 상표법 제6조 제1항 제3호의 규정에 해당하지 아니한다"고 판시하였다.

그러나 대법원은, 중국차 제품의 소개와 그 수입 및 판매 현황, 판매 기간, 그 수요자 및 거래자의 범위 등 거래의 실정과 우리 나라의 일상 언어가 한자문화권에 있음을 감안하면, 한자 및 한글이 '칠자병차/七子餠茶'로 병기된 등록상표의 등록결정일 당시에는 우리 나라의 일반 수요자 및 거래자들 사이에서 '칠자병차'가 보통명칭이나 관용표장으로 사용되고 있다고는 볼 수 없을지라도, 위 등록상표를 보고 일반 수요자나 거래자들은 그 지정상품인 '녹차, 오룡차' 등이 '떡 모양'의 형태로 7개 단위로 포장된 것임을 쉽게 인식할 수 있다고 할 것이므로, 등록상표가 전체적으로 그 지정상품의 형상을 보통으로 나타내는 기술적 표장에 해당한다고 판시하였다.

대법원 2006. 7. 28. 선고 2005후2786 판결 (등록무효)

이 사건에서의 등록상표는 'STAR JEWELRY'이며 그 지정상품은 '다이아몬드, 진주, 금' 등이다. 원심은 'JEWELRY' 부분은 위 지정상품들의 보통명칭으로서 식별력이 없고, 'STAR' 부분은 일반 수요자나 거래자 사이에서 위 지정상품들의 성질을 암시하거나 강조하는 정도를 넘어 '별처럼 반짝이거나 귀한 보석', '별과 같이 남들이 부러워하거나 우러르는 보석'의 의미를 직감하게 하므로, 결국 이 사건 등록상표는 위 지정상품들에 관하여 식별력이 없어 무효로 되어야 한다고 판단하였다.

그러나 이 사건 등록상표 중 'STAR' 부분은 '별'이라는 본래의 의미와 나아가 이로부터 파생된 '인기연예인'이라는 의미이고, 'JEWELRY' 부분은 보석이라는 의미로서, 우리나라의 영어보급수준에 비추어 일반 수요자나 거래자들이 그 의미를 쉽게 알 수 있는 영어단어들인바, 이 사건 등록상표 중 'JEWELRY' 부분은 위 지정상품들의 보통명칭에 지나지 않아 식별력이 없지만, 'STAR' 부분은 그 의미가 곧 위 지정상품들과 직접적으로 연관된 것이라기보다는 간접적으로 연상되는 정도라고 보이고, 거래사회에서의 사용실태도 그와 다르지 아니하여 위 지정상품들의 품질이나 성질을 암시한다고 할 수 있을지언정 이를 직감하도록 한다고는 할 수 없을 것이다.

대법원 2011. 4. 28. 선고 2011후33 판결 (거절결정)

이 사건 출원상표는 'SPRINTER'이고 그 지정상품은 '자동차'이다. 'sprinter'는 단거리 주자 등의 뜻을 가진 영어 단어이고, 그 한글발음인 '스프린터'가 우리말에서도 그와 같은 뜻의 외래어로 사용되고 있다. 그리고 자동차와 관련하여 'sprinter'에서 '~하는 사람'을 의미하는 영어 접미사 'er'

이 생략된 'sprint'와 자동차를 의미하는 'car'가 결합한 'sprint car'가 '중형의 경주용 자동차'를 일컫는 용어로 사용되고 있기도 하다. 이러한 점들을 고려하여 볼 때, 이 사건 출원상표는 그 지정상품인 '자동차(Automobiles)'에 사용될 경우에 일반 수요자나 거래자들에게 '가속 성능이 우수한, 매우 빨리 달릴 수 있는' 등의 의미로 쉽게 인식된다고 할 것이므로, 지정상품의 품질·효능·용도 등을 보통으로 사용하는 방법으로 표시한 표장만으로 된 기술적 상표에 해당한다고 봄이 상당하다.

황금당 사건

ㅁ 사건번호 : 대법원 1994. 5. 24. 선고 92후2274 전원합의체 판결
대법원 1992. 1. 17. 선고 91후554 판결 (등록무효)
대법원 1995. 2. 17. 선고 94후1763 판결 (등록무효)
대법원 1995. 4. 14. 선고 94후227 판결 (권리범위)
ㅁ 키워드 : 기술적 표장, 품질오인 표장
ㅁ 관련규정 : 제6조 제1항 제3호, 제7조 제1항 제11호, 제51조 제1항 제2호

1. 사건의 개요

(1) 이 사건 등록상표는 다음과 같다.

상표	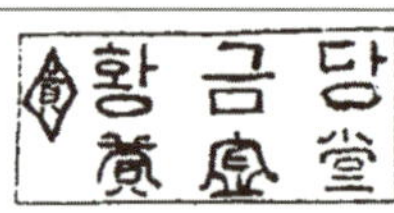
상표권자	甲 (개인)
지정상품	1. 귀금속류 (1) 금조제품, 금지금, 금대금지금, 금도금, 금합금도금, 금박, 알미늄금, 은조제품, 은지금, 은합금지금, 은의 주물은박, 은대금의 주물은박, 니켈은 (2) 백금조제품, 백금지금, 백금합지금, 백금의 주물, 백금합금의 주물, 백금박 2. 보석류 다이아몬드, 진주, 수정, 벽옥, 사파이어, 단백석(蛋白石), 비취, 베릴, 큐빅지르코니아, 묘안석, 가네트, 지르콘, 애쿼머린, 터키석, 스타사파이어, 산호, 마노, 황옥, 에메랄드, 루비, 옥수, 인조보석, 크리소베릴, 알렉산드라이트, 스타루비, 토파즈, 투어머린, 공작석, 호안석, 문스톤

> 당초 지정상품은 구상품류구분 제44류에 속하는 "보석, 귀금속류와 그들의 모조품 및 다른 류에 속하지 아니하는 그들의 제품(본류에 명시된 상품의 전부)"으로 하였으나, 그 지정상품 중 "금지금, 금대금지금, 금도금, 금합금의 지금, 금조제품, 금박, 백금조제품, 백금지금, 백금합지금, 백금박"은 1992. 1. 14.에, "알루미늄금"은 1992. 8. 10.에 각각 포기하였다(밑줄친 부분).

(2) 국내의 개인인 乙이 사용하는 이 사건 확인대상표장은 '황금당'처럼 한글을 횡서한 상표이며, 그 상표가 사용된 상품은 이 사건 등록상표의 지정상품 전부와 같다.

(3) 甲은 乙에게 상표사용을 중지하라는 내용의 경고장을 보냈고, 乙은 甲을 상대로 이 건 상표등록에 대하여 상표등록무효심판 및 소극적 권리범위확인심판을 청구하였다.

(4) 등록무효 사건에 있어서, 乙이 1989. 3. 21. 甲을 상대로 지정상품 전부에 대하여 상표등록 무효심판을 청구했고(89당139), 특허심판원은 상표등록이 전부 무효라는 취지의 인용심결을 하였다. 이에 대하여 甲이 특허청 항고심판소에 항고심판을 청구하자(89항당346) 항고심판소는 초심결을 파기하였고, 그 항고심결에 대하여 乙이 다시 상고를 제기하기에 이르렀다(대법원 1992. 1. 17. 선고 91후554 판결).

(5) 91후554 사건에서 대법원은 원심결(89항당346)을 파기하는 판결을 하였고, 그 판결에 따라 특허청이 상표등록 전부를 무효로 하는 심결을 하자, 甲은 재차 대법원에 상고를 제기하여 상표등록의 일부무효를 주장하기에 이르렀다(대법원 1994. 5. 24. 선고 92후2274 판결).

(6) 92후2274 사건에서 대법원은 상표등록 무효심판 사건에서 지정상품 중 일부에만 무효사유가 있는지를 살펴보았어야 한다는 이유로 원

심결(89항 당346)을 파기하였고, 최종적으로는 대법원 1995. 2. 17. 선고 94후1763 판결에서 귀금속류를 제외한 다른 지정상품(보석 및 그 모조품)에 대해서는 등록이 무효가 아님이 확정되었다.

(7) 한편, 권리범위확인 사건의 경우에, 특허심판원은 乙의 소극적 권리범위확인심판청구를 인용하였고(1991 당334), 甲이 심결에 불복하여 제기한 항고심판청구(91항 당479)가 기각되자 甲은 다시 대법원에 상고를 하기에 이르렀는데(대법원 1995. 4. 14. 선고 94후227 판결), 이 사건은 등록무효 사건이 확정된 후에 판단되었다.

2. 법원의 판단

가. 대법원 1992. 1. 17. 선고 91후554 판결 (등록무효)

(1) 원심결은 "본건 등록상표는 황금으로 호칭될 경우는 없고 전체로서 '황금당'이라고만 인식됨이 경험칙이며, 현실거래사회에서도 귀금속의 함유량에 따라 귀금속의 명칭, 함량숫자표시 또는 표시문자를 『금 : 999, 24K순금 또는 999금』과 같이 표시하고 있으며, '황금'으로는 표시하지 아니하므로 본건 등록상표를 전체적 · 객관적으로 관찰할 때 지정상품인 귀금속의 성질(원재료, 효능)을 암시 또는 강조하는 것이기는 하나 이것이 지정상품의 성질(원재료, 품질)표시만으로 된 것으로는 볼 수 없으며, 뿐만 아니라 본건 등록상표의 구성에는 '황금당'이라는 한글문자 이외에 마름모 도형 속의 황과 '황금당'의 한문표기로 보이는 한문체는 글씨라고 하기보다는 그림에 가까운 것이어서 '황금당'의 단순한 한문표기로는 볼 수 없고 일반의 주의를 끌 만한 서체로 보이므로 결국 도형, 한글, 한문으로 결합된 본건 등록상표는 외관, 칭호, 관념면에서 전체적 · 객관적으로 관찰할 때 성질을 보통 사용하는 방법으로 표시하고 있다고 할 수 없다"는 이유

로 초심결을 파기하였다.

(2) 그러나, 본건 등록상표 ‘황금당 黃金堂’ 중 한글 표시문자인 황금당의 ‘황금’은 누른 빛의 금, 돈, 전성기 등을 의미하나 일반 수요자 및 거래자가 지정상품 중 금 또는 금도금제품과 관련지어 볼 때 백금이 아닌 황금으로 된 귀금속이라는 뜻으로 해석할 수 있어 이는 지정상품의 원재료, 품질을 직접적으로 표시한 것이라 할 것이고, “당”은 점포이름 밑에 붙여 쓰는 말로서 흔한 명칭이므로 ‘황금당’ 부분은 식별력이 없는 부분이고, 본건 등록상표 중 ‘黃金堂’부분은 한문체에 있어서의 전서체 그 자체라고까지는 할 수 없으나 전서체에 가까운 글씨체로 되어 있는 것이어서 ‘황금당’이라는 한글문자부분을 제외하더라도 어느 정도 학문지식이 있는 일반 수요자가 볼 경우에 어렵지 않게 그 것이 ‘황금당’을 한문으로 표기한 것이라고 알 수 있고 이것이 문자가 아니라 그림에 가깝다고는 보이지 않으며, 더구나 본건 등록상표에는 ‘황금당’이라는 한글표기부분이 있어 이 점과 아울러 볼 때 그것을 ‘황금당’의 한문체라는 것을 쉽사리 간파할 수 있어서 이 부분도 ‘황금당’의 한글부분과는 다른 식별력이 있는 부분이라고는 보이지 아니하며, 또 본건 등록상표의 좌측에 마름모꼴 도형 안에 한문자 황을 적어 넣은 도형 중 ‘黃’은 황금당의 두 문자인 황의 한문자에 불과하다고 보여 이 부분도 부기적인 것에 불과하고 따로 식별력이 있다고 보이지 아니한다.

결국 본건 등록상표는 상표법 제6조 제1항 제3호 소정의 원재료 품질을 보통으로 사용하는 방법으로 표시한 표장(기술적 표장)에 해당된다고 할 것임에도 불구하고 원심은 이와 취지를 달리하여 본건 등록상표는 이에 해당하지 아니한다고 판단하였으니 원심결에는 상표법 제6조 제1항 제3호의 법리를 오해하였거나 상표의 특별현저성에 관한 심리를 다하지 아니함으로써 심결결과에 영향을 미친 위법이 있었다 할 것이다.

나. 대법원 1994. 5. 24. 선고 92후2274 전원합의체 판결 (등록무효)

(1) 상표법 제71조 제1항은 상표등록 또는 지정상품의 추가등록이 그 각 호의 1에 해당하는 경우에는 무효심판을 청구할 수 있고, 이 경우 지정상품이 2 이상 있는 경우에는 지정상품마다 무효심판청구를 할 수 있다고 규정하고 있는바, 이는 특정의 지정상품에 관한 부분에 대하여만 무효사유가 있는데도 적법하게 상표등록을 받을 수 있는 나머지 지정상품에 대하여까지 전부 무효로 하는 것은 불필요하고 가혹하며 불합리하므로, 이러한 과잉조치를 피하게 하고자 함에 있다고 할 것이다.

(2) 어느 상표가 2 이상의 상품을 지정상품으로 하여 등록이 되어 있는 경우에 심판청구인이 상표등록 전부의 무효심판을 청구하는 경우라도 지정상품 중 일부에만 무효원인이 있고 다른 지정상품에는 무효사유가 없음이 명백한 때에는 출원사정의 경우와는 달리 그 무효원인이 있는 지정상품에 한하여 등록무효의 심판을 하여 그 부분만 말소하게 함이 상당할 것이고, 이러한 해석은 구 상표법하에서도 같이 하여야 할 것이다(당원 1985. 9. 24. 선고 84후109 판결 참조). 이에 저촉되는 당원 1983. 3. 22. 선고 81후17 판결의 견해는 변경하기로 한다. 이와 같은 이치는 3 이상의 상품을 지정상품으로 하여 등록된 경우 2이상의 지정상품에 관하여 무효심판을 청구하는 경우에도 같다고 할 것이다.

그러므로 원심으로서는 귀금속류 아닌 지정상품에 대하여 이 사건 상표의 등록을 받을 수 있는 것인지, 이들 상품에 대한 상표등록에 다른 무효사유가 있는지 여부를 살펴보아야 할 것이다.

다. 대법원 1995. 2. 17. 선고 94후1763 판결 (등록무효)

(1) 이 사건 등록상표가 그 지정상품 중 귀금속류가 아닌 다른 지정상품(보석 및 그 모조품)에 대하여 사용될 경우 귀금속류 및 보석류는 상품군이 서로 다르고 일반적으로 쉽게 구별하여 인식함이 가능한 것이므로 귀금속류가 아닌 보석류 제품에 '황금당'이라는 이 사건 등록상표를 사용하였다 하여 사회통념상 황금이 포함된 것으로 오인 또는 혼동을 불러 일으키고 수요자를 기만할 염려는 없다고 할 것이고, 가사 귀금속 및 보석류를 함께 취급하는 것이 동종업계의 거래실정이고 '황금당'이라는 상호가 금, 은, 보석을 취급하는 동종업계에서 널리 사용되고 있다 하더라도 이러한 사유만으로는 '황금당'이라는 표장이 보석류에 대하여 자타식별력을 인정하기 어려워 상표법 제6조 제1항 제7호 소정의 기타 식별력 없는 표장에 해당된다고 볼 수 없다.

(2) 이 사건 등록상표가 그 지정상품 중 금 및 금도금 관련 제품에 대하여는 그 원재료나 품질 표시에 해당되어 무효인 반면 보석류 제품에 대하여는 유효하더라도 이와 유사한 상품인 금 및 금도금 관련 제품에 대하여는 이를 보통으로 사용하는 방법으로 표시하는 한 이 사건 등록상표권의 효력은 이에 미치지 아니하고 따라서 위 범위 내에서의 제3자의 상표사용은 배제되지 않는다 할 것이다.

따라서 이 사건 지정상품 중 보석류에 대하여는 이 사건 상표등록이 유효하다고 하면 보석과 유사상품인 모든 귀금속 제품에까지 상표권의 효력이 미치게 되어 상표권자가 등록상표를 독점 배타적으로 사용하게 되는 결과로 되어 부당하다는 소론 주장은 근거 없이 원심을 비난하는 것이어서 받아들일 수 없다.

라. 대법원 1995. 4. 14. 선고 94후227 판결 (권리범위확인)

(1) 확인대상표장은 그 사용상품 중 귀금속류에 속하는 금 또는 금도금 관련제품에 대한 관계에서는 황금이라는 사용상품의 원재료나 품질을 표시한 것이라고 할 것이나, 이를 제외한 다른 귀금속류나 보석류(보석 및 그 모조품)와의 관계에서는 원재료나 품질을 표시한 기술적 표장에 해당한다고 할 수 없고, 또한 그 표장에 사용된 '-당'은 관용적으로 점포의 이름에 붙여 쓰이는 것이기는 하나 '황금당'이라는 표장 자체가 금이나 보석제품을 취급하는 점포의 의미로 관용적으로 사용되는 표장에 해당한다고 볼 수는 없다.

(2) 금 또는 금도금 관련제품의 품질표시에 해당하는 확인대상표장을 이 사건 등록상표의 지정상품과 유사한 상품인 금 또는 금도금 관련 제품에 사용하는 데에는 상표법 제51조 제1항 제2호의 법리에 따라 이 사건 등록상표의 금지적 효력이 미칠 수 없으나, 그 나머지 귀금속제품 및 보석류제품에 확인대상표장을 사용하는 것은 그 품질 등을 표시하는 것이 아니므로 여전히 이 사건 등록상표의 금지적 효력에 저촉된다고 할 것이다. 그럼에도 불구하고 확인대상표장이 이 사건 등록상표의 지정상품과 동일 또는 유사한 상품의 성질표시 및 관용표장에 해당하여 확인대상표장의 사용상품 전부에 대하여 이 사건 등록상표의 권리범위에 속하지 아니한다고 본 원심심결에는 상표법 제6조 제1항, 제51조 및 상표권의 권리범위에 관한 법리를 오해하여 심리를 못다한 위법이 있다고 할 것이다.

3. 해설

(1) 이 사건 등록상표의 지정상품은 다음과 같이 귀금속류에 속하는 금

제품, 은제품, 백금제품과 그 밖의 보석류로 구성되어 있다.[22)]

1. 귀금속류 (1) 금조제품, 금지금, 금대금지금, 금도금, 금합금도금, 금박, 알미늄금, 은조제품, 은지금, 은합금지금, 은의 주물은박, 은대금의 주물은박, 니켈은 (2) 백금조제품, 백금지금, 백금합지금, 백금의 주물, 백금합금의 주물, 백금박 2. 보석류 다이아몬드, 진주, 수정, 벽옥, 사파이어, 단백석(蛋白石), 비취, 베릴, 큐빅지르코니아, 묘안석, 가네트, 지르콘, 애쿼머린, 터키석, 스타사파이어, 산호, 마노, 황옥, 에메랄드, 루비, 옥수, 인조보석, 크리소베릴, 알렉산드라이트, 스타루비, 토파즈, 투어머린, 공작석, 호안석, 문스톤

(2) 이 사건 등록상표를 둘러싼 등록무효 사건의 결론은 이 사건 등록상표의 지정상품 중 귀금속류에 속하는 상품들은 상표법 제6조 제1항 제3호의 기술적 표장이거나 상표법 제7조 제1항 제11호 소정의 품질오인의 염려가 있는 상표이므로 그 등록이 무효이지만, 나머지 보석류에 속하는 상품들에 대해서는 그 등록이 유효하다는 것이다. 권리범위확인 사건의 결론은 확인대상표장이 상기 지정상품 중 귀금속류에 속하는 금 또는 금도금 관련제품에 대해서는 상표법 제51조 제1항 제2호 소정의 기술적 표장에 해당하므로 상표권의 효력이 미치지 않지만, 나머지 귀금속 제품 및 보석류 제품에 대해서는 확인대상표장을 사용하는 것이 그 품질·원재료 등을 표시하는 것이 아니므로 상표권의 금지적 효력에 저촉된다는 것이다.

22) 표의 상품들 중에서 밑줄 친 부분은 상표권자가 상표권을 포기한 상품들이다.

(3) 대상판결들은 여러 건이 함께 다투어지고 파기환송 후 재차 상고가 제기되는 등 복잡하게 진행되었지만, 상표법상 중요한 의미가 있어 상세하게 다루었다. 즉, 대상판결들은 상표법 제6조 제1항 제3호 및 제7조 제1항 제11호의 등록요건과 같은 법 제51조 제1항 제2호와 제3호의 상표권의 효력이 미치지 아니하는 범위를 판단함에 있어서 지정상품마다 해당 여부를 각각 따져야 한다는 점, 상표법 제6조 제1항 제3호와 제7조 제1항 제11호는 그 입법취지가 다르므로 특정 지정상품에 대해서는 양자가 동시에 적용될 수도 있고, 반대로 어느 하나만 적용될 수도 있는데 그 적용의 사례를 보여 준다는 점, 상표등록무효심판에 있어서 그 등록상표의 지정상품이 2 이상인 경우에 그 중 일부의 지정상품에 대해서만 등록무효사유가 있으면 특허심판원과 법원은 직권으로 당사자의 주장이 없어도 일부무효 여부를 검토하여야 한다는 점 등에서 중요한 의미가 있다 하겠다.

(4) 한편, 대법원은 '황금당'이 '금제품'에 대해서는 기술적 표장이고, '은제품'과 '백금제품'에 대해서는 품질오인의 염려가 있는 표장이라고 하면서도, '다이아몬드, 진주, 사파이어, 루비, 인조보석'과 같은 보석류에 대해서는 '황금당'이 기술적 표장이 아니며 품질오인의 염려가 있는 표장도 아니라고 판시하였다. 대량으로 금괴(金塊, gold bar)만을 매입하거나 판매하는 전문업자가 없는 것은 아니지만, 대부분의 소위 '금은방', '귀금속판매점'은 금, 은, 백금 등과 다이아몬드, 진주, 인조보석과 같은 보석류를 함께 취급하고 있으며, 반지, 시계, 목걸이 등의 완성품은 금, 은, 백금 등이 다이아몬드, 진주, 루비, 인조보석 등을 감싸거나 지탱하도록 결합되어 구성되는 것이 일반적이다.

그럼에도 불구하고 대상판결과 같이 상표의 등록요건이나 상표권의 효력이 미치지 아니하는 범위를 엄격하게 해석 · 적용하는 것은 거래계의 실정과 맞지 않으며, 특정 상품을 둘러싸고 그것이 귀금속류에 속하는 것인지 아니면 보석류에 속하는 것인지 등을 놓고 불필요한 분쟁이 발생할 수 있다. 따라서 '황금당'이 다이아몬드, 진주 등의 보석류의 원재료 표시는 아니라 할지라도 '황금'과 밀접한 관계가 있고 함께 취급되는 것이므로 상품의 취급장소 등의 특성을 직감하게 한다는 점에서 상표법 제6조 제1항 제3호에 해당한다거나 또는 다수인이 사용하는 상표로서 같은 항 제7호에 해당한다고 봄이 타당했을 것으로 생각된다.

이 점에서 대법원 2002. 11. 26. 선고 2001후2283 판결이 'Red Sandra'가 '장미꽃, 장미나무'에 대하여 보통명칭이 되었음을 인정하면서, 해당 상표의 지정상품에 '화초, 나무' 등의 다른 상품이 포함되어 있지만 그러한 상품들도 '장미나무, 장미꽃'과 서로 포함관계에 있거나 관련이 있는 상품이므로 이들 상품 모두에 대하여 식별력이 없다고 봄이 상당하다고 한 것을 참고할 필요가 있다고 본다.

Linux 사건

□ 사건번호 : 대법원 2002. 12. 10. 선고 2000후3395 판결 (권리범위확인)
□ 키워드 : 제호의 상표적 사용

1. 사건의 개요

(1) 이 사건 계쟁상표는 다음과 같다.

등록상표	확인대상표장
Linux (등록 제362739호)	리눅스 내가최고
서적, 학습지 등	컴퓨터 관련 책

(2) 심판청구인(피상고인)은 확인대상표장이 등록상표의 권리범위에 속하지 아니한다는 소극적 권리범위확인심판을 청구하였고, 특허심판원은 확인대상표장이 상표법 제51조 제1항 제2호의 규정에 해당하여 상표권의 효력이 미치지 아니하는 범위에 해당한다고 판단하였다.

2. 법원의 판단

(1) 책의 제목은 그 책의 내용을 표시할 뿐 출판사 등 그 출처를 표시하는 것은 아니어서 원칙적으로 그 상품을 다른 사람의 상품과 식별되도록 하기 위하여 사용하는 표장이 아니므로, 책의 제목으로 사용된 표장에 대하여는 그 표장과 동일 또는 유사한 등록상표의 상표권의

효력이 미치지 아니한다.

(2) 이 사건에서 피고가 '리눅스(Linux)'라는 컴퓨터 운영체제 프로그램의 사용방법 등을 설명하는 내용의 책을 출판하면서 그 책에 사용한 '리눅스 내가최고'라는 표장은 그 책의 제목으로만 사용되었고 그 책의 출처를 표시하거나 그 책을 다른 출판사의 책과 식별되도록 하기 위한 표장으로서 사용되지 아니하였으므로, 원고의 이 사건 등록상표인 'Linux'의 상표권의 효력이 피고가 책의 제목으로 사용한 위 표장에 미치지 아니한다.

3. 해설

(1) 대상판결은 단행본 서적의 제호 또는 제목으로서의 사용은 상표적 사용이라고 볼 수 없기 때문에 상표권의 효력이 미치지 아니함을 확인한 것이다.

(2) 특허심판원은 그 심결시를 기준으로 확인대상표장의 구성 중 '리눅스'가 공개된 컴퓨터운영체제의 명칭으로 널리 알려져 있다고 보이므로 일반수요자들이 확인대상표장으로부터 직관적으로 그 사용 상품인 '컴퓨터운영체제의 매뉴얼'의 내용인 '리눅스프로그램'을 의미하는 것으로 인식할 수 있고, '내가 최고'라는 부분도 품질, 효능 등을 직접적으로 표시하는 표장에 불과하므로 확인대상표장은 상표법 제51조 제1항 제2호의 규정에 의해 상표권의 효력이 미치지 아니하는 범위에 해당한다고 판단하였는데, 특허법원은 확인대상표장의 사용을 상표법 제51조의 문제가 아니라 상표적 사용의 관점에서 보아 상표권의 효력이 미치지 않는다고 판단한 것이고, 대법원이 이를 지지한 것이다.

(3) 과거 대법원은 "문자가 서적류의 제호로서 사용되는 경우에 그것은 당연히 해당 저작물의 창작물로서의 명칭 내지 그 내용을 나타내는 것이며, 그러한 창작물을 출판하고 제조 판매하고자 하는 자는 저작권법에 저촉되지 않는 한은 누구든지 사용할 수 있는 것으로서 품질을 나타내는 보통명칭 또는 관용상표와 같은 성격을 가지는 것이므로 제호로서의 사용에 대하여는 상표법 제51조의 규정에 의하여 상표권의 효력이 미치지 않는다"고 판시한 바 있다(대법원 1995. 9. 26. 선고 954다3381 판결). 이 판결은 타인의 등록상표와 동일 또는 유사한 저작물의 제호를 서적의 제호 부분에 표시하여 사용하는 것은 그 저작물의 이용에 필연적으로 수반되는 통상적인 사용이라는 점에서 위와 같이 판결한 것이지만, 그것을 보통명칭 또는 관용표장과 같은 성격이라고 하기보다는 상표적 사용의 문제로 해결함이 간명했을 것이다.

(4) 한편, 서적류의 제호 또는 음반의 제명은 특별한 사정이 없는 한 해당 서적이나 음반에 수록된 저작물의 명칭 내지는 그 내용을 함축적으로 나타내는 것이므로 상표권의 효력이 미치지 않는 것이 원칙이다. 그러나 타인의 등록상표를 정기간행물이나 시리즈물의 제호로 사용하는 등 특별한 경우에는 사용 태양, 사용자의 의도, 사용 경위 등 구체적 사정에 따라 실제 거래계에서 제호의 사용이 서적의 출처를 표시하는 식별표지로서 인식될 수도 있으므로, 그러한 경우까지 상표권의 효력이 미치지 않는 것으로 볼 수는 없다(대법원 2005. 8. 25. 선고 2005다22770 판결)고 하며, 음반의 경우에도 음반의 종류 및 성격, 음반의 제명이 저작물의 내용 등을 직접적으로 표시하는지 여부 및 실제 사용 태양, 동일 제명이 사용된 후속 시리즈 음반의 출시 여부, 광고·판매 실적 및 기간 등 구체적·개별적 사정 여하에 따라 음반의 제명이 일반 수요자에게 상품의 출처를 표시하고 자기의 업무에 관계된 상품과 타인의 업무에 관계된 상품을 구별하는 표지로서 인식되는 때에는, 그 음반의 제

명은 단순히 창작물의 내용을 표시하는 명칭에 머무르지 않고 자타 상품의 식별표지로서 기능한다(대법원 2007. 1. 25. 선고 2005다67223 판결)고 하여 서적의 제호 또는 음반의 제명으로의 사용도 상표적 사용이라고 볼 수 있는 특별한 경우에는 상표권의 효력이 미치는 것으로 하고 있다. 다만, 대부분의 경우에는 상표적 사용이라고 보기 어려운 경우가 많을 것이므로 그와 같은 경우에는 부정경쟁방지법 소정의 부정경쟁행위로 문제를 해결하여야 할 것이다.

(5) 타인의 저명한 소설, 수필 등의 제호와 동일한 상표를 그 사실을 알면서 서적을 지정상품으로 하여 상표등록을 받은 자가 그 타인의 허락을 받아 소설 또는 수필 등을 출판한 자에게 상표권을 행사하면 어떻게 될까? 소설이나 수필이 그 자체로 상표법상의 상품은 아니지만, 소설이나 수필과 단행본 서적은 밀접한 관계가 있는 것이므로 소설이나 수필의 저자 또는 출판사가 아닌 자가 그 제호와 동일한 상표를 서적에 대하여 상표등록을 받으면 수요자 기만의 염려가 있을 수 있다. 따라서 당해 상표에 대해서는 상표법 제7조 제1항 제11호 또는 제12호를 이유로 하는 상표등록 무효심판의 청구가 가능할 것이며, 그 상표권의 행사에 대해서는 상표적 사용이라는 항변 또는 권리남용의 항변이 가능할 것이다(일본에서의 제3 뽀빠이 사건 참조).

(6) 서적의 제호의 사용에 관한 일본 판례를 살펴보면, 일본의 동경지방재판소는 인쇄물에 대하여 'POS'라는 상표권을 가진 원고가 'POS실천 매뉴얼', '실천 POS Q&A 50', 'POS 도입과 실제'와 같은 서적을 출판한 피고를 상대로 표장의 사용중지 및 손해배상을 청구한 사건(POS 사건)에서, "피고표장은 피고 서적의 표지에 제호로써 표시되어 있는 것이라 하더라도 표장이고, 서적이라고 하는 상품에 대하여 사

용된 것이므로 상표이며 또한 사용행위는 상표로서의 사용이라고 할 수 있다"고 하면서도, "출처표시기능을 갖지 아니한 표장의 사용은 등록상표 또는 이와 유사한 상표의 사용이라 할 수 없어 상표권 침해를 구성하지 않는 것으로 해석하여야 한다. 이러한 해석을 본건에 적용해 보면 … 모두가 피고 서적의 내용을 표시하기 위하여 피고 서적의 표지에 표시한 것으로서 출판사인 피고의 상품임을 식별케 하기 위한 상표로 사용된 것이 아님이 인정되고, 따라서 본건은 상표권을 침해하는 것이라고 할 수 없다"고 하여 상표권의 침해를 부정한 바 있다.

또한 제26류의 잡지 · 신문을 지정상품으로 하는 '氣功術'이라는 문자 상표권을 가진 원고가 '氣功術 實踐講座'라고 표시된 교재를 판매한 피고를 상대로 제기한 소송 사건[23]에서는 피고 상품이 서적이고 본 건 상표의 지정상품인 잡지 · 신문의 유사상품에 해당한다고 인정한 후에, "기공술의 실천을 배우기 위한 강좌라는 피고 상품의 내용을 단적으로 나타내기 위하여 부착된 제호라고 인정되며, … 피고 상품인 교재의 내용, 즉 상표법 제26조 제1항 제2호(우리 상표법 제51조 제1항 제2호)의 상품의 품질을 보통으로 사용하는 방법으로 표시하고 있음에 지나지 않고, 동조 제1항의 규정에 의하여 본 건 상표권의 효력이 미치지 않는다"고 하여 원고의 청구를 기각하였다. 이 사건은 POS 사건에서 피고의 사용 태양이 상표적 사용이 아니라고 한 것임에 반하여 본 건은 상표권의 효력이 미치지 아니하는 범위(일본 상표법 제26조)를 근거로 한 것으로서 우리나라 대법원 판결 중 녹정기 사건과 방향을 같이 하는 것이라고 할 수 있다.

23) 동경지방재판소 1994년 4월 27일 판결 判時 1510.

LONDON TOWNE 사건

□ 사건번호 : 대법원 1988. 10. 25. 선고 86후104 판결 (거절결정)
□ 키워드 : 현저한 지리적 명칭
□ 관련규정 : 제6조 제1항 제4호

1. 사건의 개요

(1) 이 사건 출원상표의 구성은 '㉠'과 같고, 그 지정상품은 '오버코트, 레인코트' 등이다.

㉠

(2) 위 출원에 대하여 심사관은 상표법 제6조 제1항 제4호의 규정에 의거 거절결정을 하였고, 특허청 항고심판소가 원결정을 지지하자 출원인이 상고한 사건이다.

2. 법원의 판단

(1) 상표법 제6조 제1항 제4호에서 말하는 '현저한 지리적 명칭'이란 단순히 지리적, 지역적 명칭을 말하는 것일 뿐 특정상품과 지리적 명칭을 연관하여 그 지방의 특산물의 산지표시로서의 지리적 명칭임을 요하는 것은 아니라 할 것이며, 따라서 그 지리적 명칭이 현저하기만 하면 여기에 해당하고 지정상품과의 사이에 특수한 관계가 있음을 인식할 수 있어야만 하는 것은 아니다.

원심결의 요지는 'LONDON TOWNE' 자체가 현저한 지리적 명칭이라는 것은 아니지만, 'LONDON TOWNE'이라는 명칭이 가지는 관념이 현저한 지리적 명칭인 'LONDON'으로 인식되게 되는 결과 현저한 지리적 명칭에 해당한다는 것이다. 따라서 원심결에는 판단유탈이나 심리미진 또는 이유불비의 위법이 있다고 할 수 없다.

(2) 원심결 이유에 의하면 본원상표는 4각형의 테두리안에 'LONDON TOWNE'이라는 영문자와, 구름 또는 안개 모양으로 인식되는 도형내의 'LONDONTOWN CORPORATION'이라는 출원인 회사의 표시, 그리고 탑모양과 다리 모양의 도형으로 이루어진 결합상표라고 전제하고, 그러나 본원상표의 구성 중 일반수요자나 거래자에게 가장 인상깊게 인식되는 부분은 좌측 상단에 크고 굵게 표기한 영문자 'LONDON TOWNE'과 그 우측 하단에 도시한 탑 모양의 도형이라 할 것인데, 위 영문자는 영국의 수도인 '런던'으로 인식되며 탑과 다리 모양의 도형은 두드러지게 보이는 'LONDON TOWNE'이라는 표기로 인하여 런던 시가지의 모습을 연상케 하고 위 출원인 회사의 표기는 작고 적게 되어 있어 일반수요자나 거래자가 주의를 기울여야만 인식할 수 있는 정도의 것에 불과한 것이어서 전체적으로 볼 때 본원상표가 일반수요자나 거래자에게는 현저한 지리적 명칭인 영국의 '수도인 런던', '런던시'로 인식된다고 판단하고, 나아가 본원상표에 위와 같은 도형이 결합되었다고 하여 이로 인하여 위 영문자로 된 명칭이 가지는 관념과는 다른 새로운 관념이 형성되는 것이 아니므로 본원상표는 현저한 지리적 명칭에 해당하는 것이라고 판단하였는바 원심의 위와 같은 판단은 정당하다.

물론 위 상표법 제6조 제1항 제4호에는 현저한 지리적 명칭 도면, 약어, 또는 기호만으로 된 상표라고 규정되어 있으므로 현저한 지리적 명칭이라 하더라도 여기에 다른 문자나 도형이 결합되어 새로운 관념이 형성될 수 있는 경우에는 현저한 지리적 명칭만으로 된 상표라고 할 수는 없을 것이다. 그러나 본원상표의 경우에 있어서는 'TOWNE'은 특별히 주의를 기울이지 않는 한 'TOWN'으로 인식될 것이고 이 경우 'TOWN'은 'LONDON'과 연관하여 수도 또는 도시를 의미하는 것으로 인식되게 될 것이므로 'LONDON TOWNE'은 영국의 수도인 런던시라는 지리적, 지역적 명칭으로 쉽게 인식되게 될 것이어서 'LONDON' 그 자체와 관념상 다를바 없고 그 결과 탑과 다리 모양의 도형은 런던시가지의 모습을 연상케 되어 그 도형이 차지하는 면적과는 상관없이 이것이 새로운 관념을 형성시키는 요소로 작용될 수는 없다고 할 것이며 출원인 회사의 표시는 주의를 기울여야만 인식할 수 있는 정도의 것에 불과한 것이어서 전체적으로 볼 때 본원상표는 'LONDON TOWN' 또는 'LONDON'이라는 현저한 지리적, 지역적 명칭만으로 된 상표와 다를바 없다고 보아야 할 것이다.

3. 해설

(1) 대상판결은 오래된 판결이기는 하지만, 상표법 제6조 제1항 제4호의 판단에 있어서 가장 중요한 1) 현저한 지리적 명칭의 의미와 2) 현저한 지리적 명칭에 다른 구성이 결합된 경우의 취급에 대하여 다루고 있어 주요 판례로 검토하고자 한다.

(2) 먼저, 대상판결은 현저한 지리적 명칭이라 함은 "단순히 지리적, 지역적 명칭을 말하는 것일 뿐 … 지정상품과의 사이에 특수한 관계가 있음을 인식할 수 있어야만 하는 것은 아니다"라고 판시하였는데, 이것을 이후의 판결들이 그대로 따르고 있다. 이 점에서 현저한 지리적 명칭은 상표법 제6조 제1항 제3호의 '산지'가 상품의 주산지는 아닐지

라도 적어도 그 상품이 과거에 생산되었거나 현재 생산되고 있는 지역 또는 수요자들이 그 상품이 생산된다고 인식하는 지역일 것을 요하는 것과 다르다.

이와 같은 취지에서 대법원 2000. 6. 13. 선고 98후1273 판결은 출원상표인 'JAVA'가 인도네시아의 수도인 자카르타를 비롯한 주요 도시가 위치한 섬으로 잘 알려져 있다는 이유를 들어, 그 섬이 지정상품인 '컴퓨터, 컴퓨터프로그램' 등과 관련이 없음에도 불구하고 상표법 제6조 제1항 제4호에 해당한다고 판단하였다. 그리고 특허법원 1998. 11. 12. 선고 98허7196 판결은 '광천수, 주스' 등에 대하여 출원된 'ANTARCTICA'라는 상표는 일반수요자나 거래자가 그 의미를 직감하지 못한다 하더라도, 위 영어단어의 사전상의 의미가 "남극대륙"이고, 그 상표의 관념인 남극대륙이 국내의 일반수요자들이나 거래자들 대부분에게 널리 알려진 즉 현저한 지리적 명칭인 이상 특정인에게 'ANTARCTICA'의 독점사용권을 부여하여서는 아니된다는 이유로 상표법 제6조 제1항 제4호에 해당한다고 판단한 사례가 있다.

(3) 또한 현저한 지리적 명칭에 도형이나 업종표시 등이 결합된 경우의 취급과 관련하여, 대상판결은 현저한 지리적 명칭에 다른 문자나 도형이 결합되어 새로운 관념이 형성될 수 있는 경우에는 현저한 지리적 명칭만으로 된 상표라고 할 수 없지만, 그런 정도에 이르지 못해 전체적으로 볼 때 현저한 지리적 명칭만으로 된 상표와 다를바 없는 경우에는 상표법 제6조 제1항 제4호에 해당한다고 판단하여, 본호를 소극적으로 해석할 필요가 없음을 밝히고 있다.

이 판결의 연장 선상에서, 우리나라의 판례는 현저한 지리적 명칭에 식별력이 약한 도형이나 문자 등을 단순하게 결합한 상표는 대부분 상표법 제6조 제1항 제4호에 해당하는 것으로 보고 있다. 예를 들어, 대법원 1990. 5. 25. 선고 89후803 판결은 "본원상표()의 도형 부분을 분리하지 아니하고 전체적으로 본다 할지라도 동물 모양의 도형은 적고 문자부분은 크게 표기되어 있고, 그 도형과 문자는 칭호 및 관념상으로도 서로 일련성이 없으므로 결국 'HOLLYWOOD'라는 지리적 명칭을 보통의 방법으로 표시한 것에 지나지 아니한다"고 하였다. 그리고 특허법원 2011. 4. 13. 선고 2010허9088 판결은 "상표법 제6조 제1항 제4호는 현저한 지리적 명칭, 그 약어 또는 지도만으로 된 상표에 적용되므로, 그 이외에 다른 식별력 있는 문자, 기호, 도형 등이 결합되어 있는 상표는 본 호에 원칙적으로 해당하지 않지만, 그와 같은 문자, 기호, 도형이 부수적 또는 보조적인 것에 불과하거나 전체적으로 볼 때 현저한 지리적 명칭으로 인식되는 경우에는 여전히 상표법 6조 1항 4호에 해당하는 것"이라고 전제한 다음에, 이 사건 출원상표()에서 영문자 'GEORGIA'는 현저한 지리적 명칭에 해당하고, 그에 부가된 커피원두 모형과 찻잔의 도형은 도안화의 정도가 약해서 식별력이 없는 단순한 부가적인 부분에 그치므로, 이 사건 출원상표는 전체적으로 보아 현저한 지리적 명칭에 식별력이 없거나 매우 약한 도형이 부가된 것에 불과하므로 여전히 상표법 제6조 제1항 제4호에 해당한다고 판단하였다.

(4) 그 밖에 최근의 판례로는, 특허법원 2011. 4. 29. 선고 2010허7037 판결이 'Dakota'는 미국의 주(州)이름이므로 본호에 해당한다고 하였고, 특허법원 2012. 7. 20. 선고 2012허2609 판결은 '곰배령'이 강원도 인제군에 있는 산의 명칭이므로 지리적 명칭에 해당하지만, 그 지명이 널리 알려져 현저한 정도에 이르렀다고 볼 수는 없다고 하여 본호에 해당하지 않는다고 판시한 사례가 있다.

(5) 지리적 명칭이 어느 정도의 지역적 범위에 걸쳐 알려졌어야 현저하다고 할 수 있을까? 특허법원 2009. 4. 10. 선고 2008허11248 판결에 의하면 "지리적 명칭의 현저성 여부는, 서비스표로 등록될 경우 전국적인 범위에서 해당 서비스표의 독점적인 사용권을 인정받는 점에 비추어 볼 때 우리나라 전국의 일반수요자들을 기준으로 판단하여야 한다"고 하면서 "'센텀시티'나 '센텀'은 부산광역시 해운대구 내에서만 지리적 명칭으로 널리 사용되고 인식되어 있는 것으로 보이므로, '센텀'이 현저한 지리적 명칭에 해당함을 전제로 하는 원고들의 이 부분 주장은 이유 없다"고 판시한 사례가 있다.

그러나 상표법 제6조 제1항 제4호는 같은 조 제2항과 달리 전국적 범위가 아니라 1 이상의 시(市) 또는 도(道)와 같이 국내의 상당 지역에서 널리 알려진 것만으로 족하다고 보는 것이 타당하다. 왜냐하면, 상표법 제6조 제2항은 원래 특정인에게 독점사용시킬 수 없는 표장에 대세적인 권리를 부여하는 것이므로 그 기준은 엄격하게 해석 적용되어야 할 것이고, 상표는 일단 등록이 되면 우리나라 전역에 그 효력이 미치는 것이므로 현저하게 인식되어 있는 범위는 전국적으로 걸쳐 있어야 한다고 보아야 할 것이지만(대법원 1994. 05. 24. 선고 92후2274 판결), 상표법 제6조 제1항 제4호는 상표등록을 받을 수 없는 경우를 규정한 것으로서 비록 그 지리적 명칭이 국내의 전역은 아닐지라도 상당한 지역에서 지리적 명칭으로 인식되고 사용되고 있다면 적어도 그 지역의 일반수요자 및 거래자에게 그 명칭의 자유로운 사용을 보장할 수 있어야 하기 때문이다.

간단하고 흔히 있는 표장

□ 사건번호 : 대법원 2007. 3. 16. 선고 2006후3632 판결 (거절결정)
□ 키워드 : 간단하고 흔히 있는 표장, 식별력
□ 관련규정 : 제6조 제1항 제6호

1. 사건의 개요

이 사건 출원상표는 다음과 같다.

출원상표	 (출원 제2004-8829호)

2. 법원의 판단

(1) 원심은 ""와 같이 이루어져 있는 이 사건 출원상표의 표장이 마름모 내지 다이아몬드 도형이 옆으로 누운 모양을 하고 있고, 그 띠의 폭이 넓어서 간단한 표장에 해당하지 아니하고, 설령 간단하다고 하더라도 흔히 있는 표장에 해당하지 않는다고 보았다.

(2) 그러나 흔히 사용하는 도형을 도안화한 표장의 경우에는 그 도안화의 정도가 일반 수요자나 거래자에게 그 도형이 본래 가지고 있는 의미 이상으로 인식되거나 특별한 주의를 끌 정도에 이르러야 간단하고 흔히 있는 표장에 해당하지 아니한다고 할 것인바, 이 사건 출원상표의 표장은 흔히 볼 수 있는 마름모 내지 다이아몬드 도형과 비교하여 볼 때 다소 옆으로 누운 모양이기는 하나, 마름모 내지 다이아

몬드 도형의 기본 형태를 유지하고 있고, 그 띠의 폭 또한 넓기는 하지만 같은 폭의 띠를 일정한 형태로 연결한 흔히 볼 수 있는 것이어서, 이러한 도안화의 정도만으로는 이 사건 출원상표의 표장이 일반 수요자나 거래자에게 마름모 내지 다이아몬드 도형이 가지는 의미 이상으로 인식되거나 특별한 주의를 끌 정도에 이르렀다고 보기 어려우며, 이는 마름모 내지 다이아몬드 도형을 그 크기를 달리하여 이중으로 배치하였다 하여 달리 볼 수 있는 것도 아니다. 따라서 이 사건 출원상표의 표장은 간단하고 흔히 있는 표장만으로 이루어졌다고 할 것임에도, 이와 달리 판단한 원심에는 간단하고 흔히 있는 표장에 관한 법리를 오해하여 판결에 영향을 미친 잘못이 있고, 이 점을 지적하는 상고이유의 주장은 이유 있다.

3. 해설

(1) 상표법은 제6조 제1항에서 "다음 각호의 1에 해당하는 상표를 제외하고는 상표등록을 받을 수 있다"고 하면서, 제6호에서 "간단하고 흔히 있는 표장만으로 된 상표"를 규정하고 있다. 본호에 해당하는 상표라도 사용에 의하여 식별력을 획득한 경우에는 상표등록을 받을 수 있지만(제6조 제2항), 본호에 해당하는 상표라는 이유만으로 상표권의 효력이 미치지 아니하는 것으로는 규정되어 있지 않다(제51조 제1항 참조).

(2) 판례는 간단하고 흔히 있는 표장만으로 된 상표일 때에는 등록을 받을 수 없다는 것이지, 간단하거나 또는 흔히 있는 표장만으로 된 때에도 등록을 받을 수 없는 뜻은 아니라고 하며, 그 여부는 거래의 실정, 그 표장에 대한 독점적인 사용이 허용되어도 좋은가 등의 사정을 참작하여 구체적으로 판단하여야 한다고 한다.[24)]

---

24) 대법원 2004. 11. 26. 선고 2003후2942 판결

(3) 판례에 의하여 간단하고 흔히 있는 표장이라고 판단된 것으로는 [25], [26], [27], [28], [29] 등이 있으며, 반대로 간단하고 흔히 있는 표장이 아니라고 한 것으로는 [30], [31], [32] 등이 있지만, 구별의 경계선이 명확해 보이지는 않는다.

(4) 대상판결에서 주의할 점은 "같은 폭의 띠를 일정한 형태로 연결한 흔히 볼 수 있는 것"이라는 표현 부분인데, 대법원은 크기를 달리하는 마름모 내지 다이아몬드 도형을 이중으로 배치한 도형이 흔하다는 것이 아니라, 어느 도형인지와는 관계없이 원, 사각형, 마름모 등의 도형 또는 문자를 2중으로 배치하는 것은 흔히 있는 경우이므로 설사 이 사건 출원상표 그 자체가 흔하지 않더라도 그러한 조합으로 된 상표를 일률적으로 거절하도록 한 것이 상표법 제6조 제1항 제6호의 취지라고 본 것이다.[33]

(5) 판례만으로는 간단하고 흔히 있는 표장과 그렇지 않은 표장의 구별이 용이하지 않은데, 예를 들어 대법원 2003. 5. 27. 선고 2002후291 판결은 "''와 같이 구성된 이 사건 출원상표는 그 표장이 'C'와 'P'를 가로로 붙여 놓은 것으로 인식될 수도 있기는 하지만, 위 표장은 글자의 크기를 동일하게 하고 글자 사이에는 일정한 간격을 두

25) 대법원 1987. 2. 10. 선고 85후107 판결
26) 대법원 1994. 6. 28. 선고 94후449 판결
27) 특허법원 2007. 5. 23. 선고 2007허906 판결
28) 특허법원 2007. 5. 23. 선고 2006허11541 판결
29) 특허법원 2005. 7. 15. 선고 2005허3031 판결
30) 대법원 1993. 7. 27. 선고 92후2267 판결
31) 대법원 1994. 2. 8. 선고 93후1308 판결
32) 대법원 2004. 11. 26. 선고 2003후2942 판결
33) 小谷 武,「상표교실 – 판례연구편II」, 주식회사 톨(tall), 2003년, 37면.

는 알파벳의 일반적인 표기방법과 달리, 왼쪽의 곡선을 강조하기 위하여 'C'자의 폭을 'P'자보다 훨씬 넓게 표현하고 있으며, 오른쪽의 'P'는 세로선과 곡선부의 끝이 떨어지도록 하고 그 부위에 따라 선의 굵기를 달리하는 등으로 구성되어 있기 때문에 그 표장의 외관상 크기가 서로 다른 반원을 세로로 된 직선에 의하여 연결한 추상적인 도안으로 여겨질 정도이므로 위 표장은 그 구성 자체가 거래상 자타상품의 식별력이 있는 것"이라고 판단하였다.
그리고 대법원 1993. 7. 27. 선고 92후2267 판결은 "본원상표()는 알파벳 't'로 구성되어 간단하기는 하나 출원인의 명칭에서 따온 영문 소문자 't'의 하단부분을 굵게 하고 각 끝부분을 날카로운 창모양으로 뾰족하게 변형하고 그 바깥에 외곽선을 따라 일정한 간격을 두고 가는 실선을 배치함으로써 전체적으로 't'자를 간단히 도안화한 것이라기보다는 오히려 배의 '닻'과 같은 느낌을 줄 정도이므로 특별현저성이 있다"고 판단하였는데, 이러한 판례는 대상판결과 배치되는 것이 아닌가 하는 생각이 든다.

왜냐하면, 대상판결은 그 판결이유에서 "도안화의 정도가 일반 수요자나 거래자에게 그 도형이 본래 가지고 있는 의미 이상으로 인식되거나 특별한 주의를 끌 정도에 이르러야 간단하고 흔히 있는 표장에 해당하지 아니한다"고 하였고, 상표는 상거래에서 사용되는 상품표지이므로 그 상표를 접한 평균적 수요자의 직관적 인식을 기초로 그리고 시간과 장소를 달리하여 이격적으로 관찰해서 그 식별력이나 유사여부를 판단하여야 한다고 볼 때, 위 사건에서 '  '는 영문대문자 'CP'를, '  '는 영문소문자 't'를 쉽게 직감하게 할 뿐이지, '특별한 주의를 끌 정도'의 디자인적인 측면에서의 차별적인 특징을 직감하게 한다고 보기는 어렵기 때문이다.

(참고) 특허법원 2007. 5. 23. 선고 2006허11541 판결

출원상표 "A"가 영문자 'A'를 외곽선을 이용하여 테두리는 검게 가운데 부분은 희게 표시하고, 영문자 'A'를 구성하는 획 중 가운데 가로획 부분을 위와 같이 왼쪽 아래에서 오른쪽 위로 점차 가늘어지면서 올라가는 형상으로 변경한 것에 불과하여 영문자 'A'의 기본 형태를 그대로 유지하고 있으므로, 일반 수요자나 거래자에게 영문자 'A' 그 자체를 의미하는 것으로 직감된다고 할 것이고, 영문자 'A'가 가지는 의미 이상으로 인식되거나 특별한 주의를 끌 정도에 이르렀다고 볼 수 없으므로, 위 출원상표는 상표법 제6조 제1항 제6호에 규정된 '간단하고 흔히 있는 표장'에 해당한다.

(6) 한편, 대법원은 "'CP' 표장이 상표로 등록된다고 하더라도 수요자 사이에 위 표장이 누구의 업무에 관련된 상품을 표시하는 것으로 현저하게 인식되기 전까지는 그 권리범위가 위 표장과 동일 · 유사한 외관의 표장에만 미치고 그에 따라 일반 거래계에서 'CP'를 일반적인 알파벳 표기방법에 따라 표기하거나 그 호칭을 '씨피'로 하는 표장을 자유롭게 상표로 사용할 수 있으므로 이 사건 출원상표의 등록을 허용하는 것이 공익에 반한다고 할 수 없다"고 판시하였지만 이것은 잘못된 것이라고 생각된다. 왜냐하면, 이러한 표장이 현저하게 인식되기 전에도 그 표장과 '동일'한 것을 넘어 '유사'한 외관의 표장에까지 권리범위가 미친다고 한 것은 약한 상표를 넓게 보호하는 결과가 되어 잘못이고, 일반 거래계에서 'CP'나 '씨피'를 사용하는 것은 자유롭다고 하였는데, 상표법 제6조 제1항 제6호는 상표법 제51조 제1항 각호의 상표권의 효력이 미치지 아니하는 범위로 법정되어 있지 않기 때문에 이를 둘러싼 다툼이 생길 여지가 많기 때문이다. 따라서 이와 같이 문자 또는 도형을 도안화 한 상표라도 그 문자 또는 도형을 직감할 수 있는 정도라면 일단 그 등록을 불허하여 불필요한

분쟁을 차단하고, 예외적으로 그 상표가 사용에 의한 식별력을 취득했음을 인정한 경우에 한하여 그 등록을 허용함이 타당할 것이다.

(7) 일본의 경우를 살펴보면, 출원상표가 'V O 5 ブイオーフワイブ'이고 지정상품이 '화학품, 약제, 의료보조품'인 경우에 있어서 동경고등재판소는 "'VO5'가 일본 상표법 제3조 제1항 제5호에서 말하는 "매우 단순한" 표장에 해당한다는 것은 명백하다. 게다가 본원상표의 지정상품을 포함하는 각종 상품 부문에 있어서 알파벳 2자와 숫자 1자로 이루어진 표장이 상품의 종별(種別)이나 형식 등을 표시하는 것으로 거래상 보통으로 사용되고 있다는 사실을 인정할 수 있기 때문에, 이러한 점에서 'VO5'는 상표법 제3조 제1항 제5호에 해당하며, 'ブイオーフワイブ' 부분은 그 크기나 서체에 관계없이 그 상부에 표기된 'VO5' 부분의 통상적인 독음을 병기한 것으로 용이하게 이해되므로 본원상표는 전체적으로도 상표법 제3조 제1항 제5호에 해당한다"고 판시하였다.

일본 판례의 특징적인 점은 본호를 판단함에 있어서, 지정상품에 관한 거래실정을 상당히 고려한다는 점과 간단하고 흔히 있는 표장이 거래상 상품의 품종이나 규격, 형식 등을 표시하는데 흔히 사용된다는 점을 참작하고 있다는 것이다. 실무상으로도 'VO5'의 등록을 허용하면 'BO5', 'UO5', 'VO6'의 등록은 어떻게 해야 하는지, 그것을 상품의 품번 등으로 표시한 경우에도 상표권 침해로 되는지 등의 문제가 자주 발생할 수 있어 오히려 법적불안정성을 유발할 수 있다는 점이 고려된 것으로 생각된다.

그 밖에 간단하고 흔히 있는 표장이라고 판단된 사례로 'WA-7',[34] 'L-

34) 동경고등재판소 1970. 2. 26. 소화41년 (행ケ) 제112호.

IP'[35] 등이 있는데, 후자의 경우에 지적재산고등판소는 "본원상표를 구성하는 'L'과 'IP' 사이에는 하이픈이 있기 때문에 시각상 본원상표가 하이픈 전후로 구별되어 인식되고, 본원상표를 일련으로 호칭하면 '엘 아이피'로 호칭되지, '립'으로 호칭되거나 영어단어 'Lip'의 관념을 상기시키는 것으로 인정되지 않는다." 게다가 "지정상품의 거래분야에서 로마자 문자 1자와 로마자 문자 2자를 하이픈으로 결합한 표장을 상품의 규격, 종류 등을 나타내는 것으로 사용하는 실정을 종합하면, 본원상표를 그 지정상품에 사용한 경우, 거래자나 수요자는 상품의 규격 등을 표시하기 위한 기호, 부호 등의 일 유형으로 이해할 수 있다"는 이유를 들어 간단하고 흔히 있는 표장으로 봄이 타당하다고 판시하였다.

35) 지적재산고등재판소 2006. 1. 30. 평성17년 (행ヶ) 제10631호.

Red Sandra 사건

ㅁ 사건번호 : 대법원 2002. 11. 26. 선고 2001후2283 판결 (등록무효)
대법원 2003. 1. 24. 선고 2002다6876 판결 (손해배상)

ㅁ 키워드 : 상표의 보통명칭화

ㅁ 관련규정 : 제6조 제1항 제1호, 제51조 제1항 제2호, 제66조

1. 사건의 개요

(1) 이 사건 등록상표는 다음과 같다.

등록상표	Red Sandra
지정상품	화초, 장미꽃, 장미나무
등록번호	상표등록 제357392호
출원일/등록결정일/등록일	1995. 7. 5./1997. 1. 29./1997. 3. 3.

(2) 심판청구인(피고, 상고인)은 이 사건 등록상표가 상표법 제6조 제1항 제1호, 제2호, 제3호 등에 해당한다는 이유로 상표등록 무효심판을 청구하였다.

(3) 특허심판원은 이 사건 등록상표가 절화장미의 1 품목의 보통명칭을 보통으로 사용하는 방법 만으로 된 표장이라는 이유로 심판청구를 인용하였지만, 특허법원은 이 사건 등록상표가 장미를 취급하는 당해업자나 일반 수요자들 사이에서 일반적으로 장미꽃이나 장미묘목을 지칭하는 것으로 실제로 사용되고 인식되어져 있는 일반적인 명칭이라고 보기 어렵다는 이유 등을 들어 원심결을 취소하는 판결을

하였고, 피고(심판청구인)는 그 판결에 불복하여 상고를 제기하였다.

2. 법원의 판단

(1) 상표법 제6조 제1항 제1호에서 규정하는 '상품의 보통명칭'이라 함은 그 지정상품을 취급하는 거래계에서 그 상품을 지칭하는 것으로 실제로 사용되고 인식되어져 있는 일반적인 명칭, 약칭, 속칭 등을 뜻하고, 상품의 보통명칭에 해당하는지 여부는 상표의 등록결정시를 기준으로 판단하여야 한다.

(2) 기록에 의하면, 이 사건 등록상표를 품종의 명칭으로 하는 장미는 우리 나라에 1987년에 최초로 도입된 이후 1992. 11.경 서울 서초구 양재동 화훼공판장에서 경매된 것을 비롯하여 화훼업자들에 의하여 재배되는 절화장미 중 거의 과반을 차지할 정도로 국내에 널리 보급되었고, 화훼거래업계를 대표하는 한국화훼협회, 화훼공판장, 화훼관련 잡지, 논문 등에서도 이 사건 등록상표가 장미의 한 품종을 지칭하는 것으로 널리 사용되고 인식되어져 옴으로써 이 사건 등록상표의 등록사정일인 1997. 1. 29.경에는 이 사건 등록상표의 지정상품을 취급하는 거래계 즉, 그 상품의 생산자, 도매상, 소매상, 품종을 구별하여 장미를 구입하는 수요자 사이에서 이 사건 등록상표가 특정인의 상품의 출처를 표시하는 식별력이 있는 상표로서가 아니라 장미의 한 품종의 일반적 명칭으로 사용되고 인식되어져 있어 결국, 이 사건 등록상표는 그 지정상품의 보통명칭을 보통으로 사용하는 방법으로 표시한 표장만으로 된 상표에 해당한다 할 것이다(이 사건 등록상표의 지정상품은 장미꽃, 장미나무 이외에 나무, 화초 등도 있으나 서로 포함관계에 있거나 관련 상품으로서 이 사건 등록상표는 이들 상품 모두에 대하여 식별력이 없다고 봄이 상당하다). 또한, 그런 이상

상표등록결정일 이후의 상표관리실태는 이를 고려할 여지가 없다 할 것이다.

3. 해설

(1) 대상판결은 보통명칭의 의의 및 그 판단시점과 관련하여 중요한 의미가 있다. 대법원 판례는 일관되게 '상품의 보통명칭'이라 함은 그 지정상품을 취급하는 거래계에서 그 상품을 지칭하는 것으로 실제로 사용되고 인식되어 있는 명칭을 말한다고 하여, 그 상품의 보통명칭으로 인식될 가능성이 있는 것만으로는 부족하다고 한다. 이 점에서 기술적 표장이 그 상품의 특성을 직감적으로 인식하게 하는 것으로 족한 것과 차이가 있다(대법원 1996. 9. 24. 선고 96후78 판결 참조).

(2) 보통명칭의 판단시점과 관련하여, 출원상표가 상표법 제6조 제1항 제1호에 해당하는지 여부는 그 출원에 대한 등록여부결정시(거절결정에 대한 심판의 경우에는 당해 심판의 심결시)이고, 등록된 상표가 후발적으로 보통명칭화되어 무효사유에 해당하는지 여부는 그 상표에 대한 무효심판의 심결시이며, 상표권 침해를 둘러싼 다툼에서 타인이 사용하는 상표가 상품의 보통명칭에 해당하여 상표법 제51조 제1항 제2호의 상표권의 효력이 미치지 아니하는 범위에 속하는지 여부는 침해금지청구소송에서는 사실심의 변론종결시, 손해배상청구소송에서는 원고가 침해라고 주장하는 사실이 발생한 시점을 기준으로 판단하여야 한다는 것이 판례이다.

(3) 대상판결 중 2001후2283 사건은 이 사건 등록상표의 원시적 등록무효에 관한 것이므로 그 판단의 기준시점은 이 사건 등록상표의 등록결정시(1997. 1. 29.)이고, 2002다6876 사건은 손해배상청구 사건이므

로 피고가 원고의 상표권을 침해하였다고 주장하는 사실의 발생시점이라 할 수 있다.

따라서 2001후2283 사건에서 대법원은 "이 사건 등록상표의 등록사정일인 1997. 1. 29.경에는 이 사건 등록상표의 지정상품을 취급하는 거래계 즉, 그 상품의 생산자, 도매상, 소매상, 품종을 구별하여 장미를 구입하는 수요자 사이에서 이 사건 등록상표가 특정인의 상품의 출처를 표시하는 식별력이 있는 상표로서가 아니라 장미의 한 품종의 일반적 명칭으로 사용되고 인식되어져 있어 결국, 이 사건 등록상표는 그 지정상품의 보통명칭을 보통으로 사용하는 방법으로 표시한 표장만으로 된 상표에 해당한다 할 것이고, 그런 이상 상표등록결정일 이후의 상표관리실태는 이를 고려할 여지가 없다"고 하여 등록여부결정시가 판단의 기준시점임을 분명히 하고 있는 것이다.

한편 2002다6876 사건에서 대법원은 "등록상표는 등록사정 당시에 이미 보통명칭화된 경우도 있을 수 있지만, 상표등록 이후에 상표관리를 태만히 하였거나 혹은 상표관리에도 불구하고 보통명칭화되는 경우도 있을 수 있으므로 상표권자가 상표권침해로 인한 손해배상을 구하는 경우에 있어서는 사실심 변론종결 당시를 기준으로 등록상표가 보통명칭화 되었는지의 여부를 가려야 할 것"이라고 하여 등록여부결정시 이후의 사정도 고려했어야 함을 분명히 하였다.

다만, 상표권 침해금지청구 사건과 달리 손해배상청구 사건은 변론종결시 전에 발생한 상표권 침해를 이유로 그 손해의 배상을 구하는 것이므로 판단시점을 보다 정확하게 말한다면 '사실심 변론종결 당시'가 아니라 '침해행위 당시'라고 봄이 타당할 것이다. 이 점에서 대상판결이 '사실심 변론종결 당시'라고 한 것은 정확하지 않은 표현이라고 하겠다. 참고로 상표권 침해사건이 아니라 부정경쟁행위에 관한 사건이지만 대법원 2008. 2. 29. 선고 2006다22043 판결은 "부정경쟁방지법 제4조에 의한 금지청구를 인정할 것인지의 판단은 사실심 변론종결 당시를 기준으로 하며, 부정경쟁방지법 제5조에 의한 손해배상청구를 인정할 것인지 및 같은 법 제6조에 의한 신용회복청구를 인정할 것인지의 판단은 침해행위 당시를 기준으로 하여야 한다"고 하여 양자의 판단시점을 구별하고 있다.

(4) 보통명칭화된 상표의 취급과 관련하여 일본 동경지방재판소 2001. 2. 15. 선고 평성12년(ワ) 15732 판결을 소개한다. 이 사건은 소위 'カンショウ乳酸' 사건이라고 불리는 것으로, 원고는 상품류 구분 제1류에 속하는 '유산'에 대하여 'カンショウ乳酸'이라는 상표를 등록받은 자이다. 원고는 등록상표와 동일한 상표를 사용한 피고에 대하여 상표사용금지, 손해배상 및 사죄광고를 구하는 소를 제기하였다.

법원은 피고의 주장을 받아들여, "식품업계에서는 '緩衝乳酸'에 대하여 식품에 첨가하는 ph조정제의 하나로 일반에게 인식되어 있는 것으로 인정된다. '緩衝乳酸'의 '緩衝'을 'カンショウ'의 가타카나로 표기하여도, 유산에 유산나트륨을 배합하여 완충성을 갖게 한 유기산이라는 의미로써 'カンショウ乳酸'이라는 말이 늦어도 1992년 11월경에는 보통명칭으로 되었다고 인정된다"고 하고, 따라서 'カンショウ乳酸'이라는 표시는 상품의 보통명칭인 것으로 되어 상품출처표시기능, 자타상품식별기능을 수행하는 형태는 아니어서 상표로서의 사용에 해당하지 않는다고 하였고, 더 나아가 '하이우드 사건'에서 설명한 소위 '킬비판결'에 따라 "상표등록의 무효심결이 확정되기 이전이라도, 상표권침해소송을 심리하는 재판소는 상표등록에 무효이유가 존재하는 것이 명백한지의 여부에 대하여 판단하는 것이 가능하고, 당해 상표등록에 무효이유가 존재하는 것이 명백할 경우에는 그

상표권에 기초한 금지, 손해배상의 청구 등은 특단의 사정이 없는 한 권리의 남용에 해당되어 인정되지 않는다. 본건 상표에 관한 등록상표는 (일본) 상표법 제46조 제1항 제1호 소정의 무효이유를 갖는 것이 명백하기 때문에 본건 상표권에 기초한 청구는 권리남용에 해당한다"고 판결하였다.

(5) 미국의 경우를 살펴보면, 미국 연방상표법은 보통명칭과 기술적 표장을 전혀 달리 취급한다. 기술적 표장은 이차적 의미를 획득하면 주등록부에 등록이 가능하며, 상표등록이 불가쟁력을 취득한 경우에는 상표등록의 취소를 구하거나 상표권 침해소송에서 식별력이 없다는 항변이 허용되지 않는다.[36] 그러나 보통명칭은 상표등록이 불가쟁력을 획득한 후에도 상표권이 포기되었다는 항변이 가능하고(랜햄법 제45조, 15 U.S.C. § 1127), 상표등록의 취소를 신청하는 것이 가능하다(랜햄법 제14조, 15 U.S.C. § 1064(3)).

앞서 Abercrombie & Fitch Co. v. Hunting World, Inc. 사건에서 소개한 바와 같이, 연방항소법원은 특정한 유형의 의류에 대해서 'safari'가 보통명칭화되었음을 이유로 들어 그 등록을 취소하였지만, '부츠'에 대해서는 보통명칭이 아니며, 설사 '기술적 표장'이라 할지라도 이미 불가쟁력을 획득하였으므로 그에 대해서는 다툴 수 없다고 판시하였다.

보통명칭화의 판단과 관련하여, 미국 제2 순회법원은 The Murphy Door Bed Co. Inc. v. Interior Sleep Systems Inc. 사건[37]에서, 상표가 일단 공중의 영역에 돌아가 돌이킬 수 없게 된 때에는 그 상표의 사용을 금지시키기 위한 단속조치는 더 이상 그 상표가 보통명칭인지 아닌지를 판단함에 있어서 의미가 없다고 하였다. 그리고 위 법원은

---

36) Park N' Fly Inc. v. Dollar Park and Fly, Inc., 469 U.S. 189 (1985).

37) The Murphy Door Bed Co. Inc. v. Interior Sleep Systems Inc. 874 F.2d 95 (2nd Cir. 1989)

어떤 용어나 구(句)가 특정한 상품이 아니라 어떤 종류 또는 유형의 상품(a genus or type of product, rather than a particular product)을 나타내기 위해 흔히 사용되면 보통명칭이라고 할 수 있다고 하면서, 1) 특허청이 보통명칭이라는 이유로 거절한 사실, 2) 여러 사전에서 Murphy bed라는 용어가 벽장침대(월베드)의 기본적인 설명으로 포함되어 있다는 점, 3) 신문이나 잡지가 Murphy bed라는 구를 사용하여 특정 유형의 침대를 설명하고 있다는 점을 들어, 원고의 Murphy bed가 보통명칭이고 따라서 피고의 사용은 원고의 상표권 침해가 아니라고 판단하였다.

(6) 끝으로 보통명칭화된 상표라고 해서 누구든지 아무런 제한없이 자유로이 그 상표를 사용할 수 있는 것은 아님에 유의할 필요가 있다. 예를 들어, 甲의 상표가 주지·저명의 정도를 넘어 보통명칭화되었는데, 乙이 그 사실을 알면서 보통명칭으로 된 상표를 甲이 사용하던 방식과 같은 방식으로 사용하면서 독자의 상표를 표시하지 않음으로써 수요자 간에 그 상품의 출처를 甲으로 오인하게 하는 경우에는 부정경쟁행위가 될 수 있다.

미국 연방대법원은 Singer Manufacturing Co. v. June Manufacuring Co. 사건에서,[38] 재봉틀에 대하여 'SINGER' 상표가 보통명칭으로 된 것은 맞지만, 피고가 원고가 사용한 원형의 놋쇠플레이트와 동일한 것에 'IMPROVED SINGER'라는 문자를 각인하고 그것을 원고가 재봉틀에 부착한 것과 같은 위치에 부착하였으며, 본인의 출처를 표시하지 않은 경우에 그 사용된 상표는 수요자 간에 그 상품이 원고의 상품으로 오인을 초래하기에 충분하다고 판시하였다.

38) Singer Manufacturing Co. v. June Manufacuring Co. 163 U.S. 169 (1896).

반면에 Kellogg Co. v. National Biscuit Co. 사건에서는[39] 피고(Kellogg Co.)가 시리얼의 보통명칭으로 된 'Shredded Wheat'라는 문자를 자기의 다른 상표와 함께 사용하였는데, 연방대법원은 "피고가 'Shredded Wheat' 상표에 의하여 창출된 원고의 신용과 마켓쉐어를 공유하고자 한 것은 분명하다. 그러나 그 상표는 특정인의 독점하에 있는 것이 아니므로 그러한 영업방법 자체가 불공정한 것은 아니다. 다만, 피고는 공중에 대해서 피고의 'Shredded Wheat' 상품의 출처에 관해서 소비자를 혼동시키지 않도록 하기 위하여 합리적인 주의(자기의 독자적인 상표를 표시 등)를 기울일 필요가 있을 뿐이다"라고 하여 부정경쟁행위에 해당하지 않는다고 판단하였다.

우리나라의 경우에도, 타인의 유명상표가 보통명칭으로 된 경우에 그 상표와 동일한 상표를 사용하면서 독자의 상표를 붙이지 않고, 용기의 형상이나 색채 등 트레이드드레스를 비슷하게 모방한 경우에는 부정경쟁방지법 소정의 혼동 행위(제2조 가목 및 나목) 내지 "타인의 상품을 사칭하거나 상품 또는 그 광고에 상품의 품질 등 특성을 오인하게 하는 선전 또는 표지를 하는 행위"(제2조 바목)에 해당할 여지가 있으므로 보통명칭으로 된 상표라도 그 상표의 사용시에는 주의를 기울일 필요가 있다.

39) Kellogg Co. v. National Biscuit Co. 305 U.S.111 (1938).

K2 사건

□ 사건번호 : 대법원 2008. 9. 25. 선고 2006후2288 판결 (등록무효)
특허법원 2008. 12. 11. 선고 2008허11798 판결(환송 후 판결)
□ 키워드 : 사용에 의한 식별력
□ 관련규정 : 제6조 제2항, 제7조 제1항 제9호

1. 사건의 개요

(1) 이 사건 등록상표는 다음과 같다.

선사용 (미등록) 상표	이 사건 등록상표
乙 선사용자, 심판청구인, 피고, 상고인	甲 상표권자, 피심판청구인, 원고, 피상고인
K2	K-2 PINATUBO (등록 제40-598475호)
등산화, 안전화, 등산복	등산화, 안전화, 자켓, 등산바지, 조끼, 양말, 모자, 혁대, 청바지

(2) 심판청구인(피고)은 자신의 선사용 상표가 사용에 의한 식별력을 취득한 주지상표이므로, 이 사건 등록상표는 상표법 제7조 제1항 제9호 및 제11호 등의 규정에 해당하여 무효로 되어야 한다고 주장하였다.

(3) 특허심판원 및 특허법원은 선사용 상표가 사용에 의한 식별력을 취득했다고 인정할 수 없고 따라서 위 규정의 적용에 있어서의 주지상

표 또는 특정인의 상품표지라는 정도로 인식된 상표라고 할 수 없으므로 이 사건 등록상표는 위 규정에 해당하지 않는다고 판단하였다.

2. 법원의 판단

(1) 상표법 제6조 제2항이 상표를 등록출원 전에 사용한 결과 수요자 사이에 그 상표가 누구의 상품을 표시하는 상표인가 현저하게 인식되어 있는 것은 제6조 제1항 제3호 내지 제6호의 규정에 불구하고 상표등록을 받을 수 있도록 규정한 것은, 원래 식별력이 없는 표장이어서 특정인에게 독점사용토록 하는 것이 적당하지 않은 표장에 대하여 대세적 권리를 부여하는 것이므로 그 기준은 엄격하게 해석 · 적용되어야 할 것이지만(대법원 1994. 5. 24. 선고 92후2274 전원합의체 판결 참조), 상표의 사용기간, 사용횟수 및 사용의 계속성, 그 상표가 부착된 상품의 생산 · 판매량 및 시장점유율, 광고 · 선전의 방법, 횟수, 내용, 기간 및 그 액수, 상품품질의 우수성, 상표사용자의 명성과 신용, 상표의 경합적 사용의 정도 및 태양 등을 종합적으로 고려할 때 당해 상표가 사용된 상품에 관한 거래자 및 수요자의 대다수에게 특정인의 상품을 표시하는 것으로 인식되기에 이르렀다면 사용에 의한 식별력의 취득을 인정할 수 있다.

사용에 의한 식별력을 취득하는 상표는 실제로 사용한 상표 그 자체에 한하고 그와 유사한 상표에 대하여까지 식별력 취득을 인정할 수는 없지만(대법원 2006. 5. 12. 선고 2005후339 판결 등 참조), 그와 동일성이 인정되는 상표의 장기간의 사용은 위 식별력의 취득에 도움이 되는 요소라 할 것이다.

(2) 원고 회사는 'K2'와 동일성이 인정되는 상표들을 장기간에 걸쳐 사용하였을 뿐만 아니라 2002년경부터 이 사건 등록상표의 등록결정일까지 '**K2**' 상표를 3년 6개월간 계속적 · 중점적으로 사용함으로써 이 사건 등록상표의 등록결정일인 2004. 10. 16. 무렵 '등산화,

안전화 및 기타 등산용품'에 관한 거래자 및 수요자의 대다수에게 'K2' 상표는 원고 회사의 상표로 인식되기에 이르렀다고 할 것이어서, 사용에 의한 식별력을 취득하였다고 할 것이다.

3. 해설

(1) 본 사안은 이 사건 등록상표가 상표법 제7조 제1항 제9호 및 제11호에 해당하는 것인지 여부에 관한 것이다. 그러나 피고는 원고의 선사용 상표가 간단하고 흔히 있는 표장 또는 현저한 지리적 명칭만으로 구성된 상표에 해당하여 식별력이 없으므로 위 규정의 적용에 있어서 인용상표가 될 수 없다고 주장하였다. 이와 같이 선사용 상표가 식별력을 획득했는지 여부가 쟁점이 됨에 따라 대상판결은 원고의 선사용 상표가 상표법 제6조 제2항 소정의 식별력을 획득한 것인지, 그 결과 위 규정의 적용에 있어서의 인용상표가 될 수 있는 것인지 여부에 관하여 판단한 것이다.

(2) 사용에 의한 식별력의 인정은 미국의 판례법에서 시작된 것이므로, 먼저 미국에서의 이차적 의미(Secondary Meaning)의 인정에 대해서 살펴 보기로 한다.

1912년에 제6 순회항소법원은 G&C Merriam Co. v. Saalfield 사건에 "어떤 단어나 구(句)가, 본래적으로 그 주된 의미가 지리적이거나 또는 기술적이기 때문에, 시장에 놓인 어떤 상품과의 관계에서 독점적으로 이용될 수 없는 것이었음에도 불구하고, 특정인이 그 단어나 구를 상거래에서 그 분야의 수요자들에게 그의 상품과 관련하여 장기간 독점적으로 사용하였다면, 그 단어나 구는 그 제품이 그의 상품이라는 것을 의미하게 된다. 다시 말해서 그들에게는 그의 상표로 된 것이다. 따라서 그 단어는 2차적 의미를 갖게 되었다고 할 수 있다. 다만, '2차적 의미'는 잘 선택된 용어라고는 할 수 없는데, 왜냐하면 그 분야에서는 이 새로운 의미가 이차적인 것이 아니라 주된(primary), 다시 말해 자연스러운(natural) 의미이기 때문이다"라고 이차적 의미를 설명하고 있다.

이차적 의미의 획득을 입증하기 위해서는 공중이 그 상품의 제조자의 명칭을 알 필요는 없으며, 그 상품이 단일의 출처에서 비롯된 단일의 것(a single thing coming from a single source)이라는 의미를 주는 것으로 족하다.

이차적 의미를 획득한 상표는 주등록부에 등록되지만 그 상표권의 효력은 오직 2차적 의미의 주변부 또는 가장자리(penumbra or fringe)까지만 미친다. 따라서 원고가 생선용 튀김가루에 대하여 'Fish-Fri'라는 상표를 사용하여 이차적 의미를 획득했다 할지라도 그 상표권의 효력은 'fish fry'처럼 그 용어의 본래적이고 설명적인 의미(original, descriptive sense of the term)에서는 배타적인 권리를 주장하지 못한다.[40]

(3) 대상판결은 원심판결과 달리, 피고의 선사용 상표(K2)가 상표법 제6조 제2항 소정의 사용에 의한 식별력을 획득하였음을 인정하였다. 특이할 만한 점은 대상판결이 사용상표와 동일성이 인정되는 상표의 장기간의 사용도 식별력의 취득에 도움이 되는 요소라고 인정한 부분이다.

판례에 의하면 사용상표와 출원상표는 동일한 것이어야 하지만, 대상판결에 따라, 적어도 사용상표의 식별력을 판단함에 있어서는 그

40) Zatarain's Inc. v. Oak Grove Smokehouse, Inc. 698 F.2d 786 (5th Cir. 1983).

상표와 동일성이 있는 정도의 상표까지 그 사용사실을 고려하여 식별력을 인정할 수 있게 되었다. 상거래에 있어서 일반수요자나 거래자들은 특정인이 사용하는 상표들이 구성상 약간씩의 차이점이 있더라도, 그 상표들의 공통적이고 특징적인 요소가 반복 사용됨으로써 수요자의 관심을 끌기에 충분한 것이 되면 그 부분만으로도 상품의 출처를 충분히 식별하게 된다(즉, 그 부분이 독자로 식별력 있는 요부가 된 것이다). 이 점에서 대상판결은 타당한 것이며, 일본 지적재산고등재판소의 야쿠르트 용기 사건[41]에서의 사용에 의한 식별력 판단에 관한 태도와 입장을 같이하는 것이라고 할 수 있다.

(4) 이상에서 살펴본 바와 같이, 상표법 제6조 제2항을 적용함에 있어서 출원상표는 실제로 사용된 상표와 동일한 것이어야 한다. 또한 상품의 면에서도 실제로 상표가 사용된 당해 상품만을 지정상품으로 하여야 하고 그 상품과 유사한 상품을 지정상품으로 하여서는 아니된다.

예를 들어 '하이포크'는 '돼지고기'에 대해서는 사용에 의한 식별력을 취득하였다 할지라도, '식당체인업, 한식점경영업' 등의 서비스업에 대한 표지로서 국내에서 널리 알려졌다고 보기 어렵기 때문에 그 부분에 대해서는 등록이 무효라고 하였고(특허법원 2000. 8. 18. 선고 2000허532 판결), 일본에서는 'GEORGIA'라는 상표의 지정상품이 '홍차, 커피, 코코아, 커피음료, 코코아음료'였는데 홍차에 대해서는 주지성이 인정되지 않았기 때문에 출원 전체가 거절된 사례가 있으며, '다이제스티브'라는 상표의 지정상품이 '과자, 빵'인 경우에도 유명하게 된 상품은 '비스켓'뿐이었기 때문에 사용에 의한 식별력이 부정된 사례가 있다(동경고재 1991. 1. 29. 선고 평성2년 (행ヶ) 제103호).

(5) 다음으로 상표법 제6조 제2항에 의하여 등록된 상표권의 효력에 대

---

41) 지적재산고등재판소 2010. 9. 3. 평성22년 (行ヶ) 제10169호.

해서 살펴본다.

사용에 의하여 식별력이 인정된 상표는 원래 특정인에게 독점 사용시킬 수 없는 표장에 대하여 대세적인 권리를 부여한 것이므로 그 인정기준은 물론 상표권의 효력이 미치는 범위도 엄격하게 보아야 한다는 것이 판례의 입장인 것으로 해석된다. 사용에 의한 식별력을 획득한 상표는 계속적·반복적인 사용에 의하여 그 상표의 사용태양이 수요자간에 현저하게 인식된 것이므로 그 상표와 약간의 다른 점이 있어도 수요자들은 그 차이를 잘 구별할 수 있다는 점도 고려된 것으로 생각된다.

판례를 보면, 대법원은 이 사건 등록서비스표(SPEED 011)가 전화통신업 등과의 관계에서 사용에 의한 식별력 취득이 인정된다고 하더라도, 이는 영어 문자 'SPEED' 부분과 아라비아 숫자 '011' 부분이 결합된 상태의 이 사건 등록서비스표 전체에 관하여 일체로서 식별력 취득이 인정된다는 것일 뿐, 그 구성요소인 'SPEED' 부분이나 '011' 부분에 대해서까지 독립하여 사용에 의한 식별력 취득이 인정된다는 것은 아니라고 하였고(대법원 2006. 5. 12. 선고 2005후339 판결), 부정경쟁방지법 관련 사건에서 대법원은 '컴닥터119'는 국내에서 컴퓨터수리업과 관련하여 주지의 영업표지로 되었다 할 것이나, 식별력이 없거나 미약한 문자와 숫자의 결합으로 이루어진 영업표지가 전체로서 주지성을 획득한 경우에는 그 유사성을 판단함에 있어서 전체관찰에 의할 것이고, 따라서 '컴닥터119'는 피고인이 사용한 '컴닥터'와 유사한 영업표지라고 할 수 없다고 하였다.

상품의 면에서도, 대법원은 사용되지 아니한 상품에 대해서까지 당연히 식별력 있는 요부가 됨을 전제로 하여 상표의 유사여부를 판단해서는 안된다고 하면서, "'그림물감, 수채물감, 유화물감, 그림물감통, 목탄연필, 색종이, 색연필, 만년필, 볼펜, 사인펜' 등에 사용하는 확인대상상표( )가 지정상품을 '그림물감'으로 하는 등록상표( )의 권리범위에 속하는지 여부와 관련하여, '@', 'ALPHA' 또는 '알파'는 간단하고 흔히 있는 표장에 해당하나 '그림물감'에 관하여 오랜 기간 사용된 결과 식별력을 취득하였으므로, 위 각 부분은 '그림물감'과 거래사회의 통념상 동일하게 볼 수 있는 '수채물감, 유화물감, 아크릴물감, 포스터칼라, 염색물감'에 관하여는 식별력이 인정되지만, 나머지 상품에 대해서까지 곧바로 식별력이 인정된다거나 확인대상상표에 'ALPHA' 또는 '알파' 부분이 포함되어 있다고 해서 곧바로 양 상표가 유사하다고 단정할 수는 없다"고 하여, 나머지 상품들에 대해서도 등록상표의 권리범위에 속한다고 판단한 원심판결을 파기한 사례가 있다(대법원 2008. 5. 15. 선고 2005후2977 판결).

생각건대, 일반 수요자 및 거래자들은 사용에 의하여 식별력을 획득한 상표와 동일한 상표는 아닐지라도 그 상표와 구성이 공통되고 다른 부분의 차이가 크지 않은 경우에는 양 상표를 혼동하거나 연관지어 생각하는 경향이 있지만, 동시에 사용에 의해 식별력을 획득한 상표는 계속적·반복적 사용에 의하여 수요자 간에 현저하게 인식되기에 이른 것이므로, 상표의 구성상의 사소한 차이도 구별을 잘 해내는 이중적인 경향이 있다.

따라서 표장의 면에서, 사용에 의하여 식별력을 획득한 상표는 그 상표와 동일하거나 동일성을 인정할 수 있는 상표 또는 그 상표와 동일한 상표가 포함되어 있고 다른 부분과의 독자성을 유지하고 있어서 유사함이 명백하고 지대한 상표에 한하여 상표권의 효력이 미친다고 볼 것이다. 예를 들면, K2는 서체나 색채, 굵기 등이 다른 K2, 원이나 삼각형 안에 들어있는 K2, 식별력이 약한 도형을 바탕으로 하고 그

위에 K2를 표시한 상표, K2에 식별력이 약한 기술적 표장 또는 현저한 지리적 명칭 등을 결합한 상표, K2에 식별력이 있는 부분이 결합된 상표이지만 그 결합이 일체불가분적이라고 할 수 없어 K2 만으로 용이하게 분리하여 관찰이 되는 경우에는 상표권의 효력이 미친다고 볼 것이지만, 알파벳 'K'만의 상표, 숫자 '2'만의 상표, 'K3', 'K5', 'F2', 'Q2', '케이트' 등의 상표와 같이 상표의 외관이나 컨셉이 다소 유사한 면이 있지만, 사용에 의하여 식별력을 취득한 부분(여기에서는 'K2')과 동일하거나 동일성이 있는 부분이 그대로 포함되어 있지 않은 경우에는 상표권의 효력이 미치지 않는다고 봄이 타당할 것이다. 다만, 이와 같은 해석은 사용에 의하여 식별력을 획득한 상표만의 특별한 취급은 아니고, 상표의 유사여부를 출처혼동을 기준으로 따지는 판례 · 학설상 당연한 귀결일 것이다.

한편, 필자는 상품의 면에서는 상표권의 효력이 미치는 범위를 통상의 상표와 동일하게 인정할 필요가 있다고 생각한다. 알파문구 사건에서와 같이 상표권의 배타적 효력이 미치는 범위를 사용된 상품과 동일하거나 동일성이 있는 상품만으로 한정하게 되면 상표권의 실효성이 부정되는 결과가 될 수 있기 때문이다. 생각건대, 사용에 의하여 식별력을 획득한 상표라도 지금은 통상의 상표와 마찬가지의 식별력을 갖고 있는 것이고, 상표법은 수요자의 혼동방지 차원에서 등록상표의 보호범위를 유사범위까지 확장하여 인정하고 있고(제66조 제1항), 사용에 의하여 식별력을 획득한 상표는 수요자간에 널리 인식된 상표이므로 오히려 모방이나 편승의 유혹에 노출될 가능성이 더 높다는 점, 사용에 의하여 식별력을 획득한 상표의 상표권자는 어차피 부정경쟁방지법에 의하여 유사한 상품 또는 영업에 대해서까지 그 사용을 금지시킬 수 있다는 점 등을 고려할 때, 상표권의 효력이 유사한 상품에 대해서까지 미친다고 봄이 타당할 것이다.

끝으로 대상판결의 환송 후 판결(특허법원 2008. 12. 11. 선고 2008허11798 판결)은 식별력이 없는 상표라도 상표법 제6조 제2항 소정의 식별력을 획득한 경우에는 같은 법 제7조 제1항 제9호 또는 제11호의 인용상표가 될 수 있다고 하지만 양자는 서로 다른 별개의 개념이 아닌가 하는 생각이 든다. 즉 상표법 제6조 제2항에는 이르지 못한 상표라도 수요자 보호 차원에서 타인의 상표등록을 거절하는 근거로는 사용할 수 있지 않을까. 또한 판례에 의하면, 상표법 제6조 제2항에 해당하는 상표는 동일성이 있는 상품까지만 배타적 효력이 미치는데, 대상판결이 제6조 제2항에 해당하는 상표이므로 제7조 제1항 제9호의 상표가 될 수 있다고 하고, 그 경우에는 등록배제효를 유사 상품에 대해서까지 적용한 것은 문제가 없는가 라는 의문이 든다.

남북의료기 사건

□ 사건번호 : 대법원 1999. 2. 23. 선고 98후1587 판결 (등록무효)
특허법원 1999. 6. 3. 선고 99허2143 판결 (환송 후 판결)
□ 키워드 : 상품과 서비스업의 유사여부 판단

1. 사건의 개요

(1) 이 사건 계쟁상표는 다음과 같다.

선출원 등록상표	이 사건 등록서비스표
심판청구인, 피고, 피상고인	피청구인, 원고, 상고인
南北	NB + 남북의료기상사
내시경, 뇌파계, 체온계, 심전계, 흡입기	물리치료업, 건강진단업, 의료보건장비판매알선업, 검사기기 및 장비판매알선업, 가정용의료기기판매알선업

(2) 피고는 이 사건 등록서비스표의 등록이 선출원 등록상표와의 관계에서 상표법 제7조 제1항 제7호 및 제11호에 의하여 무효라고 주장하면서 무효심판을 청구하였다. 특허심판원이 심판청구 전부를 인용하였고, 특허법원이 그 심결을 지지하자 원고가 상고를 제기한 사건이다.

2. 법원의 판단

(1) 원심(특허법원 1998. 7. 3. 선고 98허1709 판결)은 이 사건 등록서비스표의 지정서비스업들은 그 대상서비스가 인용상표의 지정상품들을 포함한 의료기기의 사용, 유

통 등에 관련된 것들이므로 그 취급품목이 동종의 상품에 속하는 것으로서 밀접한 관련이 있고, 의료용 기계기구 및 그 부품을 취급하는 업계는 시장이 좁고 업종이 세분화되지 못하여 그 제조·판매업자가 유통업 등 관련서비스업에도 다양하게 진출하고 있으며, 일반 수요자들도 그와 같이 생각하는 경향이 있는 점 등 거래사회의 실정에 비추어 이 사건 등록서비스표를 위 각 지정서비스업에 사용하는 경우 일반 수요자로 하여금 위 지정서비스업들이 인용상표권자의 영업으로 오인·혼동시킬 우려가 있으므로, 이 사건 등록서비스표의 지정서비스업들과 인용상표의 지정상품 사이에 동종, 유사성이 인정된다고 판시하였다.

(2) 대법원 판결

서비스 중에서 상품과 관계있는 서비스에 대해서는 어느 상품에 사용되는 표장과 동일 또는 유사한 표장을 그 상품과 밀접한 관련이 있는 서비스업에 사용할 경우 일반 수요자가 그 서비스의 제공자를 상품의 제조·판매자와 동일인인 것처럼 서비스의 출처에 대하여 혼동을 일으킬 우려가 있다 할 것이고, 특히 거래사회의 실정으로 보아 서비스의 제공과 상품의 제조·판매가 동일한 업자에 의하여 이루어지는 때가 많고 일반인들 또한 그렇게 생각하는 경향이 있는 경우에는 그와 같은 혼동의 우려는 더욱 많아진다 할 것이므로, 그 서비스표의 등록은 제7조 제1항 제7호의 취지에 따라 거절되어야 하고, 일단 등록이 되었다 하더라도 무효로 된다 할 것이다(대법원 1994. 2. 8. 선고 93후1421, 1438 판결, 1998. 7. 24. 선고 97후2309 판결 등 참조).

그러나 상표는 상품 그 자체를, 서비스표는 서비스의 출처를 식별시키기 위한 표장으로서 각자 수행하는 기능이 다르므로 상품과 서비스업 사이의 동종·유사성을 지나치게 광범위하게 인정하여서는 아니된다 할 것이고, 따라서 상품과 서비스 사이의 동종 · 유사성은 서비스와 상품간의 밀접한 관계 유무, 상품의 제조 · 판매와 서비스의 제공이 동일 사업자에 의하여 이루어지는 것이 일반적인가, 그리고 일반인이 그와 같이 생각하는 것이 당연하다고 인정되는가, 상품과 서비스의 용도가 일치하는가, 상품의 판매장소와 서비스의 제공장소가 일치하는가, 수요자의 범위가 일치하는가, 유사한 표장을 사용할 경우 출처의 혼동을 초래할 우려가 있는가 하는 점 등을 따져 보아 거래사회의 통념에 따라 이를 인정하여야 할 것이다.

위와 같은 법리에 비추어 볼 때 원심이 이 사건 등록서비스표의 지정서비스업 중 의료보건장비 판매알선업, 검사기기 및 장비 판매알선업, 가정용 의료기기 판매알선업에 대하여 그 판시와 같은 이유로 그것들이 인용상표의 지정상품들과 동종 · 유사성이 인정된다고 판단한 것은 정당한 것으로 수긍이 가고, 이 범위 내의 원심 판단에는 상고이유의 주장과 같은 법리오해 등의 위법이 있다고 할 수 없다.

그러나 이 사건 등록서비스표의 지정서비스업 중 물리치료업 및 건강진단업과 인용상표의 지정상품 사이의 동종 · 유사성에 관하여 살피건대 위 서비스업에서 인용상표의 지정상품 등과 같은 의료기기를 사용할 것이라는 측면에서 위 서비스업들은 인용상표의 지정상품 등과 관련이 있다고 할 수 있으나, 거래사회의 실정상 의료기기 제조 · 판매업체 등이 업종의 확대를 통하여 물리치료업이나 건강진단업에도 진출하고 있는 것이 일반적이라거나, 일반 수요자들도 그렇게 생각하는 경향이 있는가에 대하여는 의문을 떨칠 수가 없고, 물리치료업이나 건강진단업과 의료기기 취급(제조 · 판매 등) 장소가 상호 일치하는 경향이 있는 것도 아니고, 물리치료 내지 건강진단업의 수요자의 범위와 의료기기 자체의 수요자의 범위가 상호 일치한다고도 볼 수 없으며, 나아가 등록서비스표를 '물리치료업', '건강진단업'의 서비스표로 사용한다 하더라도 인용상표권자가 그 서비스업을 운영하는 것으로 오인·혼동할 우려가 있다고 단정할 수도 없는 점 등에 비추어 거래통념상 이 사건 등록서비스표의 지정서비스업 중 물리치료업 및 건강진단업과 인용상표의 지정상품 사이에 유사성이 인정된다고 쉽사리 단정할 수는 없다.

3. 해설

(1) 상표법은 상품과 서비스업의 유사 여부 내지 관련성에 관한 규정을 두고 있지는 않지만, 판례는 상품과 서비스업의 경우에도 상품 상호간의 경우와 마찬가지로 그 유사여부 내지 관련성(또는 동종성)을 판단하여 상표법 제7조 제1항 제7호, 제9호, 제11호 등의 규정을 적용하는 것으로 하고 있다.

(2) 상품과 서비스업간에는 '유사'라는 용어를 사용하는 것이 적절하지 않다는 이유를 들어 '밀접한 관계', '관련성', '동종성' 등의 용어를 사용하는 경우가 있지만, 생각건대 '유사'라는 용어는 법률용어이고 그 의미는 정의하기 나름이라는 점에서 굳이 '유사'라는 용어를 사용하지 못할 이유는 없다고 생각한다.

(3) 대상판결은 상품과 서비스업간의 유사여부 판단의 기준을 제시한 대표적인 판결이며, 등록무효심판 사건에서 일부무효의 법리를 적용한 사건이기도 하다. 이하, 상품과 서비스업간의 유사 여부를 다룬 판례를 정리하여 소개하면 다음과 같다.

가. 유사로 판단된 경우

상품	서비스업	사건번호
서적, 학습지, 녹음된 테이프, 녹화된 테이프	고시학원경영업, 학원정보업	대법원 1999. 7. 9. 선고 98후2887 판결
서적	서적출판업	대법원 2001. 12. 28. 선고 2001후2467 판결
베이비파우다, 화장크림	미용기술지도업, 미용업	대법원 2002. 10. 23. 선고 2002후1591 판결
플라스틱제 완구	완구인형수선업	대법원 2005. 4. 28. 선고 2003후1048 판결
죽용기, 냅킨	한식점경영업	특허법원 2006. 4. 6. 선고 2005허9053 판결
학습지, 녹음된 테이프	영어학원경영업	특허법원 2006허11824
요구르트, 유산균음료 효모, 인삼차, 인삼분말	건강식품도소매업	특허법원 2011. 12. 14. 선고 2001허8655 판결
골프장갑, 골프채	스포츠용구 소매업	특허법원 2011. 5. 19. 선고 2011허1616 판결

나. 비유사로 판단된 경우

상품	서비스업	사건번호
건축자재	건축업	대법원 2006. 7. 28. 선고 2004후1304 판결
김치, 장아찌, 단무지	양념판매대행업, 닭튀김체인업	특허법원 2000. 3. 31. 선고 99허8394 판결
스키, 스노우보드	운동시설제공업	특허법원 2001. 10. 18. 선고 2001허3460 판결
신문	시험정보제공업	특허법원 2005. 10. 28. 선고 2005허6191 판결

(4) 앞에서 살펴본 바와 같이, 판례와 학설은 상품과 서비스업 간에 동종·유사성을 판단하여, 상표법 제7조 제1항 제7호 등을 적용함에 있어서 이견이 없다. 이것은 서비스표에 관하여 상표법에 별도로 정함이 없으면 상표에 관한 규정을 적용한다는 상표법 제2조 제3항에 따

른 것으로 생각된다. 다만, 그 근거를 보다 명확하게 할 필요가 있다면, "이 법률에 있어서 상품에 유사한 것의 범위에는 서비스가 포함되는 것으로 하고, 서비스에 유사한 것의 범위에는 상품이 포함되는 것이 있는 것으로 한다"는 일본 상표법 제2조 제6항을 참고해 볼 여지가 있을 것이다.

한편, 우리 상표법은 '상표'와 '서비스표'라는 용어를 구별하여 사용하고 있으나, 일반 수요자들은 그 차이를 이해하지 못하고 오히려 혼란을 느끼는 경우가 많다. 따라서 '서비스표'라는 용어를 삭제하고 '상표'로 통합하되, 필요하다면 강학상 '상품상표' 또는 '서비스상표'라는 용어를 사용하는 것이 바람직하다고 생각한다. 또한 '서비스업'은 '역무(役務, service)'에 대응하는 것인데, '서비스업'보다는 '서비스'라고 호칭되는 경우가 많고, 다른 법률의 규정에서도 '서비스'라는 표현이 사용되고 있으므로 '서비스업'이라는 용어를 '서비스'로 변경하는 것을 검토해 볼 필요가 있을 것이다.

개 도형 사건

□ 사건번호 : 대법원 2007. 05. 11. 선고 2006후3557 판결 (거절결정)
□ 키워드 : 도형상표의 유사여부 판단

1. 사건의 개요

(1) 이 사건 계쟁상표는 다음과 같다.

선출원 등록상표	이 사건 출원상표
피심판청구인, 피고, 상고인	출원인(심판청구인), 원고, 피상고인

등록 제528174호	출원 제40-2004-12808호

(2) 소외 제3자인 甲은 '아동복, 스커트, 청바지' 등의 의류에 대하여 이 사건 출원상표와 동일한 상표를 1993. 3. 12. 출원하여 2000. 7. 1. 상표등록을 받았다.

(3) 그 후 피고는 선등록상표를 '신사복, 스웨터' 등의 의류에 대하여 2000. 8. 2. 출원하여 2002. 8. 21. 상표등록을 받았다.

(4) 원고는 甲의 상표등록에 대하여 2003. 7. 3. 불사용을 이유로 하는 취소심판을 청구했고, 특허심판원(2003당1418)은 그 등록을 취소한다는 심결을 하였으며 그 심결은 2004. 2. 12.에 확정되었다. 그 결과 원고는 상

표법 제8조 제5항에 의한 독점출원권을 갖게 되었다.

(5) 원고는 이 사건 출원상표를 '티셔츠, 스포츠셔츠' 등에 대하여 2004. 3. 23. 출원하였는데, 심사관으로부터 선등록 상표와 유사하므로 상표법 제7조 제1항 제7호에 해당함을 이유로 들어 거절결정을 받았다.

(6) 원고는 거절결정에 불복하는 심판(2005원7547)을 청구하였고, 그 청구가 기각되자 특허법원에 소를 제기했는데 특허법원은 양 상표가 비유사함을 들어 원심결을 취소하는 판결을 하였다. 따라서 이 사건은 피고가 상고를 제기한 경우이다.

2. 법원의 판단

(1) 상표의 유사 여부는 그 외관, 호칭 및 관념을 객관적, 전체적, 이격적으로 관찰하여 그 지정상품의 거래에서 일반 수요자나 거래자가 상표에 대하여 느끼는 직관적 인식을 기준으로 하여 그 상품의 출처에 관하여 오인·혼동을 일으키게 할 우려가 있는지 여부에 따라 판단하여야 하므로, 대비되는 상표 사이에 유사한 부분이 있다고 하더라도 그 부분만으로 분리인식될 가능성이 희박하거나 전체적으로 관찰할 때 명확히 출처의 혼동을 피할 수 있는 경우에는 유사상표라고 할 수 없다(대법원 1982. 6. 8. 선고 81후29 판결, 2006. 8. 25. 선고 2005후2908 판결 등 참조).

(2) 양 상표는 앞다리와 뒷다리를 세운 채로 꼬리를 들고 왼쪽 부분이 보이게 서있는 개 형상의 도형 부분을 모두 가지고 있는 점에서 유사한 점이 있으나, **양 상표의 지정상품과 같거나 유사한 지정상품에 개를 도형화한 상표가 다수 등록되어 있어서 양 상표가 그 도형 부분만으로 분리되어 인식된다고 단정하기 어려운 반면에, 그 문자 부분에서 'Labrador Retriever'와 'DAWN FIELD'로 뚜렷하게 구분되고, 그 문**

자 부분의 도형 부분과의 배치위치에서도 차이가 있어서 전체적으로 보았을 때 명확히 출처의 혼동을 피할 수 있다고 보인다. 따라서 이 사건 출원상표와 선등록상표의 표장은 서로 유사하지 않다고 할 것이므로, 같은 취지로 판단한 원심은 정당하고, 거기에 상고이유로 주장하는 바와 같은 상표의 유사 여부 판단에 관한 법리오해 등의 위법이 없다.

3. 해설

(1) 도형이 주된 구성요소로 되어 있는 상표의 유사여부 판단은 용이하지 않으며, 판례도 조금씩 입장이 다른 경우가 많다. 특히, 도형이 창작적이고 독특한 경우라면 별 문제가 없지만, 도형이 개, 말, 호랑이, 사자, 돼지, 사슴, 뱀, 산, 별처럼 자연에 존재하는 것인 경우 또는 용, 페가수스, 도깨비처럼 관념상 또는 상상속에서 존재하는 것이지만 그 형상과 특징이 명확한 경우에는 유사범위를 어디까지로 해야 하는지가 분명하지 않다. 공통적인 호칭이나 특징이 같다는 이유로 유사라고 본다면 그 객체 자체에 대하여 너무 넓은 독점을 허용하는 것이 되어 부당하고, 도형의 세부적인 차이를 고려하여 유사여부를 판단한다면 전체관찰의 원칙, 이격적관찰의 원칙, 수요자 혼동방지라는 법 목적에 부합하지 못할 수 있기 때문이다.

(2) 도형에 식별력이 있는 문자가 결합한 상표인 경우에, 판례는 대부분 도형과 문자의 분리인식을 인정하며, 상대적으로 문자를 요부로 보아 유사여부를 판단하는 경우가 많다. 그렇지만, 도형만으로 구성된 상표인 경우 또는 도형과 문자의 결합상표이지만 도형 부분의 크기, 특이성, 결합의 정도, 문자부분의 식별력 등에 비추어 볼 때 도형 부

분이 더 요부라고 판단되는 경우에는 도형 부분을 중심으로 유사여부를 판단하게 된다. 도형상표의 유사여부도 상표의 유사판단에 관한 일반원칙을 벗어나지 않는다고 볼 것이지만, 이 경우에는 외관에 좀 더 중점을 두어 판단할 수밖에 없고, 이격적 관찰이라고는 하지만 그 특성상 양 상표의 도형 부분을 대비적으로 비교한 후에 수요자의 출처혼동의 우려를 최종의 기준으로 삼아 결론을 내리는 경우가 많다.

(3) 대상판결은 개 형상의 도형 부분에 유사한 점이 있지만, 문자의 차이와 문자부분의 배치의 위치 등에서 차이가 현저하여 전체적으로 명확히 출처의 혼동을 피할 수 있다고 하였다. 도형과 문자의 결합상표에 있어서는 외관상 도형부분이 수요자의 인상에 기여하는 정도가 더 크다는 점, 문자 부분의 위치는 그것을 달리하여 표시하는 경우가 흔히 있기 때문에 그 배치가 다름을 이유로 비유사로 보기는 어렵다는 점, 양 상표는 좌측을 바라보며 서 있는 개 형상의 도형을 검정색 실루엣으로 표시한 것이 극히 유사하다는 점에서 출처혼동의 소지가 없지는 않아 보인다. 그럼에도 불구하고, 대상판결은 양 상표에 표시된 문자 부분이 현저히 다르다는 점과 뒤에서 소개하는 도깨비 도형 사건(대법원 2002. 4. 12. 선고 2001후683 판결)에서의 판시이유와 같이 개 형상의 도형상표가 다수 등록되어 있다는 점에 비추어 전체적으로는 출처의 혼동을 피할 수 있다고 판단한 것이다.

(4) 한편, 참고로 도형상표의 유사여부 판단에 관한 일본 판례를 두 개 살펴보기로 한다.

첫 번째는 검정색 개 형상의 도형상표에 관한 사건이지만 이 경우에는 문자부분이 없는 경우이다. 출원상표가 ''이고 선출원등록상표가 ''인 경우에 있어서 일본동경고등재판소는 "개는 사람

에게 친근한 동물이고, 일상에서 볼 수 있는 것이며, 출원상표의 지정 상품에 관한 일반 수요자가 보통의 주의력을 갖고 세부까지 정확하게 관찰, 기억, 상기하여 상품의 출처를 식별하는 것이 아니라, 상표 전체로부터 받는 인상 내지는 인식에 의해 상품의 출처를 인식하는 경우가 적지 않다는 것은 당 법원에 현저하다. 본건 상표와 인용상표는 모두 큰 개의 서 있는 도형을 실루엣 형상으로 검정색으로 칠하여 나타내고 있으며, 개가 모두 왼쪽을 향하고 있고, 달리거나 도약하지 않은 정적인 상태에 있다는 점이 공통이다. 양 상표가 구성상의 기본적인 요소에 공통점이 있고, 외관 전체로부터 직접적으로 받는 시각적인 인상이 현저하고 유사한 반면에, 그 차이점은 양 상표에 이격적으로 접한 경우에는 명료하게 파악할 수 없는 정도의 미세한 차이거나, 그렇지 않더라도, 관찰자의 인상에 남기 어려운 것일 뿐만 아니라 어떠한 것도 양 상표의 재판상의 세부에 걸친 요소에 관한 차이에 지나지 않는다. 그러한 차이점으로부터 관찰자가 받는 인상의 상위는 상기 외관 전체로부터 직접 받는 시각적 인상을 조금도 상쇄하지 않으므로 양 상표의 외관은 서로 유사하다고 볼 수 있다."고 판시하였다(동경고등재판소 2001. 10. 24. 평성13년(행ヶ) 제174호).

두 번째는 입체상표로 출원된 상표와 인용상표의 유사여부를 둘러싼 사건인데, 우리나라에서는 이와 같은 사례가 없어 소개하기로 한다. 이 사건에서 출원상표는 '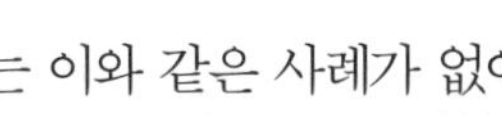'와 같이 6개의 도면으로 표시된 입체상표이고, 선출원등록상표는 ''와 같은 형상의 도형상표이다. 이 경우에 동경고등재판소는 "입체상표에 있어서는 그 전체의 형상만이 아니라, 특정 방향으로부터 보았을 때의 관찰자의 시각에 투영되는 외관(인상)이 자타상품 또는 자타서비스의 식별표지로서의 기능을 하게 되기 때문에, 그 특정 방향으로부터 보았을 때에 시각에 투영되는 형태가 특정한 평면상표와 동일 또는 유사

한 경우에는 원칙적으로 그 입체상표와 평면상표 간에는 외관유사의 관계가 있다고 말할 수 있다. 또한, 그러한 방향이 두 방향 이상인 경우에는 어느 방향으로부터 보았을 때의 관찰자의 시각에 투영되는 형태에 각각 독립적으로 상표 또는 서비스의 출처표지기능이 부여되게 되기 때문에 어떠한 한 방향으로부터 보았을 때 시각에 투영되는 형태가 특정 평면상표와 동일 또는 유사하다면, 그러한 외관유사의 관계가 있다고 말할 수 있다. 따라서, 본원상표에 관한 정면외관도를 기본으로 하여 인용상표와 비교한 심결의 유사여부 판단의 방법에는 오류가 없다."고 판단하였다(동경고등재판소 2001. 1. 31. 평성12년(행ケ) 제234호).

(5) 다음에 소개하는 판례들은 도형상표의 유사여부 판단에 관한 것들인데, 도형상표의 유사판단에서 일반화하여 적용할 수 있는 공통점이 있기는 하지만, 각 사안마다 약간의 포인트를 달리하여 구체적 타당성을 도모하고 있음을 부정할 수는 없을 것이다. 특히, 도깨비 얼굴도형(귀면)과 관련한 대법원 2002. 4. 12. 선고 2001후683 판결과 대법원 1999. 3. 29. 선고 99후48 판결을 보면 상표의 유사여부 판단이 쉽지 않은 문제임을 알게 된다.

가. 비유사로 판단된 경우

특허법원 2009. 6. 26 선고 2009허2753 판결

선출원상표	이 사건 출원상표

모자, 베레모	캡, 모자

특허심판원은 이 사건 출원상표가 사슴모양의 도형 부분에 의하여 '사슴표'라고 호칭, 인식되는 경우에는 출원상표와 그 호칭이나 관념이 동일 또는 유사하다고 판단하였지만(2009. 3. 25. 2008원11332 심결), 특허법원은 양 상표는 외상상 검은색의 뿔 달린 사슴이라는 점에서 유사한 측면이 있지만 이 사건 출원상표는 뒤를 돌아보는 자세를 취하고 있고, 뿔의 모양에 있어서도 두드러지게 튀어나온 곁가지가 거의 없으며 사슴의 전체적인 체형이 선출원상표와 다르다고 하였고, 관념의 면에서 이 사건 출원상표는 '서서 뒤를 돌아보는 사슴'으로, 선출원상표는 '서서 앞을 바라보는 사슴'으로 차이가 있고, 호칭의 면에서 이 사건 출원상표는 영문자 부분으로 호칭될 것이고 선출원상표는 '사슴표'로 호칭되기보다는 선출원상표의 권리자가 가지고 있을 다른 문자 상표로 호칭될 가능성이 높다고 보아 양 상표는 비유사하다고 판단하였다.

대법원 2002. 4. 12. 선고 2001후683 판결

선등록 상표	이 사건 출원상표

양 상표는 귀면, 귀신 또는 도깨비로 호칭되거나 관념될 수 있는바, 수 많은 종류의 유사 또는 상이한 형상을 통칭하는 용어에 의하여 호칭되고 관념되는 도형상표의 경우에 그 외관의 유사에 관계없이 호칭과 관념이 유사하다는 이유만으로 대비되는 양 상표가 전체적으로 유사한 상표라고 한다면 상표의 유사 범위가 지나치게 확대되어

제3자의 상표선택의 자유를 부당하게 제한하는 불합리한 결과를 가져오는 점에 비추어 볼 때, 비록 이 사건 등록상표와 인용상표가 다 같이 귀면 또는 귀신, 도깨비로 호칭되거나 관념될 수도 있다고 하더라도, 귀신, 도깨비라는 것은 원래 상상 속에서 유래된 많은 종류의 형상과 모양을 통칭하는 말이므로 그와 같이 **추상적, 통칭적인 호칭 및 관념이 유사하다는 점만으로 양 상표가 유사하다고 단정할 수는 없을 뿐만 아니라** 외관도 차이가 있으므로, 결국 이 사건 등록상표와 인용상표는 전체적으로 상품출처의 오인·혼동을 피할 수 있는 것이어서 서로 유사하지 않다.

대법원 2001. 11. 27. 선고 2000후1481 판결 (등록무효)

선등록 상표	이 사건 등록상표

이 사건 등록상표는 그 도형부분이 보통으로 불려지는 자연적 호칭이 있다고 보기 어려우므로(원심은 '말 탄 사람'으로 호칭된다고 하나, 이는 그 도형을 설명하기 위해 문장화한 것이지 보통으로 불려지는 그 도형의 자연적 호칭은 아니다) 문자부분에 의하여 '레가세스'로 호칭된다고 보여지고, 일반 수요자나 거래자에게 '창과 방패를 든 채 말을 타고 있는 기사'의 관념으로 인식될 것으로 보이는 반면, 인용상표는 이 사건 등록상표의 도형과 마찬가지로 특별한 호칭이 없고(다만, 인용상표는 일반 수요자나 거래자에게 주지저명한 폴로의

도형상표로서 '폴로'상표로 호칭될 여지가 있다), 관념에 있어서도 단순히 '말을 탄 사람' 또는 '말을 탄 폴로경기의 선수' 정도로 인식될 뿐이어서, 이 사건 등록상표와 인용상표는 호칭 및 관념이 상이하고, 이 사건 등록상표의 도형은 창과 방패를 든 채 말을 타고 있는 기사의 모습인 데에 비하여 인용상표는 막대기를 들고 말을 탄 채 돌진하고 있는 사람 또는 폴로경기용 스틱을 든 채 앞을 향하여 돌진하고 있는 폴로경기 선수의 모습인 차이가 있어서 외관에 있어서도 일반 수요자나 거래자는 양 상표를 충분히 구별할 수 있을 것으로 보이므로 외관, 호칭 및 관념을 종합하여 관찰할 때 결국 이 사건 등록상표는 동일·유사한 지정상품에 관하여 인용상표와 공존하더라도 상품 출처의 오인·혼동을 일으킬 염려가 없다 할 것이다.

대법원 2001. 12. 27. 선고 99후765 판결 (등록무효)

선등록 상표	이 사건 등록상표

이 사건 판결의 판결이유는 상기 2000후1481과 비슷하며, 이 사건 등록상표의 지정상품과 같은 상품류 구분에 말을 탄 사람을 주제로 한 다양한 모양의 상표가 많이 등록되어 있어서, '말을 타고 있는 사람'의 관념은 그 자체로 식별력이 부족하다는 이유를 더 들고 있는 점이 눈에 띈다.

나. 유사로 판단된 경우

대법원 2010. 1. 14. 선고 2009후3770 판결

선등록 상표	이 사건 등록상표
	이브자리

이 사건 등록상표의 요부인 도형부분 ' '과 선등록상표의 외관을 비교하여 보면, 모두 이불을 갠 형상을 모티브로 하고 있는 점, 전체적으로 선을 구부려 포갠 형상을 하고 있으면서 가운데 영문자 'C'자 형상의 흰 부분의 위 끝은 선으로 막혀있고, 아래 끝은 열려 있는 점, 윗부분과 밑 부분이 직선 또는 직선에 가깝게 이루어져 있는 점 등의 전체적인 구성과 거기에서 주는 인상이 유사하여 이를 이격적으로 관찰하는 경우 일부 차이점에도 불구하고 그 외관이 유사하여 양 상표는 전체적으로 유사하다.

대법원 1990. 10. 10. 선고 90후458 판결

선등록 상표	이 사건 출원상표
종표	TACO BELL

본원상표가 도형부분에 의하여 호칭될 경우 '종표'로 호칭될 것이고 관념에 있어서도 'TACO BELL'이라는 영문자와 결합하였다 하여 '옥

수수빵종'으로 관념되기보다는 '종표'로 관념될 것이어서 인용상표의 '종표'와는 그 관념이 유사하다. 따라서 칭호, 관념이 유사한 양 상표를 동종의 지정상품에 함께 사용할 때에는 상품출처에 오인·혼동을 일으킬 우려가 있다.

대법원 1993. 5. 27. 선고 92후2144 판결

선등록 상표	이 사건 출원상표

이 사건 출원상표와 선등록 상표는 모두 나는 말 즉 천마의 관념을 가진 것으로 인식되고 천마로 호칭되어질 것이므로 유사상표에 해당한다.

대법원 1997. 7. 11. 선고 96후2197 판결

선등록 상표	이 사건 출원서비스표
삽사리	

이 사건 출원서비스표는 그 모습이 '삽사리(삽살개)'로 쉽게 연상될 뿐만 아니라 일반 수요자나 거래자들이 '삽사리'는 털이 북슬북슬한 개로 쉽게 인식할 것이어서 출원서비스표와 인용서비스표는 그 관념과 칭호에 있어서 유사하다.

특허법원 1999. 5. 27. 선고 99허1690 판결
특허법원 2004. 5. 20. 선고 2004허981 판결

선등록 상표	이 사건 출원상표

이 사건 출원상표와 인용상표는 모두 '캥거루'나 '캥거루 상표' 등으로 호칭될 것이어서 관념이나 칭호가 동일 또는 유사하며, 외관에 있어서도 캥거루인 점에 있어서는 동일하고, 다만 도형의 구성이 캥거루가 앉아 있는 모습이냐, 달리는 모습이냐의 점 외에는 차이가 없어 외관도 유사하여 결국 양 상표는 전체적, 객관적, 이격적으로 관찰하여 볼 때 칭호, 관념이 동일 또는 유사할 뿐만 아니라 외관까지도 유사하다 할 것이다.

대법원 2001. 7. 13. 선고 99후1119 판결

선등록 상표	이 사건 등록상표

이 사건 등록상표의 도형부분은 일반 수요자나 거래자가 쉽게 식별할 수 있는 코뿔소에 관한 것으로서 그 호칭이나 관념이 명료하고 간단하므로, 이 사건 등록상표가 그 요부의 하나인 도형부분으로 분리관찰되어 '코뿔소'라고 인식 · 호칭될 개연성을 배제할 수 없고, 설사

이 사건 등록상표가 문자부분에 의하여 '무쏘'로 호칭되는 경우가 많다 하더라도, 우리말의 '무소'가 바로 '코뿔소'를 가리키는 말이기도 하므로, 호칭상으로도 '코뿔소'라는 특정한 관념이 동일한 이상, 이 점에서도 이 사건 등록상표는 인용상표들과 유사하다고 볼 수밖에 없다.

대법원 1999. 3. 29. 선고 99후48 판결
특허법원 1998. 12. 10. 선고 98허8885 판결

선등록 상표	이 사건 등록상표

양 상표는 모두 '도깨비'의 가면(假面)형상을 도형화한 도형화로서, 일반수요자들이 이격적, 직관적으로 관찰할 때 '도깨비의 얼굴'로 직감하고 또 '도깨비'로 호칭할 것이므로 그 호칭 및 관념이 동일하다 할 것이고, 외관에 있어서도 이 사건 등록상표는 눈, 코, 이빨 등이 완전히 구분되는 가면의 전체형상이나, 인용상표는 눈과 코만 보이는 형상이고 또 눈을 중심으로 한 상단의 모양과 이빨의 유무 등의 차이가 있음에도 불구하고 양 상표는 도깨비의 얼굴 정면부로만 구성되어 있고, 얼굴형상에 지배적인 특징을 이루는 뿔이나 눈, 코, 입의 형상, 배열 위치 등이 극히 유사하여(특히 수염이나 뿔의 끝부분 등이 전체적으로 둥글고 꼬부라지게 표현되어 있다) 결국 일반수요자의 입장에서 양 상표를 전체적, 객관적, 이격적으로 관찰하면 서로 유사하다 할 것이다.

대법원 2004.10.15. 선고 2003후1871판결

선등록 상표	이 사건 등록상표
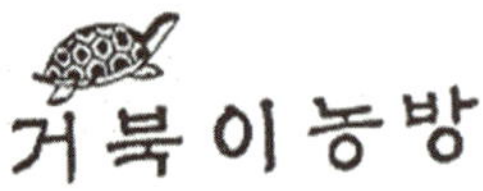	

원심은 선등록상표는 거북이 도형과 '거북이 농방'이라는 한글이 결합한 상표이므로 어느 경우에나 '거북이표'로 호칭될 것이고, … 이 사건 등록상표는 한글 부분만에 의하여 '시골' 또는 '장수촌'으로 간략하게 호칭되거나, 거북이 도형에 의하여 '거북이표'로 간략하게 호칭될 수 있다고 한 다음, 이 사건 등록상표가 거북이 도형 부분에 의하여 '거북이표'로 호칭되고 관념되는 경우에는 선등록상표와 그 호칭 및 관념이 동일·유사하므로 양 상표는 유사하다고 판단하였는바, … 원심의 위와 같은 판단은 정당하다.

특허법원 2008. 7. 17. 선고 2007허12596 판결 (등록무효)

선등록 상표	이 사건 등록상표

가방, 핸드백	핸드백, 지갑

이들 상표들은 표장을 이루는 구성요소의 결합형태와 그 배열개수 등의 차이로 인하여 전체적인 외형에 있어서는 다르지만, 양 상표 모두 영문자 알파벳 'C'자를 극히 유사하게 변형한 도형을 기본도형으로 하여 이 사건 등록상표는 '', '', '' 도형들을, 선등록상표

는 ', , ' 도형들(이들을 각 90도 시계방향으로 회전시키면 '', '', '' 와 같이 되어 이 사건 등록상표의 도형과 거의 동일하다)을 결합하여 구성하면서 서로 방향만 상이할 뿐 전체적인 도형의 구성방법이나 모티브 등이 매우 유사하다.

그리고 여러 가지 도형들이 규칙적, 반복적으로 배열되어 있는 상표의 경우 이를 대하는 거래자나 일반 수요자가 반드시 그 개별 도형의 세부적인 면까지 정확하게 관찰하여 기억함으로써 상품의 출처를 식별한다고 단정할 수는 없고, 상표 전체가 주는 인상에 의하여 상품의 출처를 식별하는 경우가 적지 않은 것이 일반적인 거래실정이라 할 것인바(대법원 2007. 2. 26. 선고 2006마806 판결 참조), 이 사건 등록상표는 선등록상표와 도형의 모티브, 전체적인 구성, 표현방법 등에 있어서 매우 유사할 뿐만 아니라, 규칙적 · 반복적으로 배열되어 있는 도형들을 방향을 달리하면서 반복적 · 계속적으로 표현하여 사용할 경우에는 더욱 유사하게 보이는데, 선등록상표를 반복적으로 표현한 '㉠' 도형에는 이 사건 등록상표를 90도 회전하여 표현한 것과 매우 유사하게 보이는 '㉡' 도형이 반복적으로 표현되어 있고, 나아가 이 사건 등록상표를 반복적으로 표현한 '㉢' 도형은 선등록상표를 반복적으로 표현한 후 좌측에서 바라본 '㉣' 도형과 매우 유사하다.

㉠

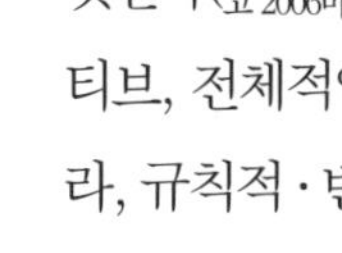

㉡

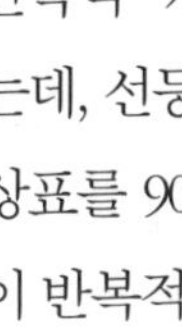

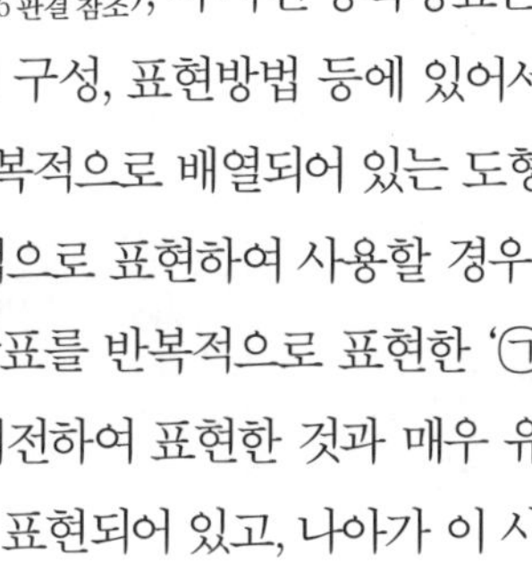

㉢

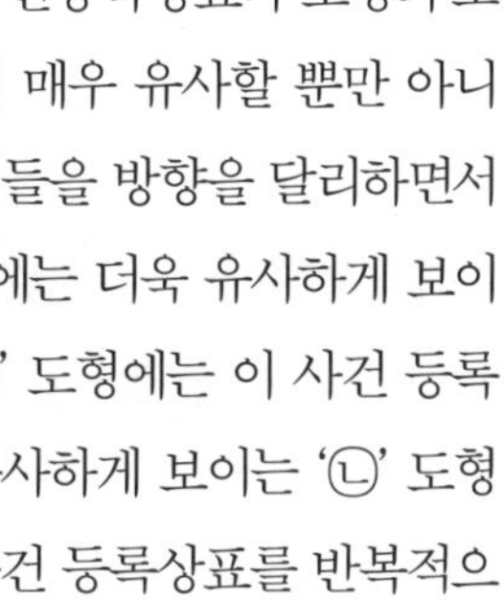

㉣

로렉스 사건

□ 사건번호 : 대법원 1996. 7. 30. 선고 95후1821 판결 (등록무효)
□ 키워드 : 주지 · 저명한 상표와의 유사여부 판단

1. 사건의 개요

(1) 이 사건 계쟁상표는 다음과 같다.

선출원 등록상표	이 사건 등록상표
심판청구인, 상고인	피심판청구인, 피상고인
ROLEX (등록 제12364호)	Rolens (등록 제247350호)

(2) 상고인은 이 사건 등록상표가 본인의 선출원 등록상표와 유사하고 그 지정상품이 동일 · 유사하므로 상표법 제7조 제1항 제7호에 해당한다고 주장하였으나, 특허청 심판소(92당1451)와 항고심판소(98항당456)는 각각 양 상표의 구성이 비유사함을 이유로 그 청구를 기각하였다.

2. 법원의 판단

(1) 비록 2개의 상표가 상표 자체의 외관 · 칭호 · 관념에서 서로 유사하여 일반적 · 추상적 · 정형적으로는 양 상표가 서로 유사해 보인다 하

더라도 당해 상품을 둘러싼 일반적인 거래실정, 즉, 시장의 성질, 고객층의 재력이나 지식 정도, 전문가인지 여부, 연령, 성별, 당해 상품의 속성과 거래방법, 거래장소, 고장수리 등 사후관리 여부, 상표의 현존 및 사용 상황, 상표의 주지 정도 및 당해 상품과의 관계, 수요자의 일상 언어생활 등을 종합적 · 전체적으로 고려하여, 거래사회에서 수요자들이 구체적 · 개별적으로는 상품의 품질이나 출처에 관하여 오인 · 혼동할 염려가 없을 경우에는 양 상표가 공존하더라도 당해 상표권자나 수요자 및 거래자들의 보호에 아무런 지장이 없다 할 것이어서, 그러한 상표의 등록을 금지하거나 등록된 상표를 무효라고 할 수는 없다 할 것이다.

(2) 이 사건 등록상표 'Rolens'보다 선출원하여 등록된 인용상표는 고급시계에 관하여 국내외 수요자간에 현저하게 인식되어 있는 주지 또는 저명한 상표로서 도형과 영문자의 결합상표인데, 그 결합으로 인하여 새로운 관념을 형성하는 것도 아니고, 분리 관찰하면 부자연스러울 정도로 일체불가분적으로 결합되어 있는 것도 아니어서 위 문자 부분과 도형 부분은 분리 관찰될 수 있고, 그 중 문자 부분만으로 관찰될 경우 이 사건 등록상표와는 외관과 칭호에 있어서 극히 유사하여 전체적으로 서로 유사하다고 할 것이다. 원심이 양 상표가 서로 외형이나 칭호에서조차 유사하지 아니하여 서로 유사하지 아니하다고 판단한 것은 상표의 유사성에 관한 법리를 오해한 것이라 할 것이다.

(3) 이 사건 등록상표는 그 출원 당시에는 시계류의 국내 일반 거래계에서 수요자간에 널리 알려져 있었다고 할 것이고, 다른 한편 이 사건 등록상표의 상품들은 중저가의 상품이어서 거래자 및 일반 수요자는 일반적인 보통 수준의 사람들인데 반하여, 인용상표의 상품들

은 세계적으로 유명한 고가, 고품질의 시계로서 그 주요 거래자는 재력이 있는 소수의 수요자에 불과하며, 양 상표의 지정상품들은 외형과 품위에 있어서 현저한 차이가 있고, 기록상 국내에 인용상표의 지정상품들을 판매하는 대리점이 있다는 자료도 없거니와 이들 상품들을 정식으로 수입하여 판매된 자료도 나타나 있지 아니하는 등 인용상표의 지정상품은 국내에서는 공항 등의 보세구역 면세점에서 극히 소량 거래되고 있을 뿐이고 외국 여행객을 통하여 극소수 반입되는 정도에 불과한바, 위와 같은 사정과 거래실정에 비추어 보면, 양 상표가 동일한 지정상품에 다같이 사용될 경우라도, 거래자나 일반 수요자에게 상품의 품질이나 출처에 대하여 오인·혼동을 일으키게 할 염려는 없다고 할 것이고, 이와 같이 이 사건 등록상표가 상품의 품질이나 출처에 대하여 오인·혼동을 일으킬 염려가 없는 상표에 해당하는 것이라면 상표법 제7조 제1항 제7호, 제9호, 제10호, 제11호가 적용될 여지는 없다 할 것이다.

3. 해설

(1) 대상판결은 상표의 유사여부를 판단함에 있어서, 상표의 구성상의 유사성만을 기준으로 할 것이 아니라 일반적인 거래실정을 적극적으로 고려하여 구체적 타당성이 있는 결론을 도출해야 함을 밝힌 최초의 판결로서 중요한 의미가 있다.

(2) 다만, 대상판결은 '일반적인 거래실정'을 고려해야 한다고 하면서 그 예로 '시장의 성질, 고객층의 재력이나 지식 정도, 거래장소, 고장수리 등 사후관리 여부, 상표의 현존 및 사용 상황, 상표의 주지 정도' 등을 들고 있으나 이러한 요소들 중 일부는 '일반적'이라기보다는 일시적이고 개별적이라고 할 수 있는 경우가 많다는 점에서 이에 관해 검토

해 보기로 한다.

(3) 대상판결이 '일반적인 거래실정'을 고려해야 한다고 말한 것만으로는 상표의 유사판단에 관한 종래의 판례와 학설, 즉 일반적 출처혼동설과 크게 다른 점이 없다. 그러나 대상판결이 '일반적 거래실정'의 예로 든 '상품의 거래장소, 고장수리 등 사후관리 여부, 상표의 현존 및 사용상황, 상표의 주지 정도' 등의 판단요소들은 일시적이고 시간의 경과에 따라 달라질 수 있는 것들이라는 점에서 '일반적 거래실정'이라기보다는 '구체적 · 개별적 거래실정'으로 보아야 하고, 결과론적으로는 '구체적 출처혼동설'로 태도를 바꾼 것이라는 해석이 가능할 수 있다.

(4) 먼저, 우리 법원이 가끔 참고로 하는 일본의 판례를 살펴본다.
일본 법원은 상표제도 초기(1900년대 초반)에 인정되던 형식적 · 정형적 유사 개념에서 탈피하여,[42] 1968. 2. 27. 최고재 판결(소화39년(행ツ) 제 110호, 氷山印 사건)[43]에서 ① 상표의 유사여부는 상품출처 혼동의 우려를 기준으로 판단하여야 하고, ② 상표의 외관, 관념 또는 호칭의 이동뿐만 아니라 상품의 거래실정을 고려해야 하지만, ③ 유동적인 거래실정(특수상황에 터잡은 일시적 · 변칙적 거래상황)까지 고려해서는 안 된다고 판시함으로써, 상표 유사의 의미를 상품출처의 동일성에 대한 혼동(협의의 혼동)으로 파악하고, 그 판단기준으로 일반적 출처혼동설을 제시하였다.

그 후 법원의 역할이 커지고 전문성이 제고되면서, 상표의 유사에 대한 보다 탄력적인 해석을 시도하게 되었는데, 1997. 3. 11. 최고재 판

42) 그 당시에는 상표의 유사를 최협의로 보아, 상표 자체에 대한 피차 혼동의 염려를 기준으로 판단하였다.

43) 이 판례는 비교상표판례연구회 역, 상표판례백선, 박영사, 2011, 97쪽 이하에 자세하게 실려있다.

결(평성6년(オ) 제1102호, 小僧壽し 사건)[44]에서 "상표의 유사성 여부는 동일 또는 유사한 상품에 사용된 상표가 외관, 관념, 호칭 등에 의하여 거래자, 수요자에게 부여하는 인상, 기억, 연상 등을 종합하여 전체적으로 고찰해야만 하고, 그 상품의 거래실정을 명확하게 할 수 있는 한 그 구체적인 거래상황에 기초하여 판단하여야 한다. 위와 같이 상표의 외관, 관념 또는 호칭의 유사성은 그 상표를 사용한 상품의 출처를 오인·혼동케 할 우려를 측정하게 하는 일응의 기준에 지나지 않고, 따라서 위 세 가지 중 유사한 점이 있다고 하더라도 다른 점에서 현저히 다르다든가 거래의 실정 등에 비추어 어떤 상품의 출처를 오인·혼동케 할 염려가 있다고 인정되지 않는 것은 이를 유사상표로 해석할 수 없다고 할 것이다"하고 판시함으로써, 상표의 유사를 상품출처의 혼동을 따지기 위한 하나의 요소로 보아 그 독자적 의미를 부정하는 한편, 명확화·객관화를 전제로 '구체적 거래실정'을 적극적으로 고려하도록 함으로써 구체적 출처혼동설을 채택하기에 이르렀다.

이 사건은 선등록 상표가 좁은 지역에서 작게 영업을 하고 있음에 반하여, 피고의 실사용 상표가 전국적인 프랜차이즈 체인을 가리키는 주지 저명한 것이라는 점에서, 피고 상표의 계속적 사용을 보장하기 위한 시도에서 비롯된 면이 있다.

(5) 대상판결은 상기 '氷山印 사건'과 '小僧壽し 사건'의 중간 정도에 위치한 것이 아닌가 하는 생각이 드는데, 표면적으로는 종래의 학설과 판례를 따르면서도, 결과적으로는 법원의 보다 적극적인 개입과 탄력적 해석을 시도하고 있는 것으로 보인다.

나아가 최근의 학설 중에는 '小僧壽し 사건'에서와 같이 상표의 유사 여부를 상품출처의 혼동을 따지기 위한 하나의 기준 내지 요소에 불

---

44) 이 판례는 앞의 책, 111쪽 이하에 실려있다.

과한 것으로서 그 독자성을 부인하고, '유사' 개념과 '혼동'을 동일한 것으로 이해하려는 견해가 등장하고 있다.[45] 이러한 견해는 표지법의 세계적인 통일화 경향 및 상표 관련 이론을 선도하는 미국의 영향을 받아 사용주의 입장에서 문제를 해결하려는 경향이 많아지고 있기 때문이라고 하지만, 입법론으로는 별론으로 하고, 현행 법체계 내에서의 해석의 한계를 넘는 것이 아닌가 하는 생각이 든다.

(6) 상표의 '유사'의 의미와 '혼동'과의 관계에 대해서 살펴본다.

상표의 유사라 함은 대비된 2개의 상표가 동일한 것은 아니지만 외관, 호칭, 관념의 어느 면에서 비슷한 것을 가리키는 형식적 · 기술적 개념이라고 한다. 상표의 '유사' 개념은 '혼동' 개념과의 상대적 관계에서 이해되어야 하는데, 유사와 혼동의 관계에 대해서는 ① 양자를 동일하게 파악하는 견해[46]와 ② 상표법은 상표의 유사성을 상표의 보호범위를 측정하기 위한 하나의 추상화된 기술적 기준을 삼고 있고 이 점에서 상표법상 상표의 유사성은 그 자체로 독자적인 의미를 가지는 한편, 개별적 · 구체적인 혼동초래행위의 금지를 목적으로 하는 부정경쟁방지법과 다르다는 견해가 대립된다. 전자는 판단에 유연성을 가지며 구체적 타당성 있는 결론을 얻기가 쉽지만, 권리범위가 부동화되고 상표의 간이신속하고 정형적인 보호를 꾀할 수 없게 되며, 현행 상표법의 체계에 반한다고 생각된다.

그럼에도 불구하고 앞의 논문에서 저자는 "상표의 유사 여부를 통설, 판례처럼 '상품 출처의 혼동 여부'라는 기준에 의해 판단하는 이상, 상표법과 부정경쟁방지법은 '상표의 유사성'과 '혼동'이라는 형

---

45) 유영선, '상표의 유사여부 판단 실무에 대한 비판적 고찰', 특허소송연구 5집(2010), 특허법원 310쪽 이하

46) '출처혼동균등론'이라고 칭하는 경우가 있는데, 그 용어가 어렵고 의미가 분명해 보이지는 않는다.

식적인 요건의 차이에도 불구하고 '혼동여부'에 의해 그 보호 여부가 결정된다는 점에서 그 판단기준이 실질적으로 동일하다"거나, "우리 상표법이 규정하고 있는 '상표의 유사성'이란 개념은 실질적으로는 사용주의 입법에서의 '혼동' 개념과 동일한 차원에서 이해되어야 하므로, 상표법 제7조 제1항 제7호와 제10호에 있어서 상표의 유사성 또는 혼동의 개념은 동일한 것으로 이해되어야 한다"고 주장한다.

그러나 우리 상표법에서의 '상표의 유사성'이 왜 법체계가 다른 사용주의 법제에서의 '혼동' 개념과 동일한 차원에서 이해되어야 하는지 그 전제를 이해하기 어렵다. 위 견해는 상품의 유사 여부를 '상품출처의 혼동여부'라는 기준에 의해 판단한다고 하는 전제의 오류에서 비롯된 것으로 보인다. 상표의 유사는 상품출처의 혼동의 우려를 방지하기 위한 법목적에서 도입된 개념이므로 '상품 출처의 혼동의 우려'를 염두에 두고 판단해야 한다는 것일 뿐, 혼동 염려의 유무에 따라 최종적으로 '유사'여부가 결정된다는 것은 아니라고 보아야 한다. 그렇지 않으면 상표법이 굳이 '유사'와 '혼동'을 구별하여 사용할 이유가 없기 때문이다.

결론적으로, 우리 상표법은 법적안정성, 예측가능성, 신속한 분쟁의 해결가능성을 담보하기 위하여 추상적 · 정형적인 권리의 창설을 전제로 하고 있다는 점 뿐만 아니라, 나아가 우리나라는 상표법과 부정경쟁방지법을 별개로 운영하고 있다는 점, 상표법 내에서도 '유사'와 '혼동'을 구별하여 규정하고 있다는 점(제7조 제1항 제7호, 제10호 등), 우리 상표법은 등록주의에 기초하고 있기 때문에 미사용 상표라도 추상적 보호범위를 설정할 수 있어야 한다는 점, 등록주의에서 상표권의 설정등록은 권리의 확인이 아니라 창설이므로 반드시 거래실정에 종속되어야 하는 것은 아니라는 점, 상표가 유사하고 혼동이 없는 경우에는 수요자 보호 차원에서 상표법 제7조 제1항 제7호, 제65조(금지청구권 등), 제66조 제1항(상표권의 침해)은 그대로 적용하되 , 실제로 혼동이 없어 손해가 발생하지 않았음을 이유로 손해배상이나 신용회복의 청구를 불인정함으로써 구체적 타당성을 도모할 수 있겠고, 반대로 상표가 유사하지 않지만 상품출처 혼동의 염려가 있는 경우에는 예외적으로 상표법 제7조 제1항 제10호와 부정경쟁방지법에 의한 보충적인 해결이 가능하다는 점 등에 비추어 볼 때 상표 유사는 혼동과 다른 별개의 개념이고 그 독자성을 인정함이 타당할 것이다.

따라서 상표법상 상표의 유사의 독자성을 인정하되, 상표의 유사는 출처혼동방지라는 상표법의 목적을 위해 안출된 개념이므로, 그 판단에 있어서는 언제나 '상품출처의 혼동의 우려'가 있느냐 없느냐라는 점을 염두에 두고, 즉 그러한 목적성을 갖고 유사 여부를 따져야 하는 것으로 봄이 타당하다. 이 점에서 상표의 유사는 '상품출처의 혼동의 여부'를 일응의 기준으로 하여 판단되는 것이 아니라, '상품출처의 혼동의 여부'를 염두에 두고 탄력적으로 해석되어야 하는 개념이라 하겠다.

(7) 다음으로 '혼동'의 범위에 대해서 살펴본다.

혼동에는 상품의 출처가 동일하다고 생각하는 '협의의 혼동'과 양자 사이에 어떤 관계가 존재하는 것이 아닌가라고 생각하는 '광의의 혼동' 또는 '후원관계의 혼동'이 있다. 우리 상표법은 두 가지를 모두 규정하고 있으며, 혼동이 없어도 상표의 희석화를 방지하기 위한 조항을 부정경쟁방지법에 별도로 규정하고 있다.

등록상표권의 효력범위는 상품의 동일 · 유사에 의해 정해지는 것이므로, 결국 상표법상 '상표의 유사'는 동일 · 유사한 상품을 생산하는 출처의 혼동, 즉 '협의의 혼동'을 의미한다고 봄이 타당하다. 따라서 상표의 유사는 '협의의 혼동'의 우려가 있는지 여부를 염두에 누고 판단하여야 한다.

(8) 상표의 유사 판단에 있어서 거래실정을 어느 정도까지 고려해야 하는지를 살펴본다.
거래실정을 어느 정도 고려할 것인지에 따라, 유사 판단의 전제가 '일반적 출처혼동'인지 아니면 '구체적 출처혼동'인지가 결정된다. 일반적 출처혼동은 대비되는 2개의 상표가 붙은 상품이 시장에 유통된다고 가정할 때, 거래계의 일반적인 경험식에 비추어 판단하는 것이고, 구체적 출처혼동은 시장에서의 현실의 유통을 포함해서 그 상품에 대한 구체적 · 개별적인 거래실정까지 포함해서 판단하는 것이다.

일반적 출처혼동설은 법적안정성 · 예측가능성의 측면에서 일반화 · 객관화된 거래실정까지만 판단하면 족하고, 구체적 거래실정은 부정경쟁방지법 등에서 보충적으로 적용할 수 있다고 함에 반하여, 구체적 출처혼동설은 구체적 타당성 있는 결론을 도출하기 위해서는 현재의 구체적이고 개별적인 거래실정까지 포함해서 판단하여야 한다고 한다. 법적안정성과 구체적 타당성이라는 상반된 두 마리 토끼를 잡기 위해서 그리고 부정경쟁방지법에 의한 보충적인 해결이 가능하다는 점에서 상표법 제7조 제1항 제7호, 제8조, 제66조 제1항 등에서의 상표의 유사는 '일반적 출처혼동'을 전제로 하면 족하고, 같은 법 제7조 제1항 제10호, 부정경쟁방지법 제2조 제1호 및 제2호 등의 경우에는 '구체적 출처혼동'을 고려함이 타당할 것이다.

문제는 어떤 것을 일반적 거래실정과 구체적 거래실정으로 볼 것이냐 하는 점이다. 일응의 기준은 그 거래실정이 시간의 경과나 마케팅 전략에 따라 수시로 변할 수 있는 것이 아니라, 일반화 · 객관화할 수 있는지 여부, 예측가능한 것인지 여부, 경험칙화된 것인지 여부 등이라 할 것이다. 이와 같은 기준에 비추어 보면, 외국어 명칭은 영어와 해당 국가의 발음을 고려한다는 것, 고가의 물건은 수요자가 기울이는 주의력이 높다는 점, 상표의 구성 중 식별력이 강한 부분에 관심이 집중되고 그 부분으로 호칭되는 경우가 많다는 점, 유사한 상표가 다수 등록되어 있거나 사용되는 경우에는 수요자의 주의력이 높아져 혼동가능성이 낮아진다는 점, 해당 상품은 모방품이 많다는 점 등은 일반적 출처혼동에서 고려될 사항이라 할 것이다. 그러나 상품이 직영점이나 면세점에서만 판매되고 있다는 사실(유통형태), 그 상품에 관한 시장이 고가상품과 중저가상품으로 분할되어 있다는 점(상품의 가격과 시장상황), 대비되는 상표가 일시적인 광고선전을 통하여 수요자간에 잘 알려져 있다는 사정, 다른 상표나 상호 또는 독특한 용기나 디자인 등의 트레이드 드레스와 함께 사용되어 종합적으로 보면 혼동의 여지가 없다는 점 등은 현재 시점에서의 부동적이고 구체적인 거래실정에 불과하기 때문에 상표의 유사판단에서는 그에 대한 검토는 원칙적으로 배제되어야 할 것이다.

그 밖에 대비되는 상표의 일방 또는 쌍방이 주지 저명한 상표라는 점, 양 상표가 병존하여 사용되어 왔고 서로 간에 다툼이 없었다는 점 등, 상표의 거래계에서의 실제 호칭 등은 그 기간과 정도에 따라 일반적인 것으로 분류될 수도 있고, 구체적 · 개별적인 것으로 분류될 수도 있다고 본다. 예를 들어 장기간 주지 · 저명하다든지, 장기간 평화롭게 공존하고 있다든지 하는 사정은 일반적 출처혼동에서 고려될 수 있는 요소라 하겠다.

(9) 이상에서의 검토를 기준으로 살펴보면, 대상판결은 판시이유에서와 같이 '당해 상품을 둘러싼 일반적인 거래실정'을 고려하여 거래사회에서 수요자들이 상품의 출처에 관하여 혼동할 염려가 없을 경우에

는 양 상표가 공존할 수 있다고 보아 일반적 출처혼동설에 기초한 것처럼 보이지만, 그 고려사항으로 '전문가인지 여부, 당해 상품의 속성, 상표의 현존 상황, 수요자의 일상 언어생활'과 같은 경우 뿐만 아니라 부동적이고 개별적 사정이라 할 수 있는 '시장의 성질, 고객층의 재력, 연령, 성별, 당해 상품의 거래방법, 거래장소, 고장수리 등 사후관리 여부, 상표의 현존 사용 상황, 상표의 주지 정도 등'을 포함시킴으로써 구체적 출처혼동의 판단과 다를 바 없는 태도를 취하고 있다. 이것은 보다 구체적 타당성 있는 결론에 다가가기 위한 노력의 일환이라 하겠지만, 현행 법체계 하에서는 대상판결이 문제로 삼고 있는 상표법 제7조 제1항 제7호의 문제는 일반적 출처혼동으로 해결하면 족하고, 구체적 혼동의 문제는 같은 항 제10호 내지 부정경쟁방지법으로 문제에 접근하는 것이 옳은 접근방식이었을 것이다.

(10) 대상판결의 영향을 받아, 상표의 유사 판단에 있어서 거래실정을 고려한 사례들을 뒤에서 유사로 본 경우와 비유사로 본 경우로 나누어 정리하였으니 참고하기 바란다.

(11) 끝으로 미국 상표법상의 혼동가능성의 판단과 입법론에 대해서 살펴보기로 한다.

랜햄법은 제32조(15 U.S.C. §1114)에서 등록상표와 혼동을 일으킬 가능성이 있는 상표(likely to cause confusion)의 사용을 금지하고, 같은 법 제43조(15 U.S.C. §1125)에서 미등록상표와 혼동을 일으킬 염려가 있는 상표의 사용을 금지하는 규정을 두고 있을 뿐, 상표의 유사를 이유로 상표권을 침해로 보는 규정은 두고 있지 않다(희석화의 원인으로 유사개념을 규정하고 있을 뿐이다).

참고로, 미국에서의 '혼동가능성'의 판단에 관한 AMF Incorporated

v. Sleekcraft Boats 사건[47]을 살펴 본다. 이 사건에서 원고(AMF)는 'Slickcraft'라는 상표로 보트를 제작하고 1969년에 연방상표등록을 마쳤다. 피고(Sleekcraft)는 원고의 상표 사용을 모른채 'Sleekcraft'를 상표로 사용하여 보트를 제작하였다. 원고의 침해주장에 대하여 피고는 자사의 보트는 일반레저용이 아니라 레이싱 매니아를 위한 하이퍼포먼스 보트이므로 시장에서 경쟁관계가 없다고 주장했다.

이에 대하여 지방법원은 출처의 혼동가능성이 없으므로 상표권 침해가 아니라고 판단했지만, 제9 항소법원은 ① 표지의 식별력(Strength of the mark), ② 상품의 유사성(Proximity of the goods), ③ 상표의 유사성(Similarity of the marks), ④ 실제 혼동의 증거(Evidence of actual confusion), ⑤ 유통채널(Marketing channels used), ⑥ 상품의 유형과 수요자가 기울이는 주의력의 정도(Type of goods and the degree of care likely to be exercised by the purchaser), ⑦ 상표선택에 있어서의 피고의 의도(Defendant's intent in selecting the mark), ⑧ 다른 상품으로의 확대사용가능성(Likelihood of expansion of the product lines)의 8가지를 고려해야 한다고 하면서, 'Slickcraft' 상표는 식별력이 강하지 않다고 하면서도 원고와 피고의 보트는 사용과 기능의 면에서 유사하고, 양 상표의 외관, 칭호, 관념이 유사하며, 수요자층이 겹친다는 이유에서 상표권 침해를 긍정하였다.

이와 같이, 랜햄법에서 상표의 유사는 혼동가능성을 판단하기 위한 하나의 요소에 불과하다. 그러나 우리나라와 일본의 상표제도는 미국과는 상표법 체계(사용주의와 등록주의 상표법과 부정경쟁방지법의 분리와 통합 등), 사법구조, 구체적인 법률규정 등이 전혀 다름에도 불구하고 대상판결이나 일본 최고재판소의 小僧壽し판결은 상표

47) AMF Incorporated v. Sleekcraft Boats 599 F.2d 341 (9th Cir. 1979).

의 유사를 미국에서의 '혼동가능성'의 판단과 비슷한 선상에서 다루고 있다. 생각건대 이와 같은 시도는 아무리 구체적 타당성을 도모하기 위한 노력의 일환이라 할지라도, 현행 법체계 하에서 입법론으로는 별론으로 하고 상표의 유사에 대한 해석으로는 무리한 시도가 아닌가 하는 생각이 든다.

입법론으로는 상품출처의 '혼동가능성'을 기준으로 상표의 등록요건, 상표권의 권리범위, 상표권의 침해여부 등을 판단하도록 하는 것이 바람직하다고 생각한다. 상표는 거래계에서의 사용을 전제로 하는 것이고, 상품출처의 혼동을 방지하기 위해 사용되는 것이므로, 상표의 유사라는 형식적 개념에 기초하여 배타권을 창설하고 그 효력범위를 정하는 것은 최선이라고 볼 수는 없기 때문이다.

또한 특허청의 심사 수준이 높아졌고 법원의 전문성이 제고되었으며, 일반 국민의 상표에 관한 이해수준이 높아졌다는 점, 표지에 관한 보호를 상표법과 부정경쟁방지법으로 나누어 달리 운영할 실익이 크지 않다는 점에서 입법론으로는 '유사'를 '혼동가능성'을 판단하기 위한 하나의 요소로 하고 일응 '혼동가능성'을 기준으로 표지법 체계를 운영함이 타당할 것이다.

다만, 심사단계에서 구체적 출처혼동을 따지는 것이 용이하지 않다면 심사단계에서는 일반적 출처혼동만 따지고 정보제공이나 이의신청 등이 있는 경우 또는 인용상표에 관한 거래실정이 법원의 판결을 통하여 잘 알려져 있는 경우에 한하여 구체적 출처혼동을 따지도록 하는 것도 가능할 것이고, 아니면 심사단계에서는 현행처럼 '상표의 유사'로 등록요건을 따지되, 등록 후 상표권의 효력, 상표권 침해 등의 판단은 어차피 구체적 · 개별적으로 이루어지는 것이므로 '혼동가능성'을 기준으로 하는 2원화된 접근방식도 입법론으로는 검토해 볼 만하다고 생각된다.

거래실정을 고려해도 여전히 유사라고 본 사례

• **특허법원 2000. 8. 18. 선고 99허8714 등 판결**

<table>
<tr><th>선출원 등록서비스표</th><th>이 사건 등록상표들</th></tr>
<tr><td rowspan="2">Versace
GIANNI VERSACE
GIANNI
VERSACE</td><td>DESIGNED BY
V
ALFREDO VERSACE</td></tr>
<tr><td>Alfredo
VERSACE</td></tr>
<tr><td></td><td>의류, 화장품, 시계류, 가구류,
신발류, 안경류</td></tr>
</table>

원고는, 이 사건 등록상표가 부착된 제품은 국내 라이센스 제품으로서 일반 소비자 대중을 상대로 전국에 걸친 수많은 일반 매장에서 판매되고 있는데 반하여, 인용상표가 부착된 피고의 제품은 수입품들로서 서울 강남의 직영매장과 일부 백화점의 전용매장에서만 판매되며, 그 가격이 위 라이센스 제품과 비교할 때, 핸드백 등 피혁제품은 10 내지 20배, 의류제품은 5배 정도 비싸기 때문에 수요자가 일부의 부유층에 한정되어 있다는 점에서, 양 상표가 부착된 상품은 ① 제조 판매 루트, ② 매장, ③ 가격, ④ 직수입품인지 라이센스제품인지 여부, ⑤ 수요자층 등이 크게 달라 양 상표를 동종의 제품에 함께 사용하더라도 제품 출처의 오인·혼동을 불러 일으킬 염려가 없으므로 이 사건 등록상표를 인용상표와 유사한 상표라고 볼 수 없다는 취지의 주장을 하였다.

이에 대하여, 특허법원은 로렉스 판결에서의 유사판단의 기준을 그대로 인정하면서도, "상표법이 가지는 표지법으로서의 기본적 성격을 유지하고, 아울러 상표 제도 운영에 필요한 법적 안정을 도모하기 위해서는, 이러한 예외적 사정의 존재는 수요자 및 거래자들의 보호에 아무런 지장이 없다고 보여지는 경우에 한정하여 제한적으로 인정되어야 한다"고 하면서, 이 사건 등록상표가 부착된 제품과 인용상표가 부착된 제품간에 제조판매 루트 및 매장의 운영방식이 상이하고, 제품에 따라서는 판매가격대에 상당한 차이가 나는 경우가 있다고 할 것이나, 의류 제품 등이 그 품목과 가격에 있어서 다양성을 보이고 있는 점 등을 감안할 때 그로 인하여 수요자층이 확연히 구분된다거나, 거래사회에서 이들 수요자들이 양 상표의 표장과 지정상품이 유사함에도 불구하고 상품의 품질이나 출처에 관하여 오인·혼동할 염려가 없다고 단정할 수 없다고 판단하였다.

생각건대, 이 판결은 구체적 타당성이 있는 해결을 위해 로렉스 판결을 인정하면서도, 법적안정성·예측가능성·수요자의 혼동방지라는 법목적 등을 고려하여 상표의 유사판단에 있어서 일시적이고 예외적인 거래실정을 배제하여야 한다는 것으로서 중요한 의미가 있으며, 타당한 판결이라 할 것이다.

• 대법원 1997. 5. 16. 선고 96후1736 판결 (거절결정)

선등록상표	이 사건 출원상표
	THE LION KING

양 상표는 관념과 호칭이 유사하여 유사하다고 하면서, "본원상표는 출원인 회사가 미국에서 제작한 만화영화 "THE LION KING"의 표제를 상표화한 것으로 위 만화영화는 1994. 7.경에 비로소 우리 나라에서 최초로 상영되었고, 그 후 비디오로도 출시된 사실을 알아 볼 수 있고, 또 이미 특허청에 본원상표와 동일한 표장의 상표로 상품류구분 제21류 종이류, 제26류 가구류, 제43류 완구류, 제45류 의류, 제51류 악기류, 제52류 인쇄물을 각 지정상품으로 하여 각 등록되어 있다 하더라도, 이 사실만으로는 본원상표가 그 지정상품과 관련하여 일반적인 거래실정상 상품출처의 오인·혼동을 초래할 염려가 없을 정도로 구체적·개별적인 식별력이 있는 상표로 되었음을 인정하기에 부족하다"고 판시하였다.

이 판결은 상표의 유사판단에 있어서 거래실정을 고려하는 것을 인정하면서도, 법적안정성 차원에서 거래실정은 상표의 구성상의 유사를 훨씬 뛰어넘을 만한 특별한 것이어야 함을 간접적으로 밝힌 것으로 생각된다.

• 대법원 2000. 1. 21. 선고 99후2532 판결 (등록무효)

선출원 등록서비스표	이 사건 등록서비스표
Holiday Inn Garden Court	Holiday in Seoul
등록 제41-009211호	등록 제41-016882호
1973. 12. 10. 등록	1994. 03. 16. 출원 1995. 05. 26. 거절결정
호텔업, 레스토랑업	무도유흥음식점

원심은, 이 사건 등록서비스표가 20여 년간 사용해 옴으로써 주지된 서비스표이므로 일반 수요자들이 인용서비스표와 쉽게 구별할 수 있다는 원고의 주장에 대하여, … 이 사건 등록서비스표가 선출원에 의한 등록서비스표인 인용서비스표와 유사성에도 불구하고 그 등록 당시에 거래사회에서 수요자들이 명백히 서비스 출처에 오인·혼동의 염려가 없을 정도로 일반 수요자들에게 주지되었다는 점에 관하여 원고가 제출한 증거만으로 이를 인정하기 부족하다고 판단하였다. 기록에 비추어 보면 원심의 위와 같은 인정 판단은 정당하다.

이 판결은 양 서비스표의 유사를 긍정하면서, 거래실정상 혼동가능성이 없다는 후출원 등록서비스표권자의 항변을 배척한 것으로 그 기본적인 입장은 앞의 라이온 사건(96후1736)과 같은 경우로 생각된다.

거래실정을 고려하여 비유사라고 본 사례

이하에서는 대비되는 양 상표가 구성상 유사성이 있음을 인정하면서도, 거래의 실정 또는 상표보호의 법 목적 등을 고려하여 상품출처 혼동의 우려가 없다고 판단한 사례들을 살펴본다. 여기에서 주목할 만한 점은, 본 사례의 대부분은 후출원(등록)상표가 선출원(등록)상표에 비해 더 유명한 상표이고 사용실적도 더 많았기 때문에, 그 상표의 보호를 거부하는 것은 상표사용자의 보호라는 상표법의 목적과 법의 정의감정에 반하며, 구체적 타당성이 있는 결론을 얻을 수 없게 되는 경우가 많았다는 점이다.[48]

- 대법원 1996. 9. 24. 선고 96후153, 96후191 판결 (거절결정)
- 대법원 1997. 10. 10. 선고 97후594 판결 (등록무효)
- 대법원 1996. 11. 12. 선고 96후535 판결 (거절결정)

선등록상표	이 사건 출원/등록상표	사건번호
POLA	폴로	97후594
POLA	POLO	96후535
POLA	POLO	96후153
	POLO	96후191

48) 이 점에서 로렉스 판결과 다르지만, 그 사건에서도 후출원 등록상표인 로렌스 상표가 국내에서 장기간 상당한 정도로 사용되어 보호할 만한 신용을 구축하였다는 점, 국내의 유망 중견기업의 상호상표이자 대표브랜드였다는 점 등에서 그 등록을 무(無)로 돌린다는 것은 부담스러웠을 것으로 생각된다.

대법원은 1984. 10. 10. 선고 82후39 판결에서 '화장품'에 대하여 출원된 당해 사건의 출원상표 'POLO Ralph Lauren'과 인용상표 'POLO'를 대비하여, 칭호와 외관이 유사하므로 구 상표법 제9조 제1항 제7호(현행 제7조 제1항 제7호)에 해당하여 등록이 거절되어야 한다고 판단한 사례가 있다.

그러나 그 후의 사건에서는, 'POLO' 상표가 시계류, 의류, 신발류, 가방류 등 여러 상품류에 등록되어 있고, 오래 전부터 국내에서 상당한 정도로 광고선전을 하였고, 특허청 발행 외국유명상표집에 등재되어 있는 등 국내 수요자간에 현저하게 인식되어 있는 저명한 상표라 할 것이고, 반면 인용상표가 수요자간에 널리 인식되었다는 자료는 없는 바, 위와 같은 사정과 거래실정에 비추어 보면 양 상표가 동일한 지정상품에 다 같이 사용될 경우라도 일반 수요자에게 상품의 출처에 대하여 혼동을 일으킬 염려는 없다고 하여 'POLO' 상표가 저명상표라는 거래실정을 고려하여 결과적으로 'POLO' 상표에 유리한 쪽으로 판단을 해 왔다. 이것은 82후39 판결 이후로 'POLO' 상표가 국내에서 더 많이 알려졌고, 사용실적을 축적했음을 감안한 결과로 생각된다.

한편, 'POLO' 상표를 둘러싼 많은 분쟁사건들을 살펴보면, 외국 회사인 더 폴로 로렌 컴파니의 선등록상표인 '폴로', 'POLO RALPH LAUREN', 'POLO RALPH LAUREN', 'Polo Ralph Lauren' 등과 타인들의 이하에서와 같은 상표들은 서로 유사하다는 이유에서 그 등록이 무효로 되거나 또는 그 출원이 무효로 되었는바, 결국, 구체적인 거래실정을 고려할 때 상품의 출처에 대한 혼동의 염려가 없다는 사정 등은 주지·저명한 상표의 소유자의 이익으로만 인정되고 있음을 알 수 있다.

SANTA BARBARA POLO CLUB (95후1456)	US POLO ASSOCIATION (97후792)
KANESHIN POLO CLUB (97후2620)	Crocopolo (98허4777)
GUARDS POLO CLUB (98허4753)	Rapapolo (98허7103)
CANPOPOLOCLUB (98허7059)	WORLD POLO CHAMPIONSHIPS (98허4807)
SANTA BARBARA POLO & RACQUET CLUB (98허7189)	Royalqueenspoloteam (98허8908)
THE FOXPOLO CLUB (98허614)	

• 대법원 2006. 10. 26. 선고 2005후2250 판결 (등록무효)

<table>
<tr><th>선등록상표</th><th>이 사건 등록상표</th><th>결과</th></tr>
<tr><td>POTACHIP
포 타 칩</td><td>포카칩</td><td></td></tr>
<tr><td>등록 제40-344433호</td><td>등록 제40-493133호</td><td></td></tr>
<tr><td rowspan="3">건과자, 아이스케이크, 비스킷, 드롭스, 아이스크림, 추잉검, 크림빵, 설탕, 떡</td><td>만두, 곡물소시지, 초밥</td><td>상품비유사
→ 유효</td></tr>
<tr><td>드롭스, 비스킷, 추잉검, 아이스크림, 식빵, 각설탕</td><td>상표 · 상품 유사
→ 무효</td></tr>
<tr><td>포테이토칩, 건과자</td><td>상표 비유사
→ 유효</td></tr>
</table>

이 판결에서 대법원은 상표가 사용되지 않은 상품에 대해서는 거래실정을 따질 수 없으므로 일반적 출처혼동에 입각하여 문제를 해결하고, 상표가 사용된 상품에 한해서는 구체적 거래실정을 고려하여 즉 구체적 출처혼동에 입각하여 문제를 해결하는 2원화된 태도를 분명하게 보이고 있다. 이와 같은 입장이 올바른 것인지는 별론으로 하고, 본 판결은 대비되는 양면을 보여주는 좋은 예라 하겠다.

대법원은, 이 사건 등록상표의 지정상품 중 그 상표가 사용된 사실이 없는 '드롭스, 비스킷, 비의료용 추잉검, 아이스크림, 식빵, 각설탕' 부분에 있어서는 상표가 유사하고 출처혼동의 우려가 없다는 구체적·개별적 사정이 없으므로 그 등록이 무효라고 하면서도, 지정상품 중 '포테이토칩, 건과자' 부분에 있어서는 "'감자스낵' 제품의 생산 및 판매기간, 매출규모, 시장점유율, 광고현황 등을 종합하면, 이 사건 등록상표는 이 사건 등록상표의 출원당시 '감자스낵' 제품에 대한 관계에서 일반 수요자나 거래자 사이에서 피고의 상표로 현저하게 인식되어 있는 상표라고 할 것이고, 한편 선등록상표가 '감자스낵' 제품에 대한 관계에서 현실로 사용되었다고 볼 만한 자료는 기록상 보이지 아니한다.그렇다면 이 사건 등록상표의 지정상품 중 '감자스낵' 제품이 속하는 '포테이토칩, 건과자' 부분이 선등록상표의 지정상품 중 '건과자' 부분과 동일 · 유사하여 양 상표가 일반적 · 추상적 · 정형적으로는 서로 유사해 보인다 하더라도, 위 지정상품을 둘러싼 일반적인 거래실정과 양 상표의 주지 정도 및 위 지정상품과의 관계 등을 종합적 · 전체적으로 고려할 때, 거래사회에서 수요자들이 구체적 · 개별적으로 위 지정상품의 출처에 관하여 오인 · 혼동을 일으킬 염려가 없다"고 판단하였다.

그 밖에 구체적인 거래실정을 고려하여 출처혼동의 염려가 없다고 본 경우는 다음과 같다.

선등록상표	이 사건 출원/등록상표	사건번호
동부주택 브리앙뜨	동부	대법원 2011. 12. 27. 선고 2010다20778 판결
ZEISS	ZEISS	대법원 2005. 11. 10. 선고 2004후2093 판결
NINA RICCI	RobertoRicci	대법원 2003. 1. 10. 선고 2001후2986 판결
제일저축은행	제일은행 제일빠른대출	특허법원 2008. 9. 5. 선고 2007허13605 판결
BEAN POLE	BEEN KID's	특허법원 2004. 3. 5. 선고 2003허5361 판결
V MARIO VALENTINO	VALENTINO V	특허법원 1999. 2. 25. 선고 98허9154 판결

위 표에서와 같이, 우리 나라 법원은 아파트 분양광고나 아파트 외벽 등에는 시공사의 상호 또는 그 약칭과 상표 · 서비스표를 결합한 표지를 사용하는 것이 관행화된 사실이라는 점과 피고의 표지가 사용된 아파트는 고가의 물건이어서 일반 수요자나 거래자들이 충분한 주의를 기울여 거래할 것이라는 점(2010다20778), 우리나라의 거래자나 수요자가 그 외국어 상표를 특정한 한국어로 표기하고 있는 등의 구체적인 사용실태가 인정되는 경우에는 그와 같은 구체적인 사용실태를 고려하여 외국어 상표의 호칭을 정하여야 하는 점(2004후2093), 'NINA RICCI' 상표가 국내 수요자간에 널리 인식되어 있는 상표로서 실제 거래사회에서 항상 전체로서만 사용되고 인식되어져 왔을 뿐 'RICCI' 만으로 분리 약칭된 사례가 없다는 점(2001후2986), 금융관련업은 관계 법규와 거래실정상 업종이 세분화되어 제2금융권과 제1금융권의 상표로 각각 인식되어 있다는 점(2007허13605), 양 상표가 특별한 분쟁 없이 공존하여 왔다는 점(98허9154) 등을 이유로 들어 대비되는 양 상표가 일반적 · 추상적 · 정형적으로는 유사한 면이 있더라도, 구체적 · 개별적으로는 명백히 상품출처의 오인 · 혼동의 염려가 없다고 판시하고 있다.

NICOLE 사건

□ 사건번호 : 대법원 2009. 04. 09. 선고 2008후4783 판결 (등록무효)
□ 키워드 : 성명상표의 유사판단

1. 사건의 개요

(1) 이 사건 계쟁상표는 다음과 같다.

선출원 등록 상표	이 사건 출원상표
Miller	NICOLE MILLER
Nicole christian	

(2) 이 사건 출원상표에 대하여 선출원 등록상표를 이유로 심사관은 거절결정을 하였고, 특허심판원은 그 결정을 지지하였으나, 특허법원이 심결을 취소하는 판결을 하자, 그에 불복하여 특허청장이 상고를 제기한 경우이다.

2. 법원의 판단

(1) 상표의 유사 여부는 그 외관 · 호칭 및 관념을 객관적 · 전체적 · 이격적으로 관찰하여 그 지정상품의 거래에서 일반 수요자나 거래자가 상표에 대하여 느끼는 직관적 인식을 기준으로 하여 그 상품의 출처

에 관하여 오인 · 혼동을 일으키게 할 우려가 있는지 여부에 따라 판단하여야 하므로, 대비되는 상표 사이에 유사한 부분이 있다고 하더라도 그 부분만으로 분리인식될 가능성이 희박하거나 전체적으로 관찰할 때 명확히 출처의 혼동을 피할 수 있는 경우에는 유사상표라고 할 수 없다(대법원 2007. 5. 11. 선고 2006후3557 판결 등 참조).

(2) 이 사건 출원상표는 전체호칭이 '니콜 밀러'로 네 음절에 불과하여 비교적 짧은 편이고, 또한 우리나라의 영어 보급수준이나 국제교류의 정도 및 인터넷 사용이 보편화된 현실 등에 비추어, 국내 일반 수요자나 거래자는 이 사건 출원상표의 표장이 서양인의 성명임을 쉽게 알 수 있다 할 것인데, 양 상표의 지정상품인 의류제품 등에 있어서 이 사건 출원상표의 출원일 당시에 이미 디자이너의 성명 전체로 된 상표의 사용이 일반화되는 추세에 있어 일반 수요자나 거래자 간에도 성과 이름이 포함된 상표 전체로서 상품의 출처를 인식하는 경향이 있었을 뿐만 아니라, 'NICOLE' 또는 'MILLER'가 특별히 식별력이 강한 부분도 아니어서, 일반 수요자나 거래자가 이 사건 출원상표에서 'NICOLE' 또는 'MILLER' 부분만을 따로 떼어 내어 이 부분만에 의하여 호칭, 관념할 가능성은 희박하고, 표장 전체인 '니콜 밀러'로 호칭 · 관념할 가능성이 높다고 보아야 할 것이다.

따라서 이 사건 출원상표가 'NICOLE' 또는 'MILLER'만으로 분리되어 호칭 · 관념된다고 보기 어려운 이상, 이 사건 출원상표는 선등록상표들과 외관은 물론, 호칭 · 관념에 있어서도 서로 달라 일반 수요자나 거래자로 하여금 상품 출처의 오인 · 혼동을 일으킬 염려가 있다고 할 수 없다. 같은 취지에서 원심이 이 사건 출원상표와 선등록상표들이 유사하지 않다고 판단한 것은 옳다.

3. 해설

(1) 상표의 유사여부 판단은 전체관찰을 원칙으로 한다고 하면서도, 우리 대법원은 사실상 분리관찰을 우선시하는 듯한 판결을 내려왔다. 이와 같은 경향은 이 사건 출원상표의 구성 중 일부인 'Nicole'을 포함한 상표를 둘러싼 종래의 판결에서도 찾아볼 수 있다. 아래의 판결은 전부 구성 중 'Nicole'이 공통됨을 이유로 유사로 판단된 것들이다.

선등록상표	이 사건 출원/등록상표	사건번호
Nicole StGilles	Christian Nicole	대법원 2002. 7. 26. 선고 2001후3118 판결(등록무효)
NICOLE	NICOLE MILLER	특허법원 2005. 7. 22. 선고 2005허3772 판결(거절결정)
Nicole StGilles	nicole lee	특허법원 2009. 5. 28. 선고 2009허2500 판결(거절결정)

(2) 그러나 최근에는 다수의 상표가 등록되어 있다는 점, 그 결과 상표선택의 기회가 점점 좁아지고 있는 현실, 인터넷 등 정보기술의 확산에 의하여 상품과 상품의 출처에 관한 정보에의 접근이 용이해진 현실, 상표에 관한 수요자의 인식이 높아지면서 상품출처에 관한 혼동의 우려가 낮아지고 있는 점, 상품의 선택에 있어서 상표 외에 용기의 형상, 색채 등의 트레이드 드레스가 종합적으로 고려된다는 점 등을 고려하여, 대법원도 종전에 비해 전체관찰을 더 중시하는 한편, 여러 요소를 종합적으로 고려하여 상품의 출처를 오인·혼동하게 할 염려가 있는지에 따라 상표의 유사여부를 판단하는 것으로 하고 있다.

(3) 대상판결은 디자이너의 성명으로 구성된 이 사건 출원상표에 대하여 분리관찰을 배척하고 전체관찰에 따라 상표의 유사여부를 판단한 사안이다. 본 판결만으로 대법원이 전체관찰의 원칙을 보다 중시하는 쪽으로 방향을 잡았다고 단정할 수는 없지만, 최근 특허법원의 일련의 판결과 대법원의 일부 판결에 비추어 보건대 향후 전체관찰이 보다 강조될 것으로 보인다.

(4) 다만, 성명으로 구성된 상표라고 해서 언제나 전체관찰에 입각해야 하는 것은 아니다. 대상판결을 전후한 판결에서 공통점을 찾아 보면, 대법원은 "대비되는 상표 사이에 유사한 부분이 있다고 하더라도 그 부분만으로 분리인식될 가능성이 희박하거나 전체적으로 관찰할 때 명확히 출처의 혼동을 피할 수 있는 경우에는 유사상표라고 할 수 없다"는 전제하에, 그 경우로, ① 전체 호칭의 음절이 짧은 경우(대개는 5음절 이하), ② 익숙한 서양인의 성명이어서 대개의 경우 성과 이름으로 분리호칭하지 않는 경우(예: Steve(n), 따라서 이탈리아, 러시아인처럼 그 성명이 국내에서 익숙하지 않은 경우에는 여기에 해당되지 않을 수 있음), ③ 패션용품처럼 디자이너의 성명이 상표로 사용되는 경우가 많은 경우, ④ 국내외에서 성명 전체로만 호칭되고 있음이 증거에 의하여 명백한 경우 등이 성과 이름으로 분리하여 관찰하는 것이 자연스럽지 않은 경우라 할 수 있다.

(5) 대상판결의 원심인 특허법원 2008. 10. 14. 선고 2008허7959 판결은 ① 미국의 디자이너인 니콜 밀러(Nicole Miller)는 1986년 성명을 상표로 한 부티크를 개설한 이후 미국 전역에 29개의 부티크와 2000여 곳 이상의 백화점 내 판매점을 운영하고 있는 사실, ② 미국 내에서 패션 디자이너로 주지하게 되어 유명 연예인들이 선호하는 디자이너가 되었다는 사실, ③ 니콜(NICOLE)은 미국에서 인구 대비 성명 순위 68

위에, 밀러(MILLER)는 7번째로 흔한 성에 속하는 사실을 알 수 있고, ④ 이 사건 출원상표는 그 호칭이 네 음절에 불과하여 짧은 편이라는 점, ⑤ 상표가 성명만으로 구성된 경우에는 그 일부만으로 약칭되는 것이 일반적이라고 단정할 수 없다는 점, ⑥ 거래계에서 그 표장 중 일부만으로 호칭·관념된다는 점을 인정할 자료가 없다는 점 등의 사정을 참작하여, 이 사건 출원상표는 전체로서 호칭·관념되는 것이 자연스럽고, 그 중 일부만으로 호칭·관념될 가능성이 많지 않다고 하였다.

또한 대상판결은 원심에 더하여, ① 이 사건 출원상표는 전체호칭이 네 음절에 불과하여 짧은 편이라는 점, ② 우리나라의 영어보급 수준이나 국제교류의 정도에 비추어 국내 일반 수요자나 거래자는 이 사건 출원상표의 표장이 서양인의 성명임을 쉽게 알 수 있고, 이 사건 출원상표의 지정상품인 의류제품 등에 있어서는 디자이너의 성명 전체로 된 상표의 사용이 일반화되는 추세이고, 일반 수요자나 거래자도 성과 이름이 포함된 상표 전체로서 상품의 출처를 인식하는 경향이 있을 뿐이라는 점, ③ 'NICOLE' 또는 'MILLER'가 특별히 식별력이 강한 부분이 아니어서 어느 한 부분만을 따로 떼어 호칭, 관념할 가능성이 희박하다는 점 등을 들어 전체로 관찰되면 선등록상표들과 비유사하다고 판단하였다.

(6) 전체관찰의 원칙과 관련하여, 특허청 상표심사기준은 종전에는 "2개의 어구로 결합된 상표는 '원칙적으로' 각각의 부분만으로 된 상표와 유사한 것으로 본다"고 하였던 것을 "결합상표는 거래상 분리하여 관찰함이 '자연스러운 경우' 각각의 부분만으로 된 상표와 유사한 것으로 본다"고 표현을 바꾸어 전체관찰을 강조하는 것으로 하였고 (상표심사기준 제21조 제5항 제2호), 특히 성명상표는 다음의 경우에 전체관찰에 의하여 유

사여부를 판단하도록 명시하였다.

가. 성명 전체로 사용된 경우

- Calvin Klein, YvesSaintLaurent, Arnold Palmer

나. 성명 전체로 어느 정도 알려진 경우

- Michael Jackson, NINA RICCI, Kurt Geiger

다. 흔한 이름에 성이 결합한 경우(비유사)

- steven **BY STEVE MADDEN** 과 steven **ALAN**
- Smith Apple 과 SMITH & WOLLENSKY

라. 구성형태상 전체로 인식

(7) 끝으로 성명상표를 둘러싼 지금까지의 판결례를 표로 정리하여 소개하면 다음과 같다.

가. 유사로 본 경우

성명상표의 표장의 구성 중 일부가 공통된다는 점을 이유로 대비되는 양 상표가 유사라고 판단한 판결들은 "문자와 문자 또는 문자와 도형의 각 구성 부분이 결합된 결합상표는 반드시 그 구성부분 전체에 의하여 호칭, 관념되는 것이 아니라 각 구성부분이 분리 관찰되면 거래상 자연스럽지 못하다고 여겨질 정도로 불가분적으로 결합되어 있는 것이 아닌 한 그 구성 부분 중 일부만에 의하여 간략하게 호칭, 관념될 수도 있는 것이고, 또 하나의 상표에서 두 개 이상의 칭호나 관념을 생각할 수 있는 경우에 그 중 하나의 칭호, 관념이 타인의 상표와 동일 또는 유사하다고 인정될 때에는 두 상표는 유사하다고 할 것이며, **성명의 결합으로 이루어진 결합상표의 경우에도 그 이치는 마찬가지이다**"라고 하며, 그에 따른 대표적인 사례는 다음과 같다.

선등록상표	이 사건 출원/등록상표	사건번호
보비	BOBBI BROWN essentials	대법원 2000. 4. 11. 선고 98후2627 판결 (거절결정)
FUNKY BROWN		
BRAUN		
GIANNI VERSACE	ALFREDO VERSACE	대법원 2002. 4. 26. 선고 2001다4057, 2001다4064 판결
MARIE-CLAIRE 마 리 끌 레 르	Marie france	대법원 2000. 4. 25. 선고 97후3739 판결(거절결정)
TOMMY 토 미	TOMMY HILFIGER	대법원 1989. 12. 26. 선고 89후230 판결 (거절결정)
TOMMY HILFIGER	TOMMY SPORT	특허법원 2000. 4. 20. 선고 99허6510 판결 (거절결정)
윈 스 톤 WINSTONE	Harry Winston	대법원 1992. 9. 25. 선고 92후742 판결(거절결정)
GUCCI	PAOLOGUCCI	대법원 1997. 3. 25. 선고 96후313,320 판결(등록무효)
HENRY	HENRI BENDEL	대법원 1992. 2. 25. 선고 91후769 판결(거절결정)
ARTHUR DIXON 아더딕슨	DICKSON	대법원 1996. 10. 25. 선고 95후2060 판결 (거절결정)
Ricky Laura	미세스 로라	대법원 1992. 1. 21. 선고 91후1236 판결 (거절결정)
STELLA CADENTE	STELLA McCARTNEY	특허법원 2012. 5. 30. 선고 2012허313 판결

루이스 가구	Louis Fe'raud	대법원 1994. 12. 13. 선고 94후1428 판결

나. 비유사로 본 경우

성명상표가 대비되는 상표와 구성에 공통점이 있음에도 불구하고 양 상표가 비유사라고 판단한 판결들은 대부분 "대비되는 상표 사이에 유사한 부분이 있다고 하더라도 그 부분만으로 분리인식될 가능성이 희박하거나 전체적으로 관찰할 때 명확히 출처의 혼동을 피할 수 있는 경우에는 유사상표라고 할 수 없다"는 원칙에 따라 판단한 결과이며, 대표적인 사례는 다음과 같다.

선등록상표	이 사건 출원/등록상표	사건번호
STEVEN ALAN	STEVEN BY STEVE MADDEN	대법원 2008. 4. 24. 선고 2007후1589 판결
PATTY&JIMMY	JIMMY CHOO	대법원 2006. 8. 25. 선고 2005후2908 판결 (거절결정)
NINA RICCI	RobertoRicci	대법원 2003. 1. 10. 선고 2001후2986 판결 (등록무효)
라 오 라 LAOLA	LAURA ASHLEY	대법원 1995. 6. 30. 선고 95후248 판결 (거절결정)
FRANÇOISE 프랑소와즈	MARITHÉ FRANÇOIS GIRBAUD	대법원 1989. 12. 12. 선고 88후1335 판결(거절결정)
ELIN	Eryn Brinié	특허법원 2009. 6. 4. 선고 2008허12838 판결

Nicole StGilles	Asaco Nicole 아사코 니꼴	특허심판원 2012. 8. 21.자 2011원2930 심결(거절결정)
Nicole		

BCBG 사건

□ 사건번호 : 대법원 2007. 6. 28. 선고 2006후3113 판결 (등록무효)
□ 키워드 : 수요자를 기만할 염려가 있는 상표
□ 관련규정 : 제7조 제1항 제11호 후단

1. 사건의 개요

(1) 이 사건 계쟁상표는 다음과 같다.

선사용 상표	이 사건 등록서비스표
BCBG	**BCBG MAX AZRIA**
선사용자 (심판청구인, 원고, 피상고인)	서비스표권자 (피심판청구인, 피고, 상고인)
여성의류	의류판매대행 · 알선업
1990년경부터 사용 2004. 11. 30.경 특정인의 상표라는 정도로 인식	2001. 06. 07. 출원 2004. 11. 30. 등록결정 2004. 12. 09. 등록

(2) 심판청구인(원고)은 1989년 초에 의류사업을 시작하였다. 원고는 1990년경부터 BCBG라는 상표를 사용하였고, 그 상표는 2004. 11. 30.경에는 국내의 일반수요자나 거래자에게 특정인의 상표라는 정도로 알려지게 되었다.

(3) 한편, 원고의 여동생인 甲은 'BCBG'라는 상표를 '신사복, 아동복' 등의 의류에 대하여 등록을 받았는데, 피고는 甲의 상표등록에 대하여 취소심판을 청구했고, 그 상표등록은 구 상표법 제73조 제1항 제1호에 해당함을 이유로 등록취소심결이 확정되었다.

(4) 취소심결이 확정된 후에 피고는 상표법 제8조 제5항에 따라 이 사건 등록서비스표를 '의류판매대행업, 의류판매알선업, 수출입업무대행업'에 대하여 출원하여 등록을 받았지만, 원고로부터 이 사건 등록서비스표에 대하여 무효심판이 청구되었다.

(5) 특허심판원은 원고의 청구를 기각하였지만, 특허법원은 원고의 청구를 인용하였고, 그 판결에 대하여 피고가 상고를 제기한 경우이다.

2. 법원의 판단

(1) 등록무효 심판청구의 대상이 된 등록상표가 상표법 제7조 제1항 제11호에서 규정하고 있는 수요자를 기만할 염려가 있는 상표에 해당하려면, 그 등록상표나 지정상품과 대비되는 다른 상표(이하 '기존의 상표'라고 한다)나 그 사용상품이 반드시 저명하여야 하는 것은 아니지만 적어도 국내의 일반거래에 있어서 수요자나 거래자에게 그 상표나 상품이라고 하면 곧 특정인의 상표나 상품이라고 인식될 수 있을 정도로는 알려져 있어야 하고(대법원 2003. 4. 8. 선고 2001후1884, 1891 판결 등 참조), 여기서 말하는 **특정인의 상표나 상품이라고 인식된다고 하는 것은 기존의 상표에 관한 권리자의 명칭이 구체적으로 알려져야 하는 것은 아니며, 누구인지 알 수 없다고 하더라도 동일하고 일관된 출처로 인식될 수 있으면 충분하다** 할 것이다.

(2) 그리고 위 규정의 취지는 기존의 상표를 보호하기 위한 것이 아니라 이미 특정인의 상표라고 인식된 상표를 사용하는 상품의 출처 등에 관한 일반수요자의 오인 · 혼동을 방지하여 이에 대한 신뢰를 보호하고자 하는 데 있고, 기존의 상표나 그 사용상품이 국내의 일반거래에서 수요자나 거래자에게 어느 정도로 알려져 있는지에 관한 사항은

일반수요자를 표준으로 하여 거래의 실정에 따라 인정하여야 하는 객관적인 상태를 말하는 것이며, 위 규정을 적용한 결과 기존의 상표가 사실상 보호받는 것처럼 보인다고 할지라도 그것은 일반수요자의 이익을 보호함에 따른 간접적·반사적 효과에 지나지 아니한다 할 것이다(대법원 2004. 3. 11. 선고 2001후3187 판결 등 참조).

(3) 따라서 기존의 상표가 국내 수요자 등에게 특정인의 상표라고 알려져 있는지 여부를 판단함에 있어, 기존의 상표 사용자가 그 상표와 동일 또는 유사한 제3의 상표가 이미 등록 또는 사용되고 있는 사실을 알면서 기존의 상표를 사용하였다거나, 기존의 상표에 대한 등록취소 심판청구가 제기된 이후 비로소 그 사용행위를 개시하였다는 것 등과 같은 주관적인 사정은 고려할 사항이 되지 못하고, 기존의 상표가 제3의 상표와 경합적으로 사용되었다거나 그 제3의 상표가 국내에서 알려진 정도 등과 같은 사정은 기존의 상표의 알려진 정도를 판단함에 있어 고려해야 할 객관적인 거래실정의 한 측면이라 할 것이나, 그와 같은 사정이 존재한다는 것만으로 반드시 기존의 상표가 특정인의 상표로 알려질 수 없다고 단정할 수는 없으며, 한편 이와 같은 법리는 등록무효 심판청구의 대상이 서비스표인 경우에도 마찬가지라고 할 것이다.

(4) 원심은, 원고가 사용하여 온 선사용상표의 사용 내역에 관하여 그 판시와 같이 사실관계를 확정하고, 원고의 선사용상표나 그 상품은 피고의 등록서비스표의 등록결정 당시 국내에서 수요자나 거래자에게 특정인의 상표나 상품으로 인식될 수 있을 정도로 알려져 있었고, 나아가 피고의 등록서비스표와 원고의 선사용상표는 표장이 동일·유사하고, 그 지정서비스업과 사용상품 간에는 경제적인 견련의 정도가 밀접하여, 피고의 등록서비스표가 그 지정서비스업에 사용될 경

우 선사용상표권자에 의하여 사용되는 것으로 오인·혼동을 일으키게 하여 수요자를 기만할 염려가 있으므로, 피고의 등록서비스표는 상표법 제7조 제1항 제11호에 해당하여 무효라는 취지로 판단하였는바, 앞서 본 법리와 기록에 비추어 살펴보면, 원심의 위와 같은 사실인정과 판단은 옳은 것으로 수긍이 가고, 거기에 상고이유에서 주장하는 바와 같은 채증법칙 위배나 상표법 제7조 제1항 제11호 후단의 규정에 관한 법리오해 등의 위법이 있다고 할 수 없다.

3. 해설

(1) 상표법 제7조 제1항 제11호 후단 '수요자 기만염려 상표'의 해당 요건으로는 ① 등록상표(거절결정불복 사건은 출원상표)의 등록여부 결정시를 기준으로 선사용 상표가 특정인의 상표나 상품이라는 정도로 인식되었을 것, ② 대비되는 양 상표가 동일 또는 유사할 것, ③ 선사용 상표가 사용된 상품과 등록상표(또는 출원상표)의 지정상품이 동일 또는 유사하거나 밀접한 관련성이 있을 것이 요구되며, ④ 대상판결의 판결이유에서와 같이 상표등록출원인의 고의나 부정한 목적과 같은 주관적 요건은 필요로 하지 않는다.

(2) 대상판결은 그 중 ①과 ④에 관한 것으로서, 특히 선사용 상표의 사용자가 타인의 상표의 존재를 아는 등 '악의'에 의하여 상표를 사용한 결과 그 상표가 수요자 간에 널리 인식되게 된 경우에도 본 규정에 의한 '반사적'인 보호를 향유할 수 있는지를 검토하고 있다.

상표법 제7조 제1항 제11호가 적용되기 위한 요건으로 선사용상표의 인식의 정도에 관하여 종전에는 학설과 판례가 제각각이었다. 대법원은 소위 마르조 사건(대법원 1997. 3. 14. 선고 96후412 판결)에서 "수요자를 기만할 염려가 있다고 하기 위하여는 인용상표나 그 사용상품이 반드시 주지 · 저명하여야 하는 것은 아니지만 적어도 국내의 일반거래에 있어서 수요자나 거래자에게 그 상표나 상품이라고 하면 특정인의 상표나 상품이라고 인식될 수 있을 정도로 알려져 있어야 할 것"이라고 하여, 상표법 제7조 제1항 제9호 및 제10호에 요구하는 주지 · 저명의 정도보다는 낮고 관련업계에서 특정인의 상표라는 정도로 인식된 수준보다는 같거나 높은 정도이어야 함을 분명하게 밝혔다.

(3) 한편, 이 사건 등록상표의 출원인은 선등록상표의 등록을 취소시키고 상표법 제8조 제5항을 원용하여 출원하였는데, 그 등록이 상표법 제7조 제1항 제11호에 해당함을 이유로 무효심판이 청구된 것이다. 판례에 의하면 상표법 제8조 제5항의 취지는 소멸된 등록상표에 대하여 일정한 기간 동안 심판청구인에게만 상표등록을 받을 수 있는 우선적인 권리를 인정할 것일 뿐, 상표등록요건에 관한 다른 규정의 적용을 배제하려는 것은 아니므로, 상표법 제8조 또는 제7조 제1항 제8호 이외의 다른 거절이유가 있는 경우에는 그 등록이 거절된다.[49] 따라서 대상판결에서와 같이 상표법 제8조 제5항에 의한 출원이라도 다른 거절이유가 있는 경우에는 그 등록이 거절될 수 있으므로 주의를 요한다.

(4) 그 밖에 상표법 제7조 제1항 제11호에 해당하는지 여부는 ③의 요건 특히 대비되는 양 상표의 사용상품과 지정상품이 밀접한 관계가 있는지 여부에 대하여 다툼이 많은데, 이를 긍정한 판례와 부정한 판례 중 대표적인 것을 소개하면 다음과 같다.

49) 대법원 2007. 8. 23. 선고 2007후1879 판결.

가. 긍정한 경우

대법원 2010. 1. 28. 선고 2009후3268 판결 (등록무효)

선사용상표 "A | S | K", "ask", "ASK JEANS"는 등록상표 "A S K"의 등록결정일 무렵 국내의 수요자나 거래자에게 최소한 특정인의 상표로 인식될 수 있을 정도로 알려져 있었다고 봄이 상당하고, 등록상표와 선사용상표들의 표장은 그 외관 · 호칭 및 관념이 동일 또는 유사하여 전체적으로 유사한 상표이며, 등록상표의 지정상품 중 '선글라스, 스포츠용 고글'은 선사용상표들의 사용상품인 의류와 상품류 구분이 다르기는 하나 등록상표가 위 지정상품들에 사용된다면 의류와 유사한 상품에 사용된 경우에 못지않을 정도로 그것이 선사용상표권자에 의하여 사용되는 것이라고 오인될 소지가 있으므로, 등록상표는 선사용상표들과 출처의 오인 · 혼동을 불러일으켜 수요자를 기만할 염려가 있다고 보아야 한다.

지정상품	대상상품	사건번호
신사복, 의류	단화	대법원 1997. 8. 29. 선고 97후334 판결
이불, 요, 베개, 방석, 모포	여성용 의류	대법원 1997. 12. 12. 선고 97후1153 판결
단화, 농구화	의류, 모자, 양말	대법원 1998. 2. 13. 선고 97후1252 판결
스포츠셔츠, 운동용유니폼, 운동용양말, 트레이닝복	탁구용품	대법원 1998. 12. 23. 선고 98후1693 판결
핸드백, 가방류	의류	대법원 1999. 2. 26. 선고 97후3975, 3982 판결
손목시계	신사복, 의류	대법원 1999. 9. 3. 선고 98후1334 판결

절연용장갑, 사고방지용 장갑, 방한용장갑	아라미드섬유	대법원 2006. 6. 9. 선고 2004후3348 판결
테니스화, 골프화, 부츠	골프의류, 골프가방	대법원 2008. 7. 24. 선고 2008후1258 판결
팔목시계	의류	대법원 2010. 1. 28. 선고 2009후3275 판결
선글라스, 스포츠용고글		대법원 2010. 1. 28. 선고 2009후3268 판결
비누, 약용비누	상처치료용 연고제	특허법원 2008. 10. 30. 선고 2008허11002 판결
미술관경영업, 박물관경영업	콘도미니엄업, 호텔업	특허법원 2010. 2. 3. 선고 2009허6540 판결
부직포, 비닐하우스 덮개, 직물시트	벙커 모래의 이탈방지용 시트	특허법원 2012. 6. 28. 선고 2012허1859 판결
안경테	신발류, 의류, 가방류	특허법원 2009. 4. 16. 선고 2008허13053 판결
비치파라솔, 양산, 우산	골프의류, 골프가방	특허법원 2008. 12. 30. 선고 2008허11842 판결

나. 부정한 경우

대법원 2004. 7. 9. 선고 2002후2563 판결 (등록무효)

이 사건 등록상표의 지정상품은 상품류 구분 16류 12군의 문방구류에 속하는 상품이고, 원고의 표장들이 사용된 학습지는 상품류 구분 16류 25군의 인쇄물에 속하는 상품으로 그 품질과 형상이 서로 다르고, 이 사건 등록상표의 지정상품인 칠판, 자기칠판, 필판 등은 그 속에 특정한 내용이 들어 있는 것이 아니라 교육장소에서 그림을 그리거나 글씨를 쓸 수 있도록 만든 교구재인 데 반하여, 학습지는 그 속에 이미 특정한 내용이 들어 있어서 그 자체로서 학습 또는 교육의 목적으로 사용되는 물건이므로 그 용도에 있어서도 상이하며, 또한, 이 사건 등록상표의 지정상품은 교구제조업체가 생산하여 문구점에서 진열·판매하거나 학교, 학원 등에 직접 공급하는 반면, 학습지는 학습지 제조업체가 생산하여 서점에서 진열·판매하거나 가정으로 배달하는 것이므로 그 생산·판매 부문도 상이하며, 이 사건 등록상표의 수요자는 학교, 학원, 사무실 등 교육기관인 데 비하여, 학습지의 수요자는 주로 유아나 초·중등생으로서 수요자가 다르고, 유아나 초·중등생의 학습을 위하여 학습지와 더불어 칠판, 분필, 칠판지우개 등 이 사건 등록상표의 지정상품들도 함께 사용될 수 있으나, 이는 학습의 필요에 의한 것일 뿐 상품 그 자체의 특성과는 관련이 적고, 나아가 학습지를 판매하는 업체에서 이 사건 등록상표의 지정상품들을 함께 제조하여 판매하고 있는 사실을 인정할 만한 증거도 없으므로, 이 사건 등록상표를 그 지정상품에 대하여 사용하더라도 원고의 표장들의 사용제품인 학습지에 사용하는 것에 못지않을 정도로 원고나 그와 특별한 관계에 있는 자에 의하여 사용되는 것으로 상품 출처의 오인·혼동을 일으켜 수요자를 기만할 염려가 없다.

지정상품	대상상품	사건번호
신사복, 스웨터	완구, 정구공, 골프채	대법원 1998. 11. 27. 선고 97후3128 판결
칠판, 분필	학습지	대법원 2004. 7. 9. 선고 2002후2563 판결
유전자분석업, 유전자생명공학연구업	과자, 빵, 식용캔디	특허법원 2011. 12. 23. 선고 2011허9269 판결
	맥주, 소주	
닭요리 관련 서비스업	의류, 패션상품	특허법원 2009. 3. 20. 선고 2008허7775 판결

모피, 인조모피	골프의류, 골프가방	특허법원 2008. 12. 30. 선고 2008허11842 판결
향수, 화장품, 비누	의류, 장신구	특허법원 2008. 8. 8. 선고 2008허4479 판결
건강관리업, 성형외과업	비스킷, 카스테라	특허법원 2001. 6. 28. 선고 2001허1310 판결

다. 일부 긍정, 일부 부정한 경우

<table>
<tr><th>지정상품</th><th>대상상품</th><th>판단</th><th>사건번호</th></tr>
<tr><td>청바지</td><td rowspan="2">탁구용품</td><td>×</td><td rowspan="2">대법원 1998. 12. 23. 선고 98후1693 판결</td></tr>
<tr><td>스포츠셔츠, 운동용유니폼</td><td>○</td></tr>
<tr><td>선글라스, 스노우고글</td><td rowspan="2">스포츠가방, 의류, 신발</td><td>○</td><td rowspan="2">특허법원 2010. 7. 28. 선고 2010허1671 판결</td></tr>
<tr><td>보통안경, 안경테</td><td>×</td></tr>
</table>

○ : 견련성 인정, × : 견련성 부정

WARAWARA 사건

ㅁ 사건번호 : 대법원 2012. 6. 28. 선고 2012후672 판결 (등록무효)
(원심) 특허법원 2012. 1. 18. 선고 2011허5861 판결

ㅁ 키워드 : 부정한 목적에 의한 출원

ㅁ 관련규정 : 제7조 제1항 제12호

1. 사건의 개요

(1) 이 사건 계쟁상표는 다음과 같다.

선사용 서비스표	이 사건 등록상표
심판청구인, 피고, 상고인	피심판청구인, 원고, 피상고인
① ② 笑(わら) 笑(わら) ③ WARAWARA	WARAWARA
주점업	제29류, 냉동된 완두콩, 닭고기, 어류

(2) 피고는 자신이 일본에서 먼저 사용한 선사용 서비스표를 이유로 이 사건 등록상표가 상표법 제7조 제1항 제11호, 제12호 등에 해당한다고 주장하면서 등록무효심판을 청구하였다.

(3) 특허심판원이 피고의 청구를 인용하는 심결을 하자, 원고가 특허법원에 심결취소소송을 제기하였고, 특허법원이 원고의 청구를 전부 기각하자, 원고가 대법원에 상고를 제기한 경우이다.

2. 법원의 판단

(1) 상표법 제7조 제1항 제12호는 국내 또는 외국의 수요자 사이에 특정인의 상품을 표시하는 것이라고 인식되어 있는 상표가 국내에 등록되어 있지 않음을 기화로 제3자가 이를 모방한 상표를 등록하여 사용함으로써, 모방대상상표에 체화된 영업상 신용 등에 편승하여 부당한 이익을 얻으려 하거나, 모방대상상표의 가치에 손상을 주거나 모방대상상표권자의 국내 영업을 방해하는 등의 방법으로 모방대상상표권자에게 손해를 끼치려는 목적으로 사용하는 상표는 등록을 허용하지 않는다는 취지이다.

(2) 따라서 등록상표가 이 규정에 해당하려면 모방대상상표가 국내 또는 외국의 수요자 사이에 특정인의 상표로 인식되어 있어야 하고, 등록상표의 출원인이 모방대상상표와 동일 또는 유사한 상표를 부정한 목적을 가지고 사용하여야 하는데, ① 모방대상상표가 국내 또는 외국의 수요자 사이에 특정인의 상표로 인식되어 있는지는 그 상표의 사용기간, 방법, 태양 및 이용범위 등과 거래실정 또는 사회통념상 객관적으로 상당한 정도로 알려졌는지 등을 기준으로 판단하여야 하고, ② 부정한 목적이 있는지를 판단할 때는 모방대상상표의 인지도 또는 창작의 정도, 등록상표와 모방대상상표의 동일·유사 정도, 등록상표의 출원인과 모방대상상표의 권리자 사이에 상표를 둘러싼 교섭의 유무, 교섭의 내용, 기타 양 당사자의 관계, 등록상표의 출원인이 등록상표를 이용한 사업을 구체적으로 준비하였는지 여부, 등록상표와 모방대상상표의 지정상품 간의 동일·유사 내지 경제적 견련성의 유무, 거래실정 등을 종합적으로 고려하여야 하며, ③ 위와 같은 판단은 등록상표의 출원시를 기준으로 하여야 한다(대법원 2010. 7. 15. 선고 2010후807 판결 등 참조).

(3) 원심은 선사용서비스표에 대한 일본 수요자들의 인식도가 상당히 높았던 점, '笑笑' 내지 'わらわら'는 조어상표로서 창작성의 정도가 높은 점, 양 표장의 유사성의 정도가 높은 점, 원고의 대표이사가 일본 선술집에 대해 잘 아는 자라는 점, 원고가 운영하는 주점의 실내 분위기와 인테리어, 영업방식이 선사용서비스표의 사용 주점과 유사한 부분이 많은 점, 이 사건 등록상표의 지정상품들은 주점에서 안주로 제공되거나 별도로 판매되는 것이므로 선사용서비스표의 사용서비스업과 이 사건 등록상표의 지정상품이 유사하거나 경제적 견련관계가 있는 점, 실제로 소비자들 사이에서 원고가 운영하는 주점과 선사용서비스표를 사용하는 주점 간에 출처의 오인·혼동이 일어나고 있는 점 등을 종합하여 보면 원고는 선사용서비스표에 화체된 피고의 영업상의 신용이나 고객흡인력 등에 편승하여 부당한 이득을 얻으려는 부정한 목적으로 이 사건 등록상표를 출원한 것이고 따라서 상표법 제7조 제1항 제12호에 해당하여 그 등록이 무효로 되어야 한다고 판시하였다.

(4) 그러나 대상판결은 다음과 같은 이유에서 원고가 부정한 목적을 가지고 이 사건 등록상표를 출원한 것이라고 단정할 수 없다고 하였다.

㉠

㉡

① 원고는 2001. 9. 5. "㉠" 표장 및 "㉡" 표장에 관하여 지정서비스업을 서비스업류 구분 제42류의 '간이식당업' 등으로 하는 서비스표 등록을 출원하여 2003. 6. 24. 각각 서비스표 등록을 받았는데(이하 '선등록서비스표들'이라 한다), 선등록서비스표들은 그 출원 당시 피고의 선사용서비스표들이 일본국의 수요자들 사이에 특정인의 서비스를 표시하는 것이라

고 현저하게 인식되어 있었다고 보기 어려워서 상표법 제7조 제1항 제12호에 해당하지 아니하므로(선등록서비스표들에 대하여 피고는 등록무효심판을 청구하였으나 대법원에서 무효가 아닌 것으로 확정된 바 있음), 특별한 사정이 없는 한 원고는 적법·유효하게 선등록서비스표들에 관한 서비스표권을 취득한 것으로 봄이 상당하다.

② 원고는 2003년 말경부터 국내에서 선등록서비스표들 또는 그와 동일성 내지 유사성이 인정되는 'WARAWARA', '', '' 등의 실사용 표장을 지속적으로 사용하면서 일본풍 주점을 운영하거나 일본풍 주점의 프랜차이즈업을 영위함으로써, 2007. 10. 15. 지정상품을 상품류 구분 제29류의 '냉동된 완두콩' 등으로 하는 이 사건 등록상표의 출원 당시에는 이미 선등록서비스표들 내지 실사용 표장에 관하여 국내에서 독자적으로 상당한 인지도와 영업상 신용을 획득하였다.

③ 반면 이 사건 등록상표의 출원 당시까지도 피고의 선사용서비스표들은 국내에 거의 알려지지 않았고, 피고 역시 피고의 선사용서비스표들을 이용하여 국내시장에 진출하려는 구체적 계획을 세운 바 없었으며, 원고도 선등록서비스표들의 출원·등록 이후는 물론 이 사건 등록상표의 출원·등록 이후에도 피고와 접촉하여 선등록서비스표권이나 이 사건 등록상표권을 거래하려 한 적이 없었다.

3. 해설

(1) 대상판결은 상표법 제7조 제1항 제12호의 "부정한 목적을 가지고 사용하는 상표"의 의미에 관한 판결이다.

(2) 부정한 목적을 판단함에 있어서는 여러가지 요소를 종합적으로 고려하지만 그것은 출원인의 내심의 의사에 관한 판단이므로 부정한 목적의 존재를 의심할만한 합리적인 수준의 증거가 있는 경우에만 그 존재를 긍정하여야 한다.

대상판결은 부정한 목적의 판단요소를 구체적으로 예시하고 있는데, 부정한 목적이 있는지를 판단할 때는 ① 모방대상상표의 인지도 또는 창작의 정도, ② 등록상표와 모방대상상표의 동일 · 유사 정도, ③ 등록상표의 출원인과 모방대상상표의 권리자 사이에 상표를 둘러싼 교섭의 유무, 교섭의 내용, ④ 기타 양 당사자의 관계, ⑤ 등록상표의 출원인이 등록상표를 이용한 사업을 구체적으로 준비하였는지 여부, ⑥ 등록상표와 모방대상상표의 지정상품 간의 동일 · 유사 내지 경제적 견련성의 유무, ⑦ 기타 거래실정 등을 종합적으로 고려하도록 하고 있다.

대상판결은 ①과 ②의 요건이 충족되었음에도 불구하고, 원고와 피고 간에 상표를 둘러싼 교섭이 전혀 없었다는 점, 원고가 이 사건 등록상표와 유사한 선등록 서비스표들을 갖고 있었다는 점, 이 사건 등록상표의 지정상품들이 원고 영업의 확장을 위하여 필요한 상품의 범위에 속하는 것이라는 점 등에 비추어 원고에게 부정한 목적이 없다고 판단하고 있다.

(3) 상표법 제7조 제1항 제12호의 규정은 1998. 3. 1. 시행 개정 상표법에서 신설되어 시행되기 시작한 것으로서 상품의 동일 · 유사에 관해서는 규정하고 있지 않다. 따라서, 상표법 제7조 제1항 제9호 내지 제11호의 규정에 해당하지 않는 경우, 예를 들어 대비되는 양 상표의 상품들 간에 전혀 유사성 내지 관련성이 없는 경우에도 본 규정의 적용이 가능한 것으로 해석된다.

판례는 위 해석에 따라 선사용 상표가 사용된 상품과 출원(또는 등록)상표의 지정상품이 전혀 관련성이 없는 경우에도 그 출원(또는 등록)을 거절(또는 무효)한 경우와, 반대로 상품의 동일·유사를 독자의 요건으로 따지는 것은 아니지만, 부정한 목적을 판단함에 있어서 상품의 동일·유사 내지 경제적 견련성을 판단요소로 삼아 부정한 목적을 긍정하거나 부정하는 근거로 활용하는 경우가 있다.

대상판결에서 피고의 선사용 서비스표 및 원고가 선등록한 서비스표는 모두 '주점업'에 관한 것이고, 이 사건 등록상표의 지정상품들은 '완두콩, 닭고기, 어류, 오이, 딸기' 등 주점에서 제공하는 안주나 음식물의 재료로서 양자가 동일하거나 유사하다고 보기는 어려운 경우임에도 불구하고, 서비스와 상품의 동일·유사 또는 관련성에 대해서는 그다지 문제 삼고 있지 않음을 알 수 있다.

(4) 상표법 제7조 제1항 제12호에 해당하는지 여부를 판단함에 있어서 선사용상표가 사용된 상품과 출원(등록)상표의 지정상품 간의 관계를 고려한 판결과 그렇지 않은 판결을 나누어 소개한다.

가. 관련성이 없는데도 보호를 적용한 경우

특허법원 2010. 7. 23. 선고 2010허1718 판결

피고들의 등록상표 : 하겐데스 (신발, 의류, 목도리, 모자 등)

원고의 선사용상표 : **Häagen-Dazs**, 하겐다즈 (아이스크림)

피고는 선사용상표의 첫 여섯글자를 동일하게 사용한 'Häagendess'[1881] 상표를 출원하여 등록받은 사실이 있고, 이 사건 등록상표는 그 상표의 한글음역에 해당하므로, 이 사건 등록상표의 표장은 원고의 선사용상표를 모방한 것으로 추정된다. 따라서 비록 이 사건 등록상표의 지정상품이 ‘가죽신’ 등으로 선사용상표의 사용상품인 ‘아이스크림’과 유사성 내지 경제적 견련관계가 없는 것으로 보이고, 피고들이 이 사건 등록상표의 출원 이전에 선출원한 ‘Häagendess 1881’ 상표를 이용한 사업을 준비하여 왔다고 하더라도, 위 인정사실에서 보는 바와 같이 일반 수요자나 거래자들의 상당수가 ‘하겐데스’와 ‘하겐다즈’를 혼동하거나 관련이 있다고 느끼고 있는 거래실정까지 고려하여 보면, 원고의 선사용상표와 유사한 이 사건 등록상표를 사용하는 것은 저명상표로서의 원고의 선사용상표가 가지는 양질감 등의 가치를 희석화하는 것이므로, 피고들은 결국 저명상표인 원고의 선사용상표를 모방하여 원고의 상표가 가지는 양질의 이미지나 고객흡인력에 편승하여 부당한 이익을 얻거나 원고의 상표의 가치를 희석화하여 그 상표권자인 원고에게 손해를 가할 목적으로 이 사건 등록상표를 출원·등록하여 사용하는 것이라고 봄이 상당하다.

나. 관련성을 따져서 판단한 경우

특허법원 2011. 12. 16. 선고 2011허7911 판결

이 사건에서 선사용 상표가 사용된 상품은 ‘비누, 샴푸, 바디워시, 스킨로션, 향수’ 등이고, 이 사건 등록상표(Luxfeel)의 지정상품 및 서비스업은 ① 매니큐어세트 소매업, 비누소매업, 치약소매업, 화장품소매업 등과 ② 광고업, 가구소매업, 가방소매업, 건축용목재소매업, 담배도소매업, 애완동물용 의류 소매업 등으로 그 범위가 매우 넓었다.

특허법원은 이 사건 등록상표의 지정상품 중 ①의 경우에는 부정한 목적이 인정되지만, ②의 경우에는 그 대상상품의 속성이 전혀 다르고, 거래 실정상으로도 수요자와 공급자의 범위가 중복된다고 보기 어려우며, 원고가 화장품, 헤어관련 제품이나 목욕용품과 관련성이 있는 상품 이외에 다른 상품에 관한 사업분야에 종사하고 있다거나 가까운 장래에 이러한 폭넓은 사업분야에 진출하고자 준비하고 있다고 볼 만한 사정도 없으므로, 그 부분에 대해서는 피고가 부정한 목적을 가지고 이 사건 등록서비스표를 출원 · 등록하였다고 보기 어렵다고 판시하여, 부정한 목적의 판단요소로서 상품 또는 서비스의 동일 · 유사성 내지 관련성을 고려하고 있다.

대법원 2010. 7. 15. 선고 2010후807 판결

피고의 선사용상표는 '㉠'과 '㉡'이고, 원고의 이 사건 등록상표는 '㉢'이다.
특허법원은 등록상표의 지정상품들 중 '골프화, 농구화, 운동화, 수영복, 스포츠셔츠, 운동용 스타킹'을 제외한 나머지 '단화, 부츠, 샌달, 스키화, 잠바, T셔츠, 양말, 모자' 등 179종의 지정상품들은 부정한 목적을 가지고 사용하기 위하여 출원하였다고 볼 수 없다고 하였다.

㉠ Butterfly TAMASU TOKYO

㉡ Butterfly

㉢ BUTTERFLY 버터플라이

그러나 대법원은 "이 사건 지정상품들은 선사용상표들의 사용상품들과 같이 운동용으로 사용될 수 있는 것들이거나 신발류 또는 의류의 일종으로서 서로 경제적 견련관계도 있다고 할 것이다. 또한 원고는 1989. 11. 10.경 '버터플라이스포츠'라는 상호로 사업자등록을 마친 후 운동복 등을 생산 · 판매하기 시작하였는데, 1992년경부터 지정상품들을 신발류나 의류(주로 운동용)로 하여 선사용상표들과 문자 및 도형의 형태까지 거의 동일하거나 유사한 상표들을 우리나라에서 다수 출원하여 이 사건 등록상표의 출원 당시까지 피고와 사이에 여러 차례 상표분쟁이 있었고, 그 대부분은 선사용상표들을 비롯한 피고의 상표들과의 관계에서 '수요자를 기만할 염려가 있는 상표'에 해당한다는 이유로 상표등록이 거절되거나 등록무효가 되었으므로, 원고는 이 사건 등록상표의 출원 당시 선사용상표들의 존재를 충분히 인식하고 있었다고 할 것이다."

"위에서 본 바와 같은 **선사용상표들의 주지 정도, 이 사건 등록상표와 선사용상표들의 유사 정도, 이 사건 지정상품들과 선사용상표들의 사용상품들 사이의 경제적 견련관계, 원·피고 사이의 상표분쟁의 경과 등을 종합적으로 고려**하여 보면, 원고는 일본 내의 주지상표인 선사용상표들을 모방하여 선사용상표들에 축적된 양질의 이미지나 선사용상표들이 갖는 고객흡인력에 편승하여 부당한 이익을 얻으려 하거나 선사용상표들의 사용자인 피고에게 손해를 가하려고 하는 등 부정한 목적을 가지고 사용하기 위하여 이 사건 지정상품들을 그 지정상품들 중 일부로 포함하여 이 사건 등록상표를 출원하였다고 할 것이다."라고 판시하였다.

(5) 상표법 제7조 제1항 제12호는 1997년 개정 상표법에서 신설(1998. 3. 1. 시행)되었는데, 그 취지인즉 제3자가 출처혼동의 우려가 없는 비유사한 상품에 출원하였거나, 국내에서는 그다지 알려지지 않았고 외국에서만 널리 인식된 상표와 동일·유사한 상표를 출원한 경우에는 그 출원을 거절하기 위하여 마련된 규정이라고 하며, 이 규정은 2007년 개정 상표법(2007. 7. 1. 시행)에서 '현저하게'라는 요건이 삭제된 바 있다.

문제는 조약과 외국의 입법례는 국외 (또는 조약의 적용 영역내)에서 주지·저명하지 않은 상표와 저촉하는 상표의 등록을 거절하는 규정을 두고 있지 않음에도 불구하고, 우리나라는 제7조 제1항 제12호의 인식의 정도를 주지의 정도에서 특정인의 상품표지라는 인식의 정도로 하향 조정함으로써 첫째, 국내에서는 사실상 제7조 제1항 제11호와 적용이 겹치게 되었고, 둘째, 외국에서는 외국 선사용 상표의 과보호의 문제가 발생하여 우리 국민의 해외에서의 역차별의 문제가 발생하게 되었다는 점이다.

우리 상표법 제7조 제1항 제12호와 그 도입시기 및 규정의 문구가 거의 비슷한 일본 상표법 제4조 제1항 제19호는 여전히 선사용 상표가 외국에서 주지의 정도 즉, '널리 인식'된 정도일 것을 요건으로 하고 있다.

생각건대, 이 규정을 폐지하거나, 적어도 당초 규정대로 외국에서 '현저하게 인식된' 상표를 모방하여 부정한 목적을 갖고 출원하는 등의 특별한 사정이 있는 경우에 한하여 적용하는 것으로 함이 타당할 것이다. 이렇게 되면, 외국에서 상당한 정도로 수요자 간에 알려졌지만 국내에서는 거의 알려지지 않은 모방상표의 등록을 차단하는 것이 좀 더 어려워질 수 있지만, 우리 상표법이 근간으로 하고 있는 등록주의 원칙과 속지주의 원칙 및 조약과 제외국의 입법례 등에 비추어 볼 때 이는 불가피한 사정이라 할 것이며, 외국 상표의 모방출원 중 상당수는 대리인 · 대표자에 의한 경우가 많기 때문에 다른 규정(상표법 제23조 제1항 제3호)에 의하여 문제를 해결하는 것이 바람직할 것이다.

아디다스 3선사건

□ 사건번호 : 서울중앙지법 2011. 5. 6. 선고 2010가합111532 판결 (상표권침해금지 등)
특허심판원 2009. 9. 22.자 2008원11597 심결
특허심판원 2009. 9. 22.자 2008원11598 심결
특허심판원 2011. 10. 25.자 2010당3285 심결

□ 키워드 : 3선 줄무늬의 식별력, 사용에 의한 식별력의 취득, 상표적 사용

□ 관련규정 : 제6조 제1항 제3호 및 제7호, 제6조 제2항, 제66조 제1항

1. 사건의 개요

(1) 이 사건 계쟁상표는 다음과 같다.

이 사건 등록상표		이 사건 사용표장들
원고(상표권자, 전용사용권자)		피고(사용자)
등록 상표1	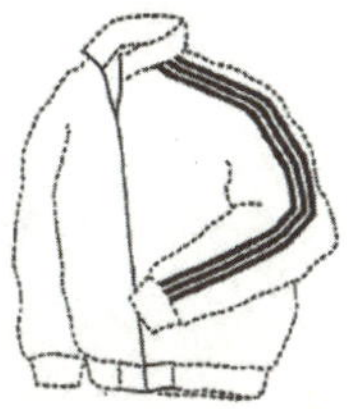 (티셔츠, 스웨트셔츠, 자켓 및 코트 등)	
등록 상표2	 (스포츠팬츠, 레저팬츠, 케주얼팬츠)	

(2) 원고(상표권자, 심판청구인)는 등록상표1.과 2.를 2007. 6. 12.에 출원하였고 양 상표 모두 상표법 제6조 제1항 제3호 및 제7호에 해당함을 이유로 거절결정을 받았으나, 등록상표1.은 2009. 9. 22.자 2008원11597 심결에서, 등록상표2.는 동일자 2008원11598 심결에서 양 상표는 상표법 제6조 제2항 소정의 사용에 의한 식별력을 취득하였다는 이유로 거절결정을 파기하는 심결을 받아 최종적으로 상표등록에 이르게 되었다.

(3) 원고는, 피고가 2010. 4.경부터 인터넷 쇼핑몰 등에서 이 사건 사용표장들과 같이 상의 소매 및 하의 측면을 따라 세로방향으로 그려진 3선 줄무늬 표장이 포함된 스포츠 의류를 제조하여 일반수요자들에게 판매하자, 피고를 상대로 상표권 침해 등을 이유로 하는 그 상품의 판매금지 및 침해품의 폐기를 청구하는 소를 제기하기에 이르렀다.

(4) 한편, 피고는 원고로부터 위 소송이 제기된 이후에, 원고의 이 사건 등록상표들에 대하여 상표법 제6조 제1항 제3호, 제6호, 제7호에 해당함을 이유로 하는 상표등록 무효심판을 청구하였으나, 특허심판원은 이를 2010당3284, 2010당3285 사건으로 심리하여 이 사건 소송의 판결선고일 이후에 피고의 청구를 전부 기각하는 심결을 하였다.

2. 법원의 판단

(1) 도형상표들에 있어서는 그 외관이 지배적인 인상을 남긴다고 할 것이므로 외관이 동일·유사하여 양 상표를 다 같이 동종상품에 사용하는 경우 일반 수요자로 하여금 상품의 출처에 관하여 오인·혼동을 일으킬 염려가 있다면 양 상표는 유사하다고 보아야 할 것

이다(대법원 1994. 3. 22. 선고 93후1605 판결 등 참조).

(2) 피고의 표장들은 상의 소매를 따라 3선의 줄무늬가 목 부분부터 손목부분까지 그려져 있으나, 중간 부분에 마름모 2개가 결합된 브이(v)자 모양으로 바탕색이 덧입혀져 있어 3선의 줄무늬가 중간에 끊어져 있고, 하의의 3선 줄무늬는 허리 부분부터 허벅지 부분까지 상단에만 표시되어 있다. 그러나 이러한 세부적 차이에도 불구하고 흰색의 줄무늬가 의류의 바탕색(피고 표장 사진의 경우 남색)에 비해 도드라져 보임으로써 전체적인 외관상 '3선 줄무늬가 그려진 스포츠 의류'로 관념되므로, 피고의 표장들은 이 사건 등록상표와 유사하다.

(3) 디자인과 상표는 배타적 · 선택적인 관계에 있는 것이 아니므로 디자인이 될 수 있는 형상이나 모양이라고 하더라도 그것이 상표의 본질적인 기능이라고 할 수 있는 자타상품의 출처표시를 위하여 사용되는 것으로 볼 수 있는 경우에는 위 사용은 상표로서의 사용이라고 보아야 한다(대법원 1997. 2. 14. 선고 96도1424 판결 참조).
피고의 표장들이 상품의 출처를 나타내는 표지로 인식될 수 있는지 여부는 일반 거래관행 및 수요자들의 관념과 밀접한 관련이 있다고 할 것인바, 의류는 그것을 입거나 진열했을 때 상표가 외부에서 인식될 수 있도록 표시하는 것이 일반적이므로, 일반 수요자들이 스포츠 의류에 표시된 피고의 표장들을 보고 단지 디자인으로서의 심미감만을 느낀다고 보기는 어렵고, 그 스포츠 의류의 출처표시도 인식할 가능성이 크다. 또한 이 사건 등록상표들은 아래에서 보는 바와 같이 1982년경부터 국내에서 스포츠 의류 등에 부착되어 사용됨으로써 일반 수요자들에게 널리 알려져 있어 그 출처표시 기능이 명확한 상표임에 비추어, 일반 수요자들이 피고 표장들을 상품출처표지로 인식하여 그 결과 상품출처의 오인 · 혼동의 염려가 크다고 할 수 있으므로, 피고의 표장들은 단순히 디자인으로만 사용된 것이 아니라 상표로서도 사용된 것이라고 보아야 한다.

(4) 원고들은 이 사건 등록상표들과 동일한 '3선 줄무늬' 표장을 부착한 원고 아디다스 제품들을 국내에서 장기간에 걸쳐 대량으로 생산·판매 및 광고 등을 하여 온 결과, 스포츠 의류업계에서의 높은 시장점유율을 가지고 이를 통하여 국내외에서의 명성 및 신용을 얻었다고 할 것이므로, 적어도 이 사건 등록상표들의 등록결정 당시에는 그 지정상품인 스포츠 의류 등에 대한 거래자 및 수요자의 대다수에게 원고들의 상품을 표시하는 것으로 인식되기에 이르렀다고 보인다. 따라서 이 사건 등록상표들이 가사 상표법 제6조 제1항 제3호와 제6호 등에서 정한 식별력이 없는 표장이라 하더라도, 같은 조 제2항에서 정한 '사용에 의한 식별력'을 취득한 상표에 해당한다 할 것이므로, 이 사건 등록상표들에 무효사유가 있다는 피고의 위 주장은 이유 없다.

3. 해설

(1) 대상판결 및 심결들은 이 사건 등록상표와 같이 상품에 크게 표시되어 장식적·디자인적인 성격을 갖는 상표라도 특정인이 독점적·중점적으로 사용하여 그 부분이 일반 수요자 및 거래자에게 상품의 출처를 표시하는 기능을 수행하는 경우에는 예외적으로 상표등록이 가능하며, 그 상표와 동일·유사한 상표를 사용하면 상표권의 침해로 된다고 판단한 심·판결로서의 의의가 있다.

(2) 먼저, 대상심결들은 상표법 제6조 제2항의 인정 여부의 판단과 관련하여, 실제로는 '3선 줄무늬'가 다양한 형태의 다종다양한 상품(예컨

대, 바지, 티셔츠, 자켓, 스포츠용 유니폼, 신발 등)에 사용되기는 하였지만, 각각의 상품에 '3선 줄무늬'가 공통적으로 사용되었고, 장기적이고 일관된 사용을 거쳐 그 부분이 독자적으로 수요자들에게 상품의 출처를 식별하게 하는 기능을 갖게 되었음을 인정하여 사실상 '3선 줄무늬' 자체에 대하여 상표등록을 인정한 최초의 심결로 그 의미가 지대하다.

원고(상표권자)는 이 사건 등록상표들 및 이 사건 외 상표등록 제40-807382호 상표를 출원·등록함에 있어서 아래 그림과 같이, 상의, 하의 및 신발의 통상적인 형태는 점선으로 표시하고, '3선 줄무늬' 부분만을 실선으로 표시함으로써 '3선 줄무늬' 부분이 출원상표임을 명확하게 하였고(상표의 설명란에 이에 관한 별도의 설명이 있지는 않다), 특허심판원은 거절결정을 파기함으로써 '3선 줄무늬' 부분에 대하여 상표등록을 허용한 것이다.

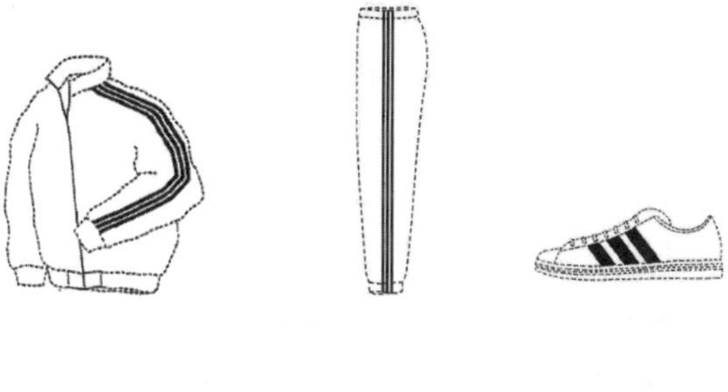

따라서, 이 사건 상표등록과 관련해서는, 상표의 유사여부를 판단함에 있어서 출원서상의 상표견본에 포함된 상의, 하의 및 신발의 형상은 고려할 바가 아니고, '3선 줄무늬'와 그 상표의 지정상품만을 고려하여 상표 및 상품의 유사여부를 판단하여야 하는 것이다.

(3) 다음으로 대상판결은 ① 의류의 경우에는 그것을 입거나 진열했을 때 상표가 외부에서 인식될 수 있도록 표시하는 것이 일반적 관행이

라는 점, ② 이 사건 등록상표들이 사용에 의하여 널리 알려져 있다는 사실을 이유로 들어, 피고 표장들의 사용이 상표적 사용임을 긍정하였다.

상표적 사용에 대해서는 후술하는 가필드 사건, 후지필름 사건 등에서 자세히 살펴보기로 하고, 두 번째 이유와 관련하여 이 사건 등록상표가 상표법 제6조 제2항 소정의 사용에 의한 식별력의 취득이 인정되어 등록된 이상, 대법원 판례에 따르면 특별한 사정이 없으면 그 상표와 유사한 상표의 사용은 상표법 제51조 제1항 제2호 소정의 기술적 표장을 보통의 방법으로 표시한 것이라고 보기 어려울 것이고, 나아가 수요자간에 현저하게 인식되어 있는 것이므로 상품의 출처를 식별하는 기능이 있음을 부정할 수는 없을 것이다. 이 점에서 대상판결은 타당하다고 본다.

(4) 다만, 대상판결은 양 상표의 유사 여부 및 피고 표장들의 상표적 사용 여부를 판단함에 더하여, 이 사건 등록상표가 식별력이 없는 것이라는 피고의 항변과 관련하여 이 사건 등록상표가 식별력을 획득했는지 여부에 대해서도 별도로 판단을 하였다.

그러나 이 사건 등록상표는 앞서 살펴본 바와 같이 특허심판원의 심결을 거쳐 상표법 제6조 제2항에 해당함을 이유로 등록된 것이므로, 일응 그 식별력이 인정됨을 전제로 상표권의 침해 여부를 판단하면 족하고 이 사건 등록상표가 사용에 의한 식별력을 취득한 것인지를 별도로 검토할 필요는 없었다고 생각된다.

물론, 상표법 제6조 제2항에 의하여 등록된 상표라도 등록 후에 다시 식별력을 상실하여 상표법 제71조 제1항 제5호 소정의 후발적 무효사유에 해당할 수는 있는 것이고, 그 경우에는 등록상표의 식별력에 대해서 검토할 필요가 있다 하겠지만, 이 사건의 경우에는 상표등록이 된 직후의 사건이고 그와 같은 특별한 사정이 보이는 경우가 아니기 때문에 침해소송을 담당하는 일반법원이 재차 등록상표가 상표법 제6조 제2항에 해당하는 것인지를 판단할 필요는 없었다고 볼 것이다.

4. 입체상표를 둘러싼 판례의 검토

(1) 대상판결은 입체상표에 관한 것은 아니지만, '3선 줄무늬'는 상품의 외부에 크게 표시되며, 장식적 · 디자인적인 성격이 있어 일반 수요자 및 거래자들에게 당초에는 그 자체만으로는 상표로 인식되지는 않는다는 점에서 입체적 형상으로 된 상표와 같은 특성이 있다. 따라서 이번 기회에 주요 판결에 나타난 입체상표의 등록요건에 관한 판례의 동향을 살펴보기로 한다.

(2) 지금까지의 판례를 살펴보면, 입체상표의 본래적인 식별력(inherently distinctive)을 인정한 사례는 찾아보기 어려우며, 사용에 의한 식별력의 획득을 인정한 사례도 거의 없다.

입체상표로 된 출원에 대해서는 ① 입체적 형상의 구성상의 특이성(distinctiveness)을 따져 상표법 제6조 제1항 제3호에 해당하는지 여부를 검토하고, ② 그 조항에 해당하지 않는 경우에는 그 입체적 형상이 디자인적 특이성을 넘어 상품출처표지로 기능할 수 있는지를 따져 같은 항 제7호에 해당하는지 여부를 검토하여야 하며, ③ 식별력과 별개로 그 형상이 그 지정상품과 관련하여 기능적인지 여부를 따져 상표법 제7조 제1항 제13호에 해당하는지 여부를 검토하는 과정을 거쳐야 할 것이다. 그럼에도 불구하고, 대부분의 판례는 ①과

②를 구별하여 판단하기보다는, 입체상표의 구성상의 특이성의 수준을 높게 보아 상표법 제6조 제1항 제3호에 해당한다고 보는 경우가 많은데 이와 같은 태도는 옳지 않다.

부연하면, 지금까지의 판례는 입체상표의 입체적 형상이 거래사회에서 통상적으로 채용할 수 있는 범위를 벗어나지 않는 것으로 인식되는 경우에는 상표법 제6조 제1항 제3호 소정의 그 상품의 형상을 보통으로 사용하는 방법으로 표시한 상표에 해당한다고 하면서, 그 판단기준과 관련하여 "의장권은 그 존속기간이 15년인 반면 상표권은 갱신등록을 통하여 반영구적으로 독점할 수 있는 점에 비추어 의장과 유사한 상품의 포장의 형상을 표장으로 하는 입체상표의 경우에는 식별력 유무를 엄격하게 해석하여야 할 것"이라고 하고, "그러한 형상은 상표로서 출처표시의 기능을 수행한다기보다는 단지 장식적인 형태나 소비자에게 눈에 띄기 위해 그 지정상품 포장의 형상을 약간 변형한 것에 불과한 정도"라는 이유 등을 들어 입체상표의 식별력을 인정한 사례가 전혀 없다.

그러나 출원상표의 입체적 형상이 그 상품의 일반적 · 공통적인 형상으로 통상적으로 채용되는 정도를 넘는 독특한 것이라면(이 경우의 독특성은 구성의 특이성을 의미하는 것일 뿐 디자인보호법상의 창작성과는 다른 개념으로 해석되어야 한다) 그 상표는 상표법 제6조 제1항 제3호 소정의 형상만으로 된 상표라고 보아서는 아니될 것이며, 그 독특한 형상이 상거래에서 일반수요자 및 거래자들에게 상표로서, 즉 디자인적인 특성과 별개로 상품출처를 나타내는 표지로 기능하는지 여부를 따져 상표법 제6조 제1항 제7호의 적용을 결정하여야 할 것이다.

(3) 특허법원 2010. 12. 1. 선고 2010허5895 판결 (거절결정)

이 사건 출원상표의 구성은 '㉠'과 같고, 그 지정상품은 '테이블게임용구, 게임테이블상의 카드 판독 및 보안용 전자오락기구'이며 입체상표로 출원된 것이다.

㉠

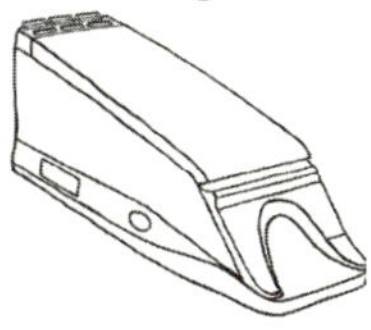

특허법원은 "입체상표의 경우 그 입체적 형상에 나타난 형상이나 모양이 거래사회에서 당해 지정상품(상품의 포장 또는 용기를 포함한다)의 일반적 형태를 나타내는 것으로 인식될 수 있는 때에는 위 규정(상표법 제6조 제1항 제3호)에 해당한다고 할 것이고, 이는 그 **입체적 형상이 당해 지정상품의 일반적인 형태에 일부 변형을 가하거나 추가적인 장식을 하였더라도 전체적인 형상이나 모양의 특징을 통하여 거래사회에서 통상적으로 채용할 수 있는 범위를 벗어나지 않은 것으로 인식될 수 있으면 마찬가지로 보아야 할 것**(특허법원 2005. 1. 7. 선고 2004허5429 판결, 특허법원 2006. 11. 1. 선고 2006허5799 판결 참조)"이라고 하면서, "이 사건 출원상표는 점선으로 표시된 직사각형의 상자 형태의 입체표장인데, 그 지정상품과 관련하여 볼 때, 카드를 수납할 공간과 정면 중앙에 있는 인출구 등 카드분배기로서의 기본적인 형태를 갖추고 있을 뿐만 아니라, 을 제3 내지 6호증에 의하면 이 사건 출원상표의 형태와 유사한 형태의 카드분배기들이 원고뿐 아니라 타인에 의해서도 특허출원 내지 판매되는 등 다수 사용되고 있으며, 이 사건 출원상표의 형태가 카드분배기의 일반적인 형태에 일부 변형을 가하거나 추가적인 장식을 하였더라도 전체적인 형상이나 모양이 거래사회에서 통상적으로 채용할 수 있는 범위를 벗어나지 않아, 이 사건 출원상표의 지정상품의 이용자들인 카지노 등의 운영자 및 카지노 등을 출입하는 일반 수요자가 이 사건 출원상표의 입체적 형상을 살펴보면 카드분배기로 직감적으로 인식할 수 있다고 할 것이므로, 이 사건 출원상표는 지정상품과 관련하여 볼 때 상품의 형상을 보통

으로 사용하는 방법으로 표시한 상표에 해당한다"고 판단하였다.

<u>특허법원 2004. 5. 27. 선고 2003허6258 판결 (거절결정)</u>

이 사건 출원상표 :

의장권은 그 존속기간이 15년인 반면 상표권은 갱신등록을 통하여 반영구적으로 독점할 수 있는 점에 비추어 의장과 유사한 상품 자체의 형상을 표장으로 하는 입체상표의 경우에는 식별력 유무를 엄격하게 해석하여야 할 것인바, 기타 상단부에 새겨진 'W'자는 간단하고 흔한 표장에 불과하며, 나아가 원고의 주장과 같이 이 사건 출원상표에서 표현된 기타 헤드 및 튜닝기어의 형상이 다른 회사의 제품에서는 찾아볼 수 없고 오로지 워릭사의 제품에만 채택하고 있는 특징적인 것이고 이러한 특징이 기타의 성능이나 연주의 편리함 등 기능적인 면과는 무관한 것이라 하더라도, 그러한 형상은 상표로서 출처표시의 기능을 수행한다기보다는 단지 장식적인 형태나 소비자에게 눈에 띄기 위해 그 지정상품의 형상을 변형한 것에 불과한 정도로서, 전체적인 형상의 특징을 통하여 거래사회에서 채용할 수 있는 범위를 벗어나지 않는 것으로 인식될 수 있는 입체적 형상에 해당한다 할 것이다.

그 밖에 입체상표의 식별력 흠결을 이유로 그 등록을 불허한 판례는 다음과 같은 것들이 있다.

특허법원 2005. 6. 24. 선고 2005허2571 판결 (거절결정)

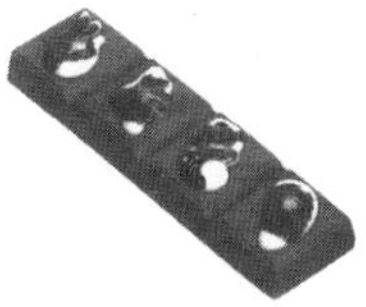

(초콜릿, 프랄린(pralines: 아몬드, 호두 등을 넣은 사탕과자))

특허법원 2005. 1. 7. 선고 2004허5429 판결 (거절결정)

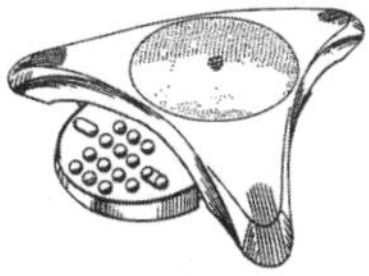

(스피커폰)

특허법원 2004. 10. 28. 선고 2004허3805 판결 (거절결정)

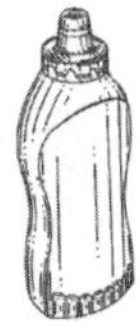

(겨자가루, 마요네즈, 소스)

특허법원 2002. 11. 8. 선고 2002허3351 판결 (거절결정)

(제9류: 전자접속기, 전자접속장치, 전자커넥터)

특허법원 2001. 3. 16. 선고 2000허8154 판결 (거절결정)

(비경구적 주사세트에 사용되는 슬라이드 클램프)

(4) 입체상표의 사용에 의한 식별력의 인정

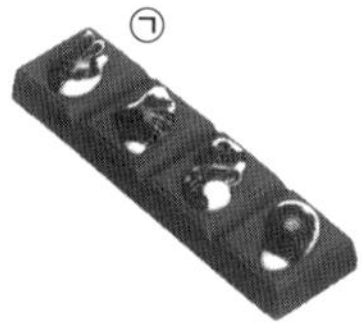

상기 특허법원 2005. 6. 24. 선고 2005허2571 판결에서의 출원상표의 구성은 '㉠'과 같은 것이었는데, 특허법원은 "이 사건 출원상표는 긴 직육면체 형상의 입체상표로서 직육면체는 다시 네 개의 정사각형으로 나뉘어져 있으며 첫 번째 정사각형 속에는 새우의 형상이, 두 번째 정사각형 속에는 조개가, 세 번째 정사각형 속에는 해마가, 네 번째 정사각형 속에는 홍합의 형상이 표현된 것으로 이 사건 출원상표의 새우, 조개, 해마, 홍합의 형상이 다소 독창적이라고 하더라도 그 전체적인 도형이 지정상품인 '초콜릿'이나 '프랄린'의 일반적인 형상에 불과하다 할 것이고, 나아가 사용에 의한 식별력을 취득했다고 할 수 없다"고 판결하였다.

생각건대, 초콜릿 업계에서 조개 등 어패류의 형상을 특징으로 하는 초콜릿 제품은 원고 회사의 제품이 유일하고 유명하다고 해도, 어느 하나의 어패류의 형상만을 장기간, 독점적, 배타적으로 사용했다기보다는 여러 가지 유형의 어패류의 형상을 사용했다는 점에서 그것은 상품의 출처표시로 사용되었다기보다는 수요자의 구매욕, 관심을 끌기 위한 디자인으로서 사용되었다고 봄이 타당할 것이다. 다만, 이와 같은 사용이 장기간 계속되고 유명해짐으로써 초콜릿의 형상으로 어패류의 형상을 사용한다는 점이 수요자 간에 그 출처를 표시하는 것으로 널리 인식되기에 이른 경우에는 부정경쟁방지법상의 상품주체혼동행위 또는 영업주체혼동행위로부터 보호가 가능할 것이다. 한편, 이와 같은 경우에도 상표등록은 실사용상표와 출원상표의 동일성을 엄격하게 요구하는 판례에 비추어 볼 때 각각의 형상을 상표로 출원하여 그 식별력의 취득 여부를 따져야 할 것이고, 수개의 어패류 형상의 결합으로 된 상표를 출원하면서 그 공통된 특징

을 주장하여 식별력의 취득을 주장하는 것은 인정되지 않을 것으로 생각된다.[50)]

50) 다만, 이 경우에도 K2 사건(대법원 2008. 9. 25. 선고 2006후2288 판결)에서와 같이 어패류의 형상으로 구성된 출원상표와 유사한 다른 어패류들의 형상으로 된 상표의 사용은 출원상표의 식별력의 취득을 입증하는데 도움이 될 것이다.

유화정철학관 사건

□ 사건번호 : 대법원 2012. 5. 10. 선고 2010후3387 판결 (권리범위확인)
□ 키워드 : 상표권의 효력이 미치지 아니하는 범위
□ 관련규정 : 제51조 제1항 제1호

1. 사건의 개요

(1) 이 사건 계쟁상표는 다음과 같다.

등록서비스표	이 사건 확인대상표장
심판청구인, 원고, 상고인	피심판청구인, 피고, 피상고인
유화정	
운명감정업, 작명업, 관상업	작명업, 관상업, 운명감정업 등

(2) 서비스표권자인 원고(심판청구인, 상고인)는 피고를 상대로 확인대상표장이 이 사건 등록서비스표의 권리범위에 속한다고 주장하며 적극적 권리범위확인심판을 청구하였다.

(3) 특허심판원은 이를 2008당3137로 심리 후 "피고는 '유화정철학원'을 개업·운영 중에 원고로부터 '동일상호 사용금지'를 통고받고 '류화정철학원'으로 상호를 변경하여 그 때부터 계속하여 이 상호를 사용하고 있었으며 장래에도 사용할 것이어서, 확인대상표장은 피고가

현실적으로 사용한 것이라고 볼 수 없는 표장이므로, 원고의 심판청구는 피고가 사용한 것이라 볼 수 없는 확인대상표장을 대상으로 하고 있는 것이어서 그 심판의 실익이 없어 부적법하다"는 이유로, 원고의 심판 청구를 각하하는 심결을 하였다.

(4) 원고가 심결불복 취소소송을 제기하자 특허법원은 이를 2009허4087로 심리하여 위 심결이 부적법하다는 취지의 판결을 하였고, 피고의 상고에 대하여 대법원은 상고심절차에 관한 특례법에 따라 상고를 기각하였다.

(5) 특허심판원은 상기 취소판결의 취지에 따라 위 사건을 2010당(취소판결)5호로 심리 후, 피고의 확인대상표장은 '자기의 상호를 보통으로 사용하는 방법으로 표시한 상표'의 사용에 해당되고, '상표권의 설정등록이 있은 후에 부정경쟁의 목적으로 그 상표를 사용하는 경우'에 해당하지 아니하므로, 확인대상표장은 이 사건 등록서비스표의 권리범위에 속하지 아니한다는 이유로 원고의 청구를 기각하는 심결을 하였고, 원고가 제기한 심결취소소송에 대하여 특허법원이 이를 기각하는 판결을 하자 원고는 다시 대법원에 상고를 제기하였다.

2. 법원의 판단

(1) 확인대상표장은 피고의 상호인 '유화정철학원'을 세로로 표기한 문자표장으로서 다른 문구나 도형과 결합 없이 오직 상호만을 평이한 서체로 표시하고 있어 인터넷 포털사이트 내 개별 정보사이트에서의 사용태양을 감안하더라도 일반 수요자가 이를 보고 상호임을 인식할 수 있을 것으로 보이므로 확인대상표장은 거래통념상 자기의 상호를 보통으로 사용하는 방법으로 표시하는 서비스표에 해당한다.

(2) 피고가 자기의 상호를 사용하기 시작할 당시 또는 이 사건 등록서비스표의 설정등록이 있은 후에 원고의 아명 · 상호 또는 등록서비스표인 '유화정'이 일반 수요자들이나 관련업계에 널리 인식되어 있었다고 보기 어려우며, 원고의 영업소가 위치한 서울 영등포구와 피고의 영업소가 위치한 안양시가 지역적으로 인접하여 있지도 않은 이상, 피고가 등록서비스표의 신용을 이용하여 부당한 이익을 얻을 목적으로 확인대상표장을 사용한 것이 아니라고 본 원심판단은 정당하다.

3. 해설

(1) 상표법은 제51조 제1항에서 상표권의 효력이 미치지 아니하는 경우를 규정하고 있다. 그 중에서 성명권 또는 상호권 등의 보호 차원에서 상표권의 효력을 일부 제한한 규정이 제1호인데, 그 규정의 적용에 있어서 주로 문제가 되는 것은 ① 다툼의 대상이 된 것이 단순한 '상호'에 불과한 것인지 아니면 '상표' 또는 '서비스표'에 해당하는지 여부, ② 사용자 본인의 '상호' 또는 '명칭'에 해당하는지 여부, ③ 보통으로 사용하는 방법으로의 사용인지 여부 및 ④ 부정경쟁의 목적의 존부에 관한 것이다. 대상판결은 ④에 관한 것이지만, 나머지 요건에 대해서도 함께 살펴보기로 한다.

(2) 위 규정에 해당하려면 확인대상표장이 '자기'의 '상호'이거나 그 상호의 '저명한 약칭'이어야 한다. 상표법 제51조 제1항 제1호는 성명권 등 인격권 보호를 위한 규정이므로, '자기'의 상호 등을 사용한 것이어야지, 허락을 받았다 할지라도 타인의 상호 등을 상표로 사용한 경우에는 본 규정의 적용을 받지 못한다.
또한 아호 · 예명 · 필명과 약칭은 저명해야 하는데, 이것들은 어느 정도 자의적일 수 있기 때문에 객관성 확보 차원에서 저명성을 요구한

것이다.[51]

끝으로 본 규정은 성명권 등 인격권 보호 차원의 규정이므로, 현재 사용하고 있는 상호에 한하여 보호가 인정된다. 따라서 '장래 사용할 예정인 상호 또는 명칭'은 본 규정에 의한 예외가 인정되지 않는다.[52]

(3) 다음은 '보통으로 사용하는 방법으로 표시한 것'의 요건에 대해서 살펴본다.

'상호를 보통으로 사용하는 방법으로 표시한다'는 것은 상호를 독특한 글씨체나 색채, 도안화된 문자 등 특수한 태양으로 표시하는 등으로 특별한 식별력을 갖도록 함이 없이 표시하는 것을 의미할 뿐만 아니라, 일반 수요자가 그 표장을 보고 상호임을 인식할 수 있도록 표시하는 것을 전제로 한다. 그러므로 표장 자체가 특별한 식별력을 갖도록 표시되었는지 외에도 사용된 표장의 위치, 배열, 크기, 다른 문구와의 연결관계, 도형과 결합되어 사용되었는지 여부 등 실제 사용태양을 종합하여 거래통념상 자기의 상호를 보통으로 사용하는 방법으로 표시한 경우에 해당하는지 여부를 판단하여야 한다(대법원 2008. 9. 25. 선고 2006다51577 판결 등 참조).

대법원은 상표법 위반을 이유로 하는 사건에서 피고인의 사용표장 '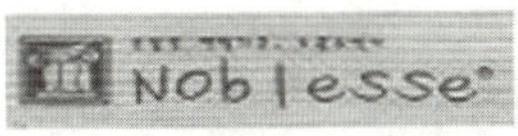

'에는 "피고인의 상호인 '노블레스'가 한글이 아닌 영문자의 평이하지 않은 서체로 표기되어 있고, 그 왼쪽 옆에는 신전 기둥 모양의 도형이 그려져 있어 일반인의 주의를 끌기에 충분하도록 표시되어 있는 점, 위 영문자 끝부분에는 등록상표임을 표시하는 'Ⓡ'을 함께 병기하고 있는 점, 그 밖에 피고인의 사용표장의 위치와 크기 등을 고려할 때, 일반 수요자가 피고인의 사용표장을 상호로 인식하지는 않을 것으로 보이고, 따라서 피고인의 사용표장이

51) 대법원 2001. 3. 23. 선고 2000후3708 판결 (하나로통신 사건)

52) 특허법원 2012. 10. 18. 선고 2012허4971 판결 (권리범위)

거래통념상 자기의 상호를 보통으로 사용하는 방법으로 표시한 상표에 해당한다고 할 수 없다"고 한 원심이 정당하다고 판시하였다(대법원 2011. 1. 27. 선고 2010도7352 판결-노블레스 사건).

(4) 한편, 상표의 구성 중 일부분이 상호를 보통으로 사용하는 방법으로 표시한 것인 경우에는 그 부분만을 떼어내어 상표법 제51조 제1항 각 호 해당성을 판단하여야 하는지의 문제가 있다.

특허법원 2011. 4. 22. 선고 2010허8740 판결(권리범위확인)은 등록상표가 'NON NON-NO'이고 확인대상표장이 'Autobahn® (주)논노패션'인데, 상표권자가 '주식회사 논노패션'을 상호로 하는 피심판청구인을 상대로 적극적 권리범위확인심판을 청구한 사건이었다.

위 사건에서 특허법원은, "확인대상표장의 '(주)논노패션' 부분은 원고의 상호 중 회사의 종류를 나타내는 '주식회사'를 '(주)'라고 약칭하여 사용하고 있을 뿐 전체적으로는 원고의 상호를 그대로 사용하고 있다고 보아야 할 것이나, 그 위에는 'Autobahn®'을 아래의 '(주)논노패션'보다 크게 구성하여 배치함으로써 확인대상표장은 일반 수요자에게 상호라기보다는 주로 상표로서 사용되고 있다고 인식될 것이고, 나아가 'Autobahn®' 부분과 원고의 상호인 '(주)논노패션' 부분을 위치, 배열, 크기 등에서 대비하여 볼 때 'Autobahn®' 부분이 '(주)논노패션' 부분에 비하여 부수적으로 사용된 것에 불과하거나 일반 수요자의 주의를 끌지 못하여 식별력이 없거나 약한 부분이라고 보기도 어려우므로, 확인대상표장은 거래통념상 자기의 상호를 보통으로 사용하는 방법으로 표시한 상표에 해당한다고 할 수 없다"고 판단하였다.

그러나 상표법 제51조 제1항 각호는 같은 법 제6조 제1항 각호의 경우와 달리 '만'이라는 한정어를 요건으로 하지 않는다. 따라서 제51조 제1항 각호에 해당하는 것이 상표의 일부로 되어 있는 경우에도, 그 부분이 상표의 구성 및 사용태양에 비추어 보건대 분리관찰이 가능한 경우라면 그 부분에 대하여 독자적으로 위 조항에 해당하는지 여부를 판단하여야 한다.

그렇다면, 위 사건에서 일반 수요자는 확인대상표장 (Autobahn® (주)논노패션)을 보고 하단의 '(주)논노패션' 부분이 상호이고, 상단의 'Autobahn®' 부분이 상표임을 쉽게 인식할 수 있다 할 것이고, 따라서 확인대상표장 전체가 아니라 하단 부분만을 기준으로 그 부분이 자기의 상호를 보통으로 사용하는 방법으로 표시한 것인지 여부를 판단하여야 했음에도 불구하고, 위 특허법원 판결은 상표의 구성 전체를 기준으로 상표법 제51조 제1항 제1호에 해당하는지를 따진 잘못이 있다고 할 것이다.

(5) 끝으로, 상표법 제51조 제1항 제1호는 자기의 상호를 순수하게 상호 그 자체로 사용하는 경우만을 가리키는 것이 아니라, 상품거래사회에서 보통 행하여지는 방법으로 자기의 상호를 상표 또는 서비스표로 사용하는 경우에 대하여 적용된다.

확인대상표장의 사용태양이 순전히 상호적 사용에 불과하다면 그 사용은 상표적 사용이 아니므로 그 자체로 상표권의 효력이 미치지 않는다. 따라서 굳이 위 규정에 기댈 필요가 없다는 점에서, 위 규정은 상호를 상표적 또는 서비스표적으로 사용하여 타인의 등록상표권의 효력범위에 들어오는 경우에도, 상표권의 배타적 효력을 제한하여 상호의 확장적 사용을 제한적으로나마 허용한 것이라고 이해하여야 한다.

상기 노블레스 사건(2010도7352)에서 원심은 “상표로서 사용되고 있는지의 여부는 상품과의 관계, 당해 표장의 사용 태양(상품 등에 표시된 위치, 크기 등), 사용자의 의도와 사용 경위 등을 종합하여 실제 거래계에서 그 표시된 표장이 상품의 식별표지로서 사용되고 있는지 여부를 종합하여 판단하여야 한다”고 전제한 다음, 피고인은 가구 판매를 업으로 하는 사람으로서 테이블, 보석함 등을 판매하면서 그 가격표의 앞·뒷면에 비교적 크게 ‘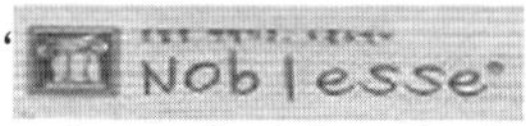

’와 같은 표장을 표시하였고, 그 가격표에는 피고인의 사용표장 외에는 상품의 출처를 나타내는 표지가 없어 피고인은 피고인의 사용표장을 상품의 출처 표시로 사용하였다고 보이고, 그 테이블 등을 구입하는 일반 수요자로서는 위 가격표에 표시된 피고인의 사용표장을 타인이 판매하는 상품과 구별하기 위하여 표시한 표장이라고 인식할 것이므로, 피고인의 사용표장은 상표로서 사용되었다고 봄이 상당하다고 하였고, 대법원은 그 원심을 지지하였다.

핫윙 사건

ㅁ 사건번호 : 대법원 2010. 5. 13. 선고 2008후4585 판결 (권리범위확인)
ㅁ 키워드 : 기술적 표장의 사용과 상표권의 효력
ㅁ 관련규정 : 제51조 제1항 제12호

1. 사건의 개요

(1) 이 사건 계쟁상표는 다음과 같다.

<table>
<tr><th>등록상표1. 2.</th><th>확인대상표장</th></tr>
<tr><td>상표권자
피심판청구인, 피고, 피상고인</td><td>심판청구인, 원고, 상고인</td></tr>
<tr><td>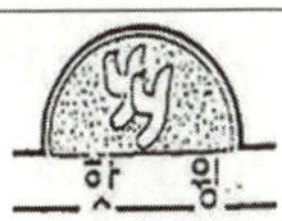</td><td rowspan="2">핫골드윙</td></tr>
<tr><td></td></tr>
<tr><td>우유, 계육</td><td>매운맛 소스가 가미된 닭날개 튀김</td></tr>
</table>

(2) 원고는 특허심판원에 피고를 상대로 확인대상표장이 등록상표 1. 및 2.의 권리범위에 속하지 아니한다는 내용의 소극적 권리범위확인심판을 각각 청구하였고, 특허심판원은 원고의 청구를 모두 기각하는 심결을 하였다.

(3) 원고가 제기한 심결취소소송에 대하여 특허법원은 등록상표1.에 대한 사건은 청구기각, 등록상표2.에 대한 사건은 소각하의 판결을 하

였는데, 본건은 원고는 청구기각된 사건에 대하여 제기한 상고심 사건이다.

2. 법원의 판단

(1) 상표법 제51조 제1항 제2호의 "상품의 산지 · 품질 · 원재료 · 효능 · 용도 · 수량 · 형상(포장의 형상을 포함한다) · 가격 또는 생산방법 · 가공방법 · 사용방법 및 시기를 보통으로 사용하는 방법으로 표시하는 상표"에 해당하는지 여부는 그 상표가 지니고 있는 관념, 사용상품과의 관계 및 거래사회의 실정 등을 감안하여 객관적으로 판단하여야 하는바, 수요자가 그 사용상품을 고려하였을 때 품질, 효능, 형상 등의 성질을 표시하고 있는 것으로 직감할 수 있으면 이에 해당한다(대법원 2007. 6. 1. 선고 2007후555 판결 등 참조).

(2) 수요자에게 확인대상상표의 'hot'은 맵다는 뜻으로, 'wing'은 '닭 날개'의 뜻으로 각 직감될 것이고, 'gold'는 수요자에게 그 사용상품의 우수한 성질을 나타내는 것으로 인식되는 단어이어서, 확인대상상표를 그 사용상품인 '매운맛 소스가 가미된 닭 날개 튀김'에 사용하는 경우 수요자에게 '우수한 품질의 매운 닭 날개 튀김'으로 직감될 것이며, 또한 확인대상상표는 같은 크기의 한글을 나란히 배열하고 있어서 그 사용상품의 품질, 원재료 등을 보통으로 사용하는 방법으로 표시하고 있다.

따라서 확인대상상표는 상표법 제51조 제1항 제2호의 상품의 품질, 원재료 등을 보통으로 사용하는 방법으로 표시하는 상표에 해당하여 이 사건 등록상표의 효력이 미치지 않는다.

3. 해설

(1) 대상판결은 상표법 제51조 제1항 제2호에 관한 것이다. 상표법은 상품의 보통명칭, 산지·품질·원재료 등 그 상품의 특성을 직감하게 하는 기술적 표장을 보통으로 사용하는 방법으로 표시한 상표에 대해서는 상표권의 효력이 미치지 않는 것으로 규정하고 있다.
이것은 상표법 제6조 제1항 제1호 및 제3호에 대응하여, 식별력이 없거나 거래상 불가결한 표시의 사용을 개방함으로써 공정한 경쟁을 보장하기 위하여 마련된 규정이다.

(2) 상표법 제6조 제1항 제1호 또는 제3호에 해당하는지 여부는 심사단계에서 출원서에 표시된 상표의 구성태양만을 고려하여 따지면 족하지만, 같은 법 제51조 제1항 제2호에 해당하는지 여부는 확인대상표장의 실제 사용태양을 토대로 그 상표가 가지고 있는 관념, 사용상품과의 관계, 거래사회의 실정, 사용자의 의도 등을 종합적으로 고려하여 그 부분이 단순히 상품의 정보전달을 위해서 필요한 것인지, 거래상 불가결한 것인지, 공정사용에 해당하는 것인지 등을 판단하게 된다.

(3) 상표법 제51조 제1항 제2호와 관련해서는 주로 '보통으로 사용하는 방법으로 표시'한 것인지 여부가 다투어진다.
대법원 판례에 의하면 '보통으로 사용하는 방법으로 표시하는 상표'라 함은 사회의 건전한 상식에 비추어 용인될 수 있는 정도의 일반적인 사용으로서, 상표적으로 특별히 부각되지 아니하는 방법으로 사용하는 상표를 말한다고 하지만, 그 판단이 애매한 경우가 적지 않다.
대상판결도 이에 관한 것인데, 관련 판례 몇 개를 소개하기로 한다.

대법원 2010. 6. 10. 선고 2010도2536 판결

확인대상표장이 상표법 제51조 제1항 제2호에 해당하는지 여부는 사용태양, 특히 사용상품과의 관계를 고려하여 판단하여야 한다는 판례이다.

고소인은 2005. 4. 29. '족쌈'으로 구성된 표장에 관하여 지정상품 또는 지정서비스업을 김치, 돼지고기, 간이식당업 등으로 하여 상표서비스표등록을 마친 사실, 피고인은 '원조 59년 왕십리할매보쌈'이란 상호로 프랜차이즈 사업을 실질적으로 운영하는 자로서 '족발을 김치와 함께 쌈으로 싸서 먹는 음식'을 찍은 사진 주위의 여백에 보통의 글씨체로 '족쌈'이라고 표시한 포스터와 메뉴판을 제작하여 40여 개의 가맹점에 게시하고 있는 사실 등을 알 수 있다.

이러한 사실을 앞서 본 법리에 비추어 보면, '족쌈'은 '족발'의 '족' 부분과 '보쌈'의 '쌈' 부분을 결합하여 만든 것으로서 사전에 등재되어 있지 아니한 조어이기는 하지만, 그 사용상품과 관련하여 볼 때 수요자에게 '족발을 김치와 함께 쌈으로 싸서 먹는 음식' 또는 '족발을 보쌈김치와 함께 먹는 음식' 등의 뜻으로 직감될 수 있다고 봄이 상당하다. 따라서 피고인이 사용한 '족쌈'은 비록 보통명칭화한 것이라고는 할 수 없다 하더라도 그 실제의 사용태양 등에 비추어 사용상품의 품질·원재료 등을 보통으로 사용하는 방법으로 표시하는 표장에 해당하여 이 사건 고소인의 상표권의 효력이 미치지 아니한다고 할 것이다.

대법원 2008. 4. 24. 선고 2006후1131 판결

상표법 제6조 제1항 제3호의 경우와 달리, 같은 법 제51조 제1항 제2호는, 확인대상표장의 구성 중 일반 수요자가 직감하기 어려운 단어가 있다 할지라도 그 사용태양에서의 전후관계를 고려하건대, 상품의 특성을 설명하는 의도로 사용되었음을 유추할 수 있으면 기술적 표장으로 볼 수 있다는 판례이다.

등록상표	확인대상표장
INTARSIA **인따르시아**	
양말, 스타킹 등	양말

위 사건에서, 특허법원은 'INTARSIA' 부분이 양말의 형상과 생산방법을 보통으로 표시한 기술적 사용에 해당한다고 보았고, 나아가 설사 원고의 등록상표가 주지·저명상표라 하더라도 확인대상표장이 기술적 명칭을 보통으로 사용하는 방법으로 표시하는 경우에는 그 상표권의 효력이 미치지 아니한다고 하여 원고의 주장을 배척하였다.

원고가 제기한 상고심에서, 대법원은 확인대상표장의 'INTARSIA' 부분을 보고 수요자가 양말에 나타나 있는 기하학적 무늬, 패턴 및 문양 등의 의미를 직감한다고 보기는 어려우나, 확인대상표장의 전체적인 구성을 보면 맨 아래쪽에 굵은 글씨로 뚜렷하게 기재된 'BASIC ELLE' 부분이 표장으로 인식되고, 'INTARSIA' 부분은 위 'BASIC ELLE' 부분과 구분되어 양말의 수요자를 나타내는 '신사', 양말이 발목 부분 아래까지만 편성되었음을 나타내는 'SNEAKERS', 양말의 원자재를 나타내는 '이태리 고급기종사용' 등의 양말의 품질 등을 나타내는 문구와 함께 사용되어 있어서 수요자가 'INTARSIA' 부분의 구체적인 의미를 직감하지는 못한다고 하더라도 그 사용태양에 비추어 이 부분이 양말의 품질 등을 가리키는 것으로 사용되었음을 직감할 수는 있다. 따라서 확인대상표장의 'INTARSIA' 부분은 양말의 품질 등을 가리키는 기술적 표장이어서, 확인대상표장이 이 사건 등록상표와 동일한 'INTARSIA' 부분을 가지고 있다고 하더라도 이 사건 등록상표의 권리범위에 속하지 않는다고 본 원심은 정당하다고 판시하였다.

대법원 2011. 5. 26. 선고 2009후3572 판결

확인대상표장이 단순한 문자만으로 표시되지 않고 다소 도안화된 경우에도, 법원은 '보통으로 사용하는 방법으로 표시'한 것인지 여부를 판단함에 있어서 상표법 제6조 제1항 제3호에서와 같은 기준을 제51조 제1항 제2호의 판단에도 적용하고 있다.

대법원은 ''과 같은 구성으로 이루어진 "확인대상표장은 우리나라의 국어교육 수준을 참작할 때 '춤'은 '참'의 고어로 일반인들에게 어렵지 않게 인식될 것으로 보이고, 전체적으로 볼 때 위와 같은 도안화의 정도만으로는 일반인의 특별한 주의를 끌어 문자의 기술적 또는 설명적인 의미를 직감할 수 없는 등 새로운 식별력을 가질 정도에 이르렀다고 할 수는 없으므로 일반 수요자나 거래자들에게 '참 맑은'이라는 문자로서 인식된다고 할 것이고, '참 맑은'은 확인대상표장의 사용상품인 '녹차(캔음료), 우롱차(캔음료), 둥글레차(캔음료), 홍차(캔음료), 옥수수수염차(캔음료), 배 및 복숭아 과실음료(캔음료), 식혜(캔음료)' 등에 사용될 경우에 일반 수요자나 거래자들에게 '매우 깨끗한, 잡스럽거나 더러운 것이 전혀 섞이지 않은'과 같이 사용상품의 품질 등을 나타내는 의미로 직감될 것으로 보이므로 위 확인대상표장은 상표법 제51조 제1항 제2호의 상표에 해당하여 지정상품을 '과일주스, 비알콜성 음료, 유장음료' 등으로 하는 등록상표 ‘ ’과의 동일·유사 여부를 대비할 필요도 없이 그 권리범위에 속하지 아니한다”고 판시하여, 상표법 제51조 제1항 제2호에서의 “보통으로 사용하는 방법으로 표시”한 것인지 여부의 판단기준을 상표법 제6조 제1항 제3호의 판단기준과 동일하게 운용하고 있다.

가필드 사건

□ 사건번호 : 대법원 1997. 2. 14. 선고 96도1424 판결 (상표법위반)
□ 키워드 : 상표적 사용
□ 관련규정 : 제2조 제1항 제7호, 제66조 제1항 제1호

1. 사건의 개요

피고인이 이 사건 등록상표들인 ‘, , ’과 유사한 표장을 동물의 머리 모습을 한 봉제완구에 사용하자 검사가 상표법 위반으로 기소한 사건이다.

2. 법원의 판단

(1) 타인의 등록상표와 유사한 표장을 그 지정상품과 동일 또는 유사한 상품에 사용하면 타인의 상표권을 침해하는 행위가 된다고 할 것이나, 타인의 등록상표와 유사한 표장을 이용한 경우라고 하더라도 그것이 상표의 본질적인 기능이라고 할 수 있는 출처표시를 위한 것이 아니라 순전히 의장적으로만 사용되는 등으로 상표의 사용으로 인식될 수 없는 경우에는 등록상표의 상표권을 침해한 행위로 볼 수 없다 할 것이다.

(2) 피고인이 사용하였다는 이 사건 등록상표들과 유사한 표장이라는 것은 동물의 머리 모습을 한 봉제완구들(이하 이 사건 완구라 한다)에 의장적으로 표현된 것임을 알 수 있어 그것이 출처표시를 위한 것이라고 단정하기 어려울 뿐만 아니라, 이 사건 완구가 출처표시의 기

능을 가지고 있다고 하더라도 이 사건 완구와 이 사건 등록상표들을 대비하여 보면 양자의 전체적인 외관이나 관념에 차이가 있고, 이 사건 완구에 "GARFIELD"라는 문자부분이 기재되어 있기는 하나 이 사건 등록상표들이 "가필드"라는 호칭으로 인식될 수 있을 정도로 일반 수요자들에게 널리 알려져 있음을 인정할 증거가 부족하여 이 사건 완구와 이 사건 등록상표들이 그 칭호에 있어서 반드시 유사하다고 할 수도 없어 양자는 일반 수요자나 거래자로 하여금 상품의 출처에 오인·혼동을 일으키게 할 염려가 있을 정도로 유사하다고 보이지 아니하므로 피고인이 이 사건 완구의 제작, 판매에 의하여 이 사건 등록상표들의 상표권을 침해하였다고 볼 수는 없다고 할 것이다.

3. 해설

(1) 대상판결은 등록상표와 동일 또는 유사한 표장을 사용한 경우라도 그것이 상품의 출처표시로 사용된 것이 아니라, 수요자의 구매의욕을 환기시키기 위한 장식적·디자인적인 의도로 사용된 경우에는 상표적 사용이 아니므로 상표권의 침해가 되지 않는다고 판단한 최초의 대법원 판결이다.

(2) 대법원은 "디자인과 상표는 배타적·선택적인 관계에 있는 것이 아니므로 디자인이 될 수 있는 형상이나 모양이라고 하더라도 그것이 상표의 본질적인 기능이라고 할 수 있는 자타상품의 출처표시를 위하여 사용되는 것으로 볼 수 있는 경우에는 상표로서의 사용이라고 보아야 한다"고 하면서도(98도 273), 반대로 "타인의 등록상표와 유사한 표장을 이용한 경우라 하더라도 그것이 상표의 본질적인 기능이라고 할 수 있는 출처표시를 위한 것이 아니라 순전히 디자인적으로만 사용되는 등으로 상표의 사용으로 인식될 수 없는 경우에는 등록상표

의 상표권을 침해한 행위로 볼 수 없다"고 한다(96도1424). 양자는 결론을 달리하고는 있지만 어느 것이나 상표권의 침해 여부를 판단함에 있어서 '상표적 사용'의 개념에 의지하고 있음을 알 수 있다.

(3) 상표권 침해의 판단, 불사용 취소심판에서 등록상표의 사용에 해당하는지 여부의 판단 등에 있어서 상표적 사용 여부는 매우 중요하다. 판례에 따르면, 상표적 사용인지 여부는 상호로서의 또는 디자인으로서의 고유기능과 별개로 "상표의 본질적인 기능이라고 할 수 있는 자타상품의 출처표시를 위한 기능"을 수행하는지에 따라 판단되어야 하는데, 구체적으로는 ① 상품과의 관계, ② 표장의 사용태양(즉, 상품에 표시된 위치, 크기, 상품에 표시된 표장 이외의 문자나 도형 등이 있을 경우에는 그 결합관계 등), ③ 대비되는 등록상표의 주지·저명성, ④ 사용자의 의도와 사용경위 등을 종합하여 실제 거래계에서 그 표시된 표장이 상품의 식별표지로서 사용되고 있는지 여부를 검토하여 판단해야 한다고 한다.

(4) 설문에서와 같은 캐릭터(character)는 그것이 가지고 있는 고객흡인력 때문에 이를 상품에 이용하는 상품화(character merchandising)가 이루어지게 되는 것이고, 상표처럼 상품의 출처를 표시하는 것을 그 본질적인 기능으로 하는 것은 아니다. 따라서 캐릭터 도형을 주요 구성요소로 하는 상표는 그 캐릭터 도형과 동일하거나 유사한 것을 사용했다고 해서 곧바로 상표권 침해 또는 부정경쟁행위로 되는 것이 아니라, 확인대상표장이 디자인적인 사용 또는 순수한 저작물로서의 이용행위를 뛰어 넘어 거래자 또는 일반 수요자 간에 그 상품의 출처를 표시하는 것으로 인식되어야 상표권 침해 또는 부정경쟁행위에 해당하게 된다.

(5) 일본에서 상표의 디자인적인 사용과 관련하여 가장 대표적인 사건은 오사카지방법원의 뽀빠이2 판결이다.[53] 이 사건에서 원고의 등록상표와 피고의 사용표장들은 아래 표에서와 같으며, 피고 사용표장들의 사용태양을 보면, 피고는 아동용 언더셔츠의 앞부분(가슴 및 배부분)에 뽀빠이 캐릭터 도형을 전면의 1/2 내지 2/3 정도로 표시하고 그 위에 작은 글자로 'POPEYE'를 부기하였다.

원고 등록상표	피고 사용표장1	피고 사용표장2

이 사건에서 일본 법원은 "피고의 표시는 상표법 제2조에서 규정하는 상표의 사용에 해당한다. 그러나 상표법에 의한 상표의 보호는 상표등록의 요건을 구비하고, 등록된 상표가 지정상품에 부착되어 상품의 출처표시 등의 기능을 발휘하는 것을 위법하게 방해하는 행위로부터 법적으로 보호하는 것을 목적으로 한다고 해석되어야 한다. 본 사건의 경우에, 언더셔츠의 정면 중앙에 만화 주인공으로서 널리 알려져 있는 'POPEYE' 또는 'ポパイ'라는 문자 옆에 만화를 표현하여, 일반고객이 그 표현의 장식적 또는 의장적 효과 때문에 물건을 구입하는 것으로 인정된다. 그 표시가 이것을 부착한 상품의 제조원 또는 출처를 표시하거나, 확인하는 '목적으로'는 이해되지 않는 본건 대상물건에 있어서는, 언더셔츠에 그 표시를 부착한 행위 및 그것을 부착한 언더셔츠의 판매행위는 본건 등록상표의 침해행위로 인정되

53) 大阪地裁 1976. 2. 24. 소화49년(ワ) 제393호.

지 않는다"고 하여 상표적 사용 즉, 상표기능론의 입장에서 피고의 상표권 침해를 부정하였다.

(6) 우리 법원이 장식적 · 디자인적 사용임을 이유로 들어 상표적 사용이 아니라고 본 판례로는, 침대 머리판에 사용된 쌍학문양(대법원 2004. 10. 28. 선고 2003후2027 판결), 장롱문의 손잡이로 사용된 문양(대법원 2003. 2. 14. 선고 2002후1324 판결), 접시 바닥의 장미꽃 문양(대법원 2005. 11. 25. 선고 2005후810 판결), 도자기에 새겨 넣은 비문 중에 포함된 상표와 동일한 문자(대법원 2005. 10. 7. 선고 2004후1458 판결), 금반지에 새겨진 문양(대법원 2004. 10. 15. 선고 2004도5034 판결), 법랑냄비의 외부에 표현된 '양파꽃' 문양(특허법원 2012. 8. 24. 선고 2012허3008 판결) 등이 있는데, 이해를 돕기 위해 위 판결들 중에서 마지막의 특허법원 판결을 소개한다.

특허법원 2012. 8. 24. 선고 2012허3008 판결 (권리범위)

이 사건 등록상표	확인대상표장
 (색채상표임)	
법랑냄비, 사발 등	법랑냄비

확인대상표장과 같은 문양은 체코어로 '양파꽃'이라는 의미가 있는 '쯔비벨무스터(Zwiebelmuster)'라고 불리는 문양으로, 1740년경부터 유럽지역에서 사용되기 시작하여 지금까지 거의 변화없는 디자인으로 유럽 지역을 비롯해 전 세계에서 널리 사용되고 있는 문양으로서 각종 주방용품의 표면에 널리 사용되고 있으며 특히 법랑제품에 많이 사용되는 문양이고, 확인대상표장과 매우 유사하게 구성된 다양한 종류의 문양들이 사용된 각종 주방용품이 '쯔비벨무스터 법랑' 등

과 같은 명칭으로 다수 거래되고 있으며, '쯔비벨무스터'라는 단어가 이러한 문양이 사용된 각종 주방용품을 통칭하는 보통명사로도 사용되고 있는 점, 확인대상표장이 법랑냄비의 한쪽 손잡이 부분에서부터 다른 한쪽 손잡이 부분에 이르기까지 옆면 거의 전체에 넓게 배치되어 사용되는 점, 피고가 제품의 출처표시를 위하여 법랑냄비의 밑면에 별도의 표장을 사용하고 있는 점, 접시나 냄비 등 주방용품의 경우 출처표시를 위한 표장은 사용시 눈에 잘 띄지 않는 밑면 등에 작게 표기하는 것이 일반적인 점, 수요자들은 '쯔비벨무스터' 문양이 사용된 냄비 등 주방용품의 출처를 '쯔비벨무스터' 문양이 아니라 주방용품의 밑면 등에 별도로 표시된 제조 또는 판매자의 표장을 통하여 인식할 것으로 보이는 점 등을 종합하여 보면, 확인대상표장은 냄비의 일면을 이루는 디자인이나 장식용 디자인에 불과할 뿐 상품 출처를 표시하기 위하여 사용되는 표장은 아니라고 봄이 상당하다.

(7) 반대로, 상표와 디자인은 배타적 · 선택적인 관계가 아님을 들어 디자인이 상품의 출처를 나타내는 기능을 수행하는 경우에는 상표적 사용에 해당한다는 판례로는, 슬리퍼 발등 부분의 갑피 디자인으로 사용한 경우(대법원 2000. 12. 26. 선고 98도2743 판결), 시리즈 서적의 제호로 사용된 경우(대법원 2005. 8. 25. 선고 2005다22770 판결), 구두의 발등 부분에 사용된 장식(특허법원 2001. 5. 24. 선고 2000허6684 판결, 특허법원 2001. 5. 24. 선고 2000허6691 판결, 페라가모 사건) 등이 있다. 위 판결 중에서 마지막의 특허법원 판결을 소개하면 다음과 같다.

특허법원 2001. 5. 24. 선고 2000허6691 판결 (소극적 권리범위확인)

이 사건 등록상표	확인대상표장
상표권자(피고)	사용자(원고)

가죽신, 단화	여성용 단화

구두의 외부에 부착된 장식의 경우는 별다른 특징이 없다거나 오랫동안 구두에 관행적으로 사용되어 온 것과 같은 모양을 하고 있지 않는 한 장식적인 기능과 함께 상품의 출처 표시로서의 기능도 하는 것이라고 보아야 할 것인바, 이 사건 등록상표는 양끝에 세로로 기다랗게 '一'자 모양의 구멍을 만들고 모서리가 둥글게 형성된 네모형의 버클에 리본을 일체로 결합한 독창적 모양을 하고 있는 것이므로, 확인대상표장은 구두의 장식 뿐 아니라 상품의 식별표지로서도 사용된 것이라고 보아야 할 것이어서, 단순히 의장적으로 사용된 것이라는 원고의 주장은 그 이유가 없다.

SONY 사건

□ 사건번호 : 대법원 2005. 6. 10. 선고 2005도1637 판결 (상표법위반)
□ 키워드 : 상표적 사용
□ 관련규정 : 제2조 제1항 제7호, 제66조 제1항 제1호

1. 사건의 개요

(1) 이 사건 계쟁상표는 다음과 같다.

<table>
<tr><th>이 사건 등록상표</th><th>이 사건 사용상표들</th></tr>
<tr><td rowspan="2">SONY</td><td>SONY</td></tr>
<tr><td>만능eZ 소니전용</td></tr>
<tr><td>원격조종기 등</td><td>원격조종기(리모콘)</td></tr>
</table>

(2) 피고인은 이 사건 등록상표와 동일한 모양의 상표가 부착된 원격조종기(일명 리모콘) 150개를 제3자로부터 구입하여 그 중 31개를 1개당 10,000원에 판매하고, 나머지 119개를 판매목적으로 전시, 보관하였다.

(3) 원심은 피고인이 판매한 본건 원격조종기는 다른 출처표시가 없이 제품의 하단 중앙부분에 '만능eZ 소니전용'이라고만 쓰여 있는데, 등록상표인 'SONY'는 본건 제품과 같은 이른바 가전제품 분야에서 주지저명성을 가진 상표인 점, 통상 원격조종기의 경우 본건 제품과 같은 하단 부위에 그 상표가 표시되는 점, 본건 제품 내부기판에는 등록상표와 동일한 'SONY' 문구가 기재되어 있어 당초 본건 제품을 제

조하여 피고인에게 판매한 사람은 위 등록상표의 주지저명성에 편승하고자 했던 것으로 보이는 점 등 지정상품과 본건 제품의 관계, 위 표장의 사용 태양, 등록상표의 주지저명성 및 본건 제품 제조자의 의도 등을 종합해 보면, 본건 제품을 사용하는 일반인은 본건 제품이 소니사의 제품이거나 또는 소니사와 관련된 제품이라고 오인할 우려가 충분히 있어, 본건 제품의 위와 같은 표장은 본건 제품의 상표로서 사용되는 경우에 해당한다고 봄이 상당하다는 이유로 피고인에 대한 이 사건 공소사실을 유죄로 인정한 제1심판결을 그대로 유지하였다.

2. 법원의 판단

(1) 상표는 특정한 영업주체의 상품을 표창하는 것으로서 그 출처의 동일성을 식별하게 함으로써 그 상품의 품위 및 성질을 보증하는 작용을 하며, 상표법은 이와 같은 상표의 출처 식별 및 품질 보증의 기능을 보호함으로써 당해 상표의 사용에 의하여 축조된 상표권자의 기업신뢰이익을 보호하고 유통질서를 유지하며 수요자의 이익도 보호하는 것이므로(대법원 1995. 11. 7. 선고 94도3287 판결, 1996. 7. 30. 선고 95후1821 판결 등 참조), 공산품인 상품의 내부에 조립되어 기능하는 부품에 표시된 표장으로서 그 상품의 유통이나 통상적인 사용 혹은 유지행위에 있어서는 그 존재조차 알 수 없고, 오로지 그 상품을 분해하여야만 거래자나 일반 수요자들이 인식할 수 있는 표장은 그 상품에 있어서 상표로서의 기능을 다할 수 없을 것이므로 이를 가리켜 상표법에서 말하는 상표라고 할 수 없다.

(2) 그리고 타인의 등록상표와 유사한 표장을 이용한 경우라고 하더라도 그것이 상표의 본질적인 기능이라고 할 수 있는 출처표시를 위한 것이 아니라 상품의 기능을 설명하거나 상품의 기능이 적용되는 기

종을 밝히기 위한 것으로서 상표의 사용으로 인식될 수 없는 경우에는 등록상표의 상표권을 침해한 것이라고 할 수 없을 것이다(대법원 1997. 2. 14. 선고 96도1424 판결, 2001. 7. 13. 선고 2001도1355 판결 및 2003. 10. 10. 선고 2002다63640 판결 등 참조).

(3) 피고인이 판매한 원격조종기(리모콘)의 내부에 조립되어 기능하는 부품의 일종으로서 원격조종기의 유통이나 통상적인 사용 혹은 유지행위에 있어서는 그 존재조차 알 수 없고, 오로지 위 원격조종기를 분해하여야만 거래자나 일반 수요자들이 인식할 수 있는 내부회로기판 위에 표기된 위 'SONY' 표장을 가리켜 이를 상표로서 사용된 상표라고 할 수 없을 것이며, 나아가 위와 같이 내부회로기판에 위 표장을 표기하였다는 사정에 더하여, 통상 원격조종기(리모콘)의 경우 하단 부위에 그 상표가 표시되는 경우가 많음에도 피고인이 판매한 제품에는 제조자의 표시가 분명하지 않았다는 사정과 이 사건 등록상표 'SONY'가 우리나라에서 널리 알려진 상표라는 사정이 있다고 하더라도, 피고인이 판매한 원격조종기의 표면에 '만능eZ 소니전용'이라는 표장을 표기한 것은 '여러 가지 기기에 손쉽게 사용될 수 있는 원격조종기로서 소니에서 나온 기기에 사용하기에 적합한 것'이라는 정도의 의미로 받아들여질 수 있어 위 원격조종기의 용도를 표시하는 것으로 보일 수 있을 뿐, 이 사건 등록상표 'SONY'와 동일한 상표를 사용한 것으로 볼 수는 없을 것이므로, 원심판결에는 상표의 사용에 관한 법리를 오해함으로써 판결에 영향을 미친 위법이 있다.

3. 해설

(1) 앞서 살펴 본 가필드 사건은 표장의 장식적 · 디자인적인 사용이 상표적 사용에 해당하는지 여부에 관한 것이었고, 대상판결은 ① 통상적인 거래상태에서는 육안으로 보이지 않는 완성품의 내부 부품에

표시된 표장이 상표적 사용에 해당하는지 여부와, ② 상품이 적용되는 기종을 설명하기 위하여 표시된 표장이 상표적 사용에 해당하는지 여부에 관한 것이다.

(2) 대상판결은 일본 최고재판소에서 다룬 소위 '리노사건'과 비슷하다.[54] 본건은 파친코슬롯머신기인 '리노'를 제조·판매하는 회사의 대표이사인 甲이, 乙회사가 전자응용기계기구 등에 상표등록을 받은 'SHARP'와 동일한 상표(이하, '본건 사용상표'라 한다)를 부착한 전자부품(이하, '본건 CPU'라 한다) 약 1만개를 리노의 주기판에 부착하여 판매할 목적으로 소지하였고, 본건 CPU를 부착한 리노를 판매함으로써 乙사의 상표권 침해죄로 기소된 사안이다.

위 사안에서 일본 최고재판소는 "피고인들은···본건 CPU를 리노의 전자제어를 담당하는 구성부분인 주기판에 다른 전자부품과 함께 납땜 등을 하여 장착한 후에 그 주기판을 투명 또는 반투명의 플라스틱 케이스로 덮어, 리노의 본체와는 별개로 보관하고 있었다. 본건 CPU는 주기판에 장착된 후에도 원래의 외관 및 형태를 유지하고 있고, 거기에 부착된 본건상표는 케이스를 통해서도 이를 볼 수 있었다. 리노는 중간 판매업자를 통하여 파친코점에 판매되었고, 그 때 본체와 주기판이 따로 배송된 후 파친코점에서 본체 내의 최상부에 주기판 등을 삽입하는 등으로 하여 설치되었다. 주기판은 리노의 본체와는 별도로 파친코점에 구비하여 두는 보수용 부품으로서도 판매되었고, 리노의 주기판이 고장난 경우에 이것과 교환되는 일도 있었다. 주기판에 장착된 본건 CPU 및 그것에 부착된 본건상표는 리노의 유통과정에 있어서 중간 판매업자나 파친코점 관계자에게 보여질 가능성이 있었다. 이상의 사실관계하에서는 본건상표는 본건 CPU

54) 일본 최고재판소 2000. 2. 24. 선고 평성8년(あ) 제342호.

가 주기판에 장착되고, 그 주기판이 리노에 부착된 후라도 또한 본건 CPU에 대한 상품식별기능을 유지하고 있었던 것이라고 인정되기 때문에 피고인들의 각 행위에 대하여 상표권 침해의 죄가 성립한다고 한 원판결의 판단은 정당하다"고 하여, 본건 CPU의 주기판에의 장착 상황이나 리노에의 조립방법, 리노의 유통과정에서 본건상표의 시인 가능성 등에 비추어 피고인의 상표권 침해죄의 성립을 긍정하였다.

(3) 리노사건에서는 'SHARP'라는 표장이 표시된 부품(본건 CPU)이 주기판에 부착되어 사용되었는데, 유통과정에서 외부에 노출되어 거래자나 일반수요자가 상표와 상품을 용이하게 인식할 수 있었다. 반면, 대상판결에서는 'SONY'라는 표장이 리모콘의 내부회로기판에 표시되어 있었지만, 그 리모콘의 유통과정이나 통상적인 사용과정에서 그 표장의 존재를 알기 어려웠다는 점에서 그것을 상표로서 사용된 것이라고 볼 수 없다고 판단한 것이다.

주의할 점은, 시인성(視認性)이 없다고 해서, 즉 육안으로 식별할 수 없는 상태로 거래된다고 해서 무조건 상표적 사용이 아니라고 보아서는 아니된다는 점이다. 요점은 ① 표장이 그것이 표시된 상품의 '상표로서' 인식되는지 여부, ② 그것이 '어떤 상품'에 대한 상표로서 인식되는지 여부(즉 부품인지 완성품인지 등), ③ 사용된 표장이 그 상품의 통상적인 거래 과정 또는 유지보수 과정에서 통상적인 방법으로 인식가능한지 여부라 할 것이다.

㉠

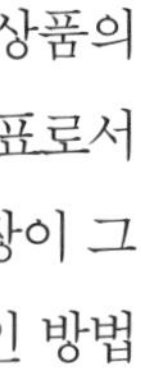

시인성과 관련하여, 섬유직물의 등록상표가 2개의 삼각프리즘을 상하로 접합시킨 도형(㉠)이고, 확인대상표장이 등록상표와 극히 유사하고 그 상표가 사용된 상품이 반사원단 제품인 사건에서, 특허법원(2006. 7. 7. 선고 2006허3458 판결)은 확인대상표장이 그 상품의 유통이나 통상적인 사용 또는 유지행위에서 그 표장의 존재조차

알 수 없고, 오로지 빛을 반사시킨 상태에서 일정한 각도로 기울여 볼 때에만 인식될 수 있다는 점 등을 들어 상표적 사용이 아니라고 했지만, 대법원(2008. 7. 10. 선고 2006후2295 판결)은 실제 거래계에서 사용상품의 수요자인 안전용품의 제조업자들은 확인대상표장이 일반인이 쉽게 식별할 수 없도록 사용상품에 표시되었다 하더라도, 사용상품을 빛에 비추어 보는 방법 등을 통하여 그 표시된 표장을 자타상품의 출처표시로 사용하고 있다고 보는 것이 합리적이라고 하여 상표적 사용에 해당함을 인정하였다.

(4) 다음으로, 대상판결은 원격조종기의 표면에 '만능eZ 소니전용'이라고 표기한 것은 원격조종기의 '용도를 표시'하는 것이므로 상표의 사용이라고 볼 수 없다고 판시하였다. 상품의 적용기종을 나타내기 위해 사용한 것은 미국 상표법상의 'nominative use'에 해당하는데, 이것을 상표적 사용의 문제로 해결하는 것 뿐만 아니라, 상표법 제51조 제1항 제2호의 문제로 해결하는 것도 가능했을 것이다.

상품의 적용기종, 규격이나 등급표시로 사용한 것은 상품출처를 표시하기 위하여 사용한 것이 아니므로 상표권의 침해가 아니라는 판결로는, 영문자와 숫자를 병기한 표장을 방독면 정화통의 농도별 규격 및 등급표시로 사용한 경우(대법원 2003. 6. 13. 선고 2001다79068 판결), 에어클리너의 포장상자에 그 에어클리너가 사용되는 차종의 상표를 표시한 경우(대법원 2001. 7. 13. 선고 2001도1355 판결), 'Windows'라는 명칭의 컴퓨터소프트웨어의 사용설명서, 고객등록카드에 'Windows'라고 표시한 경우(대법원 2003. 10. 10. 선고 2002다63640 판결), 'EBS' 방송강의교재로 사용되었음을 안내하기 위하여 교재의 표지에 'EBS'라는 표시를 한 경우(대법원 2011. 1. 13. 선고 2010도5994 판결) 등이 있으며, 같은 취지의 가장 최근 판결을 하나 더 소개하면 다음과 같다.

대법원 2012. 3. 29. 선고 2010다20044 판결

가. 원고 甲은 등록상표 ‘ ’, 원고 乙은 등록상표 ‘ ’의 각 상표권자이다. 피고 丙은 2007. 8.경부터 2007. 10.경까지 그가 운영하는 홈페이지에 조선 시대 의녀의 복장을 하고 신선로를 들고 있는 HELLO KITTY 캐릭터가 부착 또는 표시된 휴대전화기 줄, 손수건 등의 상품, 갑옷을 입고 이마에 띠를 두른 다음 한 손에 칼을 들고 있거나 흰색 바탕에 분홍색의 점무늬가 섞여 있고 손목 부위에 분홍색 띠가 있는 옷을 입고 있는 HELLO KITTY 캐릭터가 부착된 볼펜, 볼 매듭 등의 상품(이하 일괄하여 ‘피고 제품’이라 한다)의 이미지 바로 아래에 있는 상품 이름 앞에 ‘대장금’, ‘장금’, ‘주몽’이라는 표장(이하 ‘이 사건 각 표장’이라고 한다)을 표시하였다.

나. 피고 丙은 가부시키가이샤 산리오의 국내 법인인 피고 주식회사 산리오코리아로부터 2006년경부터 국내에서 HELLO KITTY 캐릭터를 상품화할 수 있는 독점권을 부여받아 HELLO KITTY 캐릭터에 다양한 의상을 입히거나 소품을 이용해 변형을 가하여 인형, 손수건, 열쇠고리, 볼펜 등을 제조·판매하고 있었다.

다. 위 사건에서 대법원은 “이 사건 각 표장의 사용 태양, 대장금 상표 또는 주몽 상표와 HELLO KITTY 표장의 주지·저명의 정도, 피고의 의도와 이 사건 각 표장의 사용 경위 등을 종합하여 살펴보면, … 이 사건 각 표장은 위와 같은 상품들에 부착 또는 표시된 HELLO KITTY 캐릭터가 원고 문화방송이 제작·방영한 드라마의 캐릭터로 알려진 ‘대장금’, ‘주몽’을 형상화한 것임을 안내·설명하기 위한 것일 뿐 상품의 식별표지로서 사용된 것이라고는 볼 수 없다”고 판시하였다.

후지필름 사건

□ 사건번호 : 대법원 2004. 4. 11. 선고 2002도3445 판결 (상표법위반)
□ 키워드 : 상표적 사용, 상표권의 소진
□ 관련규정 : 제2조 제1항 제7호, 제66조 제1항 제1호

1. 사건의 개요

(1) 피해자인 후지사진필름 주식회사(이하, '후지필름'이라 한다)는 특허청에 필름, 렌즈, 프로세서 등을 지정상품으로 하여 'FUJIFILM'이라는 상표를 등록한 자이다.

(2) 후지필름은 1988.경 필름업계 최초로 1회용 카메라인 '퀵스냅'을 개발하였고 1993.까지 1회용 카메라시장의 70% 이상을 차지하였다.

(3) 후지필름의 퀵스냅 1회용 카메라의 몸체에는 렌즈의 좌측에 큰 글씨로 1번, 렌즈의 둘레에 작은 글씨로 3번, 플래쉬 부분에 작은 글씨로 1번, 잔여 필름 표시 부분에 작은 글씨로 1번 각 'FUJIFILM'이라는 상표가 새겨져 있었다.

(4) 피고인은 후지필름에서 생산되었다가 사용 후 회수된 1회용 카메라 몸체의 렌즈 둘레와 플래쉬 부분에 'FUJIFILM' 상표가 새겨져 있음을 알면서도 이를 제거하거나 가리지 아니한 상태에서 그 몸체 부분을 'Miracle'이라는 상표가 표시된 포장지로 감싼 후 새로운 1회용 카메라를 생산하여 이를 판매하였고, 원심은 피고인에 대한 상표권 침해의 범의를 포함한 공소사실을 유죄로 인정하였다.

2. 법원의 판단

(1) 상표로서의 사용에 대하여

타인의 등록상표를 그 지정상품과 동일 또는 유사한 상품에 사용하면 타인의 상표권을 침해하는 행위가 된다고 할 것이나, 타인의 등록상표를 이용한 경우라고 하더라도 그것이 상표의 본질적인 기능이라고 할 수 있는 출처표시를 위한 것이 아니어서 상표의 사용으로 인식될 수 없는 경우에는 등록상표의 상표권을 침해한 행위로 볼 수 없다고 할 것이고(대법원 1997. 2. 14. 선고 96도1424 판결 참조), 그것이 **상표로서 사용되고 있는지의 여부를 판단하기 위하여는, 상품과의 관계, 당해 표장의 사용 태양(즉, 상품 등에 표시된 위치, 크기 등), 등록상표의 주지저명성 그리고 사용자의 의도와 사용경위 등을 종합하여 실제 거래계에서 그 표시된 표장이 상품의 식별표지로서 사용되고 있는지 여부를 종합하여 판단**하여야 할 것이다.

기록에 비추어 살펴보면, … 'miracle'이라는 의미는 '기적, 불가사의한(놀랄 만한) 사물(사람)'을 나타내는 말로 그 자체로 상품의 출처를 나타내는 기능은 없고, 그것이 주지 저명한 것도 아니어서 피고인의 상품임을 나타낸다고 볼 수도 없는 사실을 인정할 수 있는바, 사정이 이와 같다면 비록 'Miracle'이라는 상표를 별도로 표시하였다거나 'FUJIFILM'이라는 상표가 'Miracle'이라는 상표보다 작거나 색상면에서 식별이 용이하지 아니하다고 할지라도 피고인은 그가 제작·판매하는 이 사건 1회용 카메라에 후지필름의 이 사건 등록상표를 상표로서 사용하였다고 보아야 할 것이고, 또한, 이 사건 1회용 카메라는 후지필름에서 생산되는 'Quicksnap'과 마찬가지로 후지필름에서 생산되는 상품의 일종인 'Miracle'이라고 혼동할 염려가 있고 이는 상품주체의 혼동을 야기하는 행위라고 할 것이다.

(2) 상표권의 소진에 대하여

특별한 사정이 없는 한 상표권자 등이 국내에서 등록상표가 표시된 상품을 양도한 경우에는 당해 상품에 대한 상표권은 그 목적을 달성한 것으로서 소진되고, 그로써 상표권의 효력은 당해 상품을 사용, 양도 또는 대여한 행위 등에는 미치지 않는다고 할 것이나, 원래의 상품과의 동일성을 해할 정도의 가공이나 수선을 하는 경우에는 실질적으로 생산행위를 하는 것과 마찬가지이므로 이러한 경우에는 상표권자의 권리를 침해하는 것으로 보아야 할 것이다. 그리고 동일성을 해할 정도의 가공이나 수선으로서 생산행위에 해당하는가의 여부는 당해 상품의 객관적인 성질, 이용형태 및 상표법의 규정취지와 상표의 기능 등을 종합하여 판단하여야 할 것이다.

기록에 비추어 살펴보면, 후지필름이 제조한 1회용 카메라는 1회 사용을 전제로 하여 촬영이 끝난 후 현상소에 맡겨져 카메라의 봉인을 뜯고 이미 사용한 필름을 제거하여 이를 현상함으로써 그 수명을 다하게 되며, 이에 따라 그 카메라 포장지에도 현상 후 그 몸체는 반환되지 아니한다고 기재되어 있는 사실, 피고인이 이미 수명이 다하여 더 이상 상품으로서 아무런 가치가 남아 있지 아니한 카메라 몸체를 이용하여 1회용 카메라의 성능이나 품질면에서 중요하고도 본질적인 부분인 새로운 필름(후지필름이 아닌 타회사 제품) 등을 갈아 끼우고 새로운 포장을 한 사실을 인정할 수 있는바, 피고인의 이러한 행위는 단순한 가공이나 수리의 범위를 넘어 상품의 동일성을 해할 정도로 본래의 품질이나 형상에 변경을 가한 경우에 해당된다 할 것이고 이는 실질적으로 새로운 생산행위에 해당한다고 할 것이므로, 이 사건 등록상표의 상표권자인 후지필름은 여전히 상표권을 행사할 수 있다고 보아야 할 것이다.

3. 해설

(1) 대상판결은 2가지 쟁점에 대하여 다루고 있다. 첫째는 상품에 2 이상의 상표가 표시되어 있는 경우에 그 중 어떤 것을 상표로 보아야 하는지에 관한 것이고, 둘째는 상표권의 권리소진에 관한 것이다.

(2) 상표적 사용에 대하여

첫 번째 쟁점과 관련하여, 상품에 2 이상의 상표가 표시되어 있는 경우에 각각의 상표가 독자적으로 상품의 출처를 표시하거나 품질을 표시하는 기능을 수행하는 경우에는 각각이 상표적으로 사용되었다고 할 수 있다. 상표적 사용에 다소간의 경중이 있을지라도 거래자나 일반 수요자가 그 상표를 보고 상품과의 관계에서 상품의 출처표시 또는 품질표시로 인식하는 것으로 족하다 할 것이다.

대상판결에서 피고가 필름을 교체하고 재판매한 1회용 카메라에는 원고가 부착한 'FUJIFILM' 상표와 피고가 독자로 부착한 'Miracle' 상표가 함께 표시되어 있었다. 이 경우에, 대상판결은 'Miracle'이 '기적, 불가사의한 것'을 나타내는 말로 그 자체로 상품의 출처를 나타내는 기능이 없고, 주지 저명한 것도 아니어서 비록 'Miracle'이라는 상표를 별도로 표시하였다 할지라도 'FUJIFILM'이 상표로서 사용되었다고 보아야 한다거나, 또는 원고가 생산되는 'Quicksnap'과 마찬가지로 원고가 생산하는 상품의 일종인 'Miracle'이라고 혼동할 염려가 있어 이는 상품주체의 혼동을 야기하는 행위라고 판단하였다.

생각건대, 'FUJIFILM'은 '필름, 카메라'의 주지상표라는 점, 거래자나 일반 수요자는 'FUJIFILM'과 'Miracle'을 패밀리브랜드와 개별브랜드 또는 브랜드수식어 정도로 인식할 것이라는 점에서 대상판결이 'FUJIFILM'이 상표적으로 사용되었다고 판단한 것은 옳다 하겠다.

한편, 대상판결과 달리, 상품에 2 이상의 상표가 표시되어 있었지만, 그 중 하나만이 상표로서 사용된 것이고 나머지는 상표적 사용이 아니라고 판단한 사례가 있어 소개한다(대법원 2009. 7. 23. 선고 2009도310 판결).

이 사건에서, 대법원은 피고인이 중국 소재 의류제조업체에 주문제작을 의뢰한 후 납품받아 국내에 판매하는 작업복 상의 지퍼 하단의 리테이닝 박스(retaining box)에 그 사건의 등록상표와 유사한 표장이 표시되어 있었지만, 피고인이 그 위치에 위 표장을 표시하여 작업복을 제작·납품하여 달라고 의뢰한 것이 아니고 중국 소재 의류제조업체에서 작업복을 생산하는 과정에서 마음대로 그 표장이 표시된 지퍼를 사용한 것으로 보이는 점, 그 작업복의 상표 부분, 상의 지퍼 슬라이더 손잡이 부분에 피고인 고유의 작업복 상표인 'MENTIS'가 뚜렷이 각 표시되고, 작업복 상의 하단에 위 상표를 의미하는 'M'자가 표시된 단추가 달려 있는 점, 위 등록상표가 주지저명한 상표는 아닌 점 등에 비추어, 피고인이 위 표장을 작업복의 식별표지로서 사용한 것으로 볼 수 없다고 판단한 원심을 지지함으로써, 상품에 2 이상의 상표가 표시되어 있는 경우에는 그 구체적인 사용태양을 고려하여 상표적 사용 여부를 따져야 함을 분명히 하였다.

(3) 상표권의 소진에 대하여

가. 정상적인 유통과정에서 상표권자 또는 그의 허락을 받은 자가 판매한 상품을 구매하여, 그 상품을 타인에게 재판매하는 행위는 상표권의 침해로 되지 않는다. 그 이유로는 ① 상표권자의 묵시의 사용허락이 있었던 것으로 보는 견해(묵시적사용허락론), ② 상표권자가 상표품을 판매하고 대가를 받음으로써 그 상품에 대해서는 상표권이 소진되었다는 견해(소진이론), ③ 상품의 출처혼동 또는 품질오인의 염려가 없기 때문이라는 견해(상표기능론)

등이 있다.

이 이론들은 공통적으로, 정상적으로 판매된 상품의 동일성의 범위 내에서만 인정된다. 따라서 상표가 표시된 상품을 구입한 후에 동일성을 해할 정도로 수리, 부품의 교체, 재생, 소분 등의 방법으로 그 상품에 변경을 가한 경우 또는 다 쓰고 버린 상품이나 상품의 폐용기를 수거하고 재충전하여 다시 판매하게 되면 상표권 침해나 부정경쟁의 문제가 발생할 수 있다.

나. 문제는 상품의 동일성의 범위를 어떻게 볼 것이냐 하는 점인데, 대상판결은 "동일성을 해할 정도의 가공이나 수선으로서 생산행위에 해당하는가의 여부는 당해 상품의 객관적인 성질, 이용형태 및 상표법의 규정취지와 상표의 기능 등을 종합하여 판단하여야 할 것"이라고 판시하였다.

다. 동일성을 해할 정도의 가공행위이므로 상표권의 소진에 해당하지 않는다는 일본 판례로는 닌텐도 사건과 아스테카 사건이 대표적이다.

닌텐도 사건(동경지방재판소 1992. 5. 27. 사건)에서, 甲은 일본의 주지 저명한 게임기 상표인 'NINTENDO'가 부착된 텔레비전게임기를 시장에서 정상적으로 구입하였다. 甲은 그 상품의 내부를 개조하여 고속연사기능, 슬로우모션기능 등을 추가한 후 'NINTENDO' 상표를 그대로 둔 채, 자기의 상표인 'HACKER JUNIOR'를 추가하여 당초 제품의 1.5배의 가격으로 판매하였다. 이에 대하여 일본 동경지방재판소는 ① 피고 상품에 원고의 등록상표가 그대로 표시되어 있는 한, 구입자간에 피고상품이 원고에 의하여 판매되었다고 오인될 수 있으므로 상표의 출처표시기능이 훼손되었고, ② 피고가 주장하는 상표권의 소진은 등록상표가 부착된 상품이 상표권자에 의하여 판매된 후 제3자에 의하여 전전하면서 판매된 경우에 논해지는 이론인데, 본건은 피고가 원고상품을 개조하여 새로운 기능을 추가하였기 때문에 동일성이 없는 상품을 판매하는 사안이어서 (품질보증기능의 면에서도) 상표권의 소진이 적용되지 않는다고 하였다.

아스테카 사건(동경지방재판소 2002. 2. 14. 평성12(ワ)26233호)에서, 원고는 'アステカ'와 '' 상표를 슬롯머신, 유희용 기구 등에 대하여 등록받았다. 피고는 원고가 상기 등록상표를 부착한 파친코용 슬롯머신의 중고품을 구입하고, 그 상품에 동전이 나오는 비율을 조정하여 상표는 그대로 둔 채 오락실용 오락기구로 재판매하였다. 이에 대하여 원고가 상표권 침해를 이유로 손해배상을 청구한 사건인데, 피고는 원고의 상표권이 소진되었으며, 자신의 행위는 동전이 나오는 비율의 조정이라고 하는 상품이 내재적으로 예정하고 있는 개변을 실시하여 전매한 것이므로 상표권 소진의 범위내에 있다고 주장하였다. 그러나 법원은, 원고상품은 '풍속영업등의 규제 및 업무의 적정화등에 관한 법률' 제7호에 해당하는 파친코용 오락기구이고, 피고상품은 원고상품을 개조하여 제8호 소정의 오락기구로 다시 만든 것이므로, 개조에 의해 적용 법규가 달라진다는 점에서 상품의 동일성을 인정할 수 없어 따라서 상표권의 소진론을 적용할 여지가 없다고 판시하였다.

라. 우리 대법원이 동일성의 범위에서의 가공 또는 수선에 해당하므로 상표권의 침해가 아니라고 판단한 판례[55]를 소개하면 다음과 같다.

---

55) 대법원 2009. 10. 15. 선고 2009도3929 판결.

이 사건에서, 피고인들은 상표권자로부터 트럼프 카드를 적법하게 구입하여, 그 카드의 뒷면에 특수염료로 무늬와 숫자를 인쇄하였다. 그 무늬와 숫자는 색약보정용 콘텍트렌즈를 착용하거나 적외선 카메라 필터를 통해서만 식별이 가능할 뿐 육안으로는 식별이 불가능하였다.

위 행위에 대하여, 대법원은 피고인들의 이 사건 카드 제조·판매행위가 원래의 상품과의 동일성을 해할 정도의 가공이나 수선이라고 평가되지 않는 한 원래의 트럼프 카드에 사용된 상표권은 상표권자 등이 위와 같이 카드를 양도함으로써 소진되었다 할 것인데, 비록 피고인들이 카드의 뒷면에 특수염료로 무늬와 숫자를 인쇄하였다 하더라도 육안으로는 그 무늬와 숫자를 식별하기 불가능하여 이를 특수한 목적을 가진 사람이 특수한 방법으로 사용하지 않는 이상 여전히 그 본래의 용도대로 사용될 수 있고, 이 사건 카드를 다시 사용·양도 또는 판매하는 경우에도 이를 알고서 취득하는 수요자로서는 그 원래 상품의 출처를 혼동할 염려가 없으며 이를 모르고 취득하는 수요자들로서도 상표권자가 제조한 그대로의 상품을 취득한 것으로 인식하여 그 본래의 기능에 따라 사용하게 될 것이므로, 피고인들의 위와 같은 이 사건 카드 제조·판매행위를 가리켜 원래의 상품과의 동일성을 해할 정도의 가공·수선이라고 하거나 상표의 출처표시 기능이나 품질보증 기능을 침해하였다고 하기 어렵다고 보아, 원심을 파기하였다.

위 판결은 불법적인 목적으로 트럼프를 위조·변조한 경우에도, 그 위조·변조된 내용을 육안으로 식별할 수 없다는 점에서 상품의 동일성을 인정했는데, 이 점에서 상기 일본의 아스테카 판결과 다르다. 트럼프 뒷면에 특수염료로 무늬와 숫자를 인쇄함으로써 상표권자가 의도한 드럼프의 당초 목적, 품실에 변화가 있는 것이고, 불법적인 행위를 목적으로 한 것이라는 점에서 상품의 동일성을 인정한 것은 선뜻 납득하기 어려운 면이 있다.

마. 끝으로, 상표권자가 폐기한 상품 또는 상표권자로부터 정당하게 상품을 구입한 자가 폐기한 상품을 제3자(甲)가 수거하거나 싸게 구입하여 약간의 수선이나 세척만 한 후에 재판매하는 경우에는 어떻게 될 것인가. 甲의 행위는 무단으로 타인의 상표의 사용을 개시한 것이고, 그 상품이 상표권자의 허락을 받아 유통되는 것으로 오인될 수 있기 때문에 상품의 출처혼동이나 품질오인을 일으킬 수 있다. 따라서 甲의 행위는 상기 이론 중 어느 것에 의하더라도 상표권을 침해한 것으로 보아야 할 것이다.

버버리 사건

□ 사건번호 : 대법원 2002. 9. 24. 선고 99다42322 판결 (표장등 사용중지)
서울고등법원 1999. 6. 22. 선고 98나35466 판결 (원심판결)
□ 키워드 : 진정상품의 병행수입

1. 사건의 개요

(1) 원고 버버리리미티드(이하, '버버리사'라 한다)는 고급 의류, 핸드백, 가죽제품 등을 제조·판매하는 세계적인 회사로서, 국내에서도 양복, 코트 등의 상품에 'BURBERRYS' 또는 그 상표와 도형의 결합으로 된 상표를 다수 보유하고 있다.

(2) 원고 유로통상주식회사(이하, '유로통상'이라 한다)는 버버리사와 독점적인 수입·판매대리점 계약을 체결하여 버버리사로부터 상품을 공급받으면서 이 사건 표장을 영업에 사용할 수 있는 권한을 부여받았다.

(3) 유로통상은 전국적으로 17개 면세점, 35개 백화점에 매장을 개설하여 버버리사의 제품을 판매하였고, 버버리사의 제품은 고급브랜드이자 저명상표로 인정받게 되었다.

(4) 피고는 버버리사의 본사가 있는 영국 등에서 버버리사가 생산한 제품을 직접 수입하여 직영점에서 판매하거나 대리점을 모집하여 국내 수요자들에게 공급해 왔다.

(5) 피고 및 피고의 대리점들은 버버리사의 제품을 판매하는 것에 그치

지 않고, 각자의 영업소나 매장 전면 간판에 버버리사의 등록상표와 거의 동일한 표장을 표시하여 사용했고, 매장 내부의 벽, 포스터 및 선전광고물, 포장지, 쇼핑백, 직원들의 명함에까지 그 표장을 사용하는 한편, 의류잡지에도 그 표장이 포함된 선전광고를 게재하였다.

2. 법원의 판단

(1) 원심 법원의 판단

가. 원심 법원은 "병행수입 그 자체는 위법성이 없는 정당한 행위로서 상표권 침해 등을 구성하지 않는다는 데 거의 이견이 없다"고 전제한 후에, "상표권자의 상표가 부착된 상태에서 상품을 판매하는 행위, 즉 소극적으로 상표를 사용하는 행위는 당연히 허용될 것이나, 나아가 적극적인 사용, 예컨대 상표권자의 상표를 사용하여 광고·선전행위를 하는 것과 같이 새롭게 상표를 붙이는 행위로 간주되는 사용까지 허용될 것인가는 별개의 문제이고, 이 사건 분쟁 해결의 관건도 여기에 달려 있다"고 하여 병행수입업자의 상표 사용의 한계에 대해 상세하게 검토를 하였다.

나. 원심 법원은 병행수입업자의 광고·선전 행위와 같은 유형의 상표 사용에 대하여 ① 제한하여야 한다는 논거로서 첫째, 상표권자의 입장에서 볼 때, 당해 상표의 출처표시기능 및 품질보증기능은 저해되지 않으나, 상표가 갖는 광고선전기능에 부정적인 영향을 미칠 우려가 있고, 나아가 희석화의 우려도 있으며, 둘째, 독점수입·판매업자의 입장에서 볼 때, 고객들이 병행수입업자의 매장을 외국업체의 공인대리점 또는 라이선스 관계가 있는 업체로 잘못 인식할 우려가 있어 영업주체에 관한 오인·혼동을 일으킬 수 있다는 이유를 들었고, ② 반대 논거로는 병행수입업자가 상

품 판매를 위하여 필요한 범위 내에서 등록상표를 광고, 간판 등에 표시하는 행위 자체는 병행수입에 필연적으로 수반되는 행위로서 조리상 정당한 사유가 있거나 위법성을 결여한 것으로 보아야 한다고 하면서, ③ 결론적으로는 "병행수입업자의 상표 사용 행위는 일정한 한계를 설정하여 그 범위 내에서만 허용하는 것이 타당하다. 즉, 병행수입을 허용하는 취지를 살리는 차원에서 병행수입업자의 진정상품 판매와 밀접불가분의 관계가 있는 경우 영업상 최소한도로 필요한 범위 내에서 상표의 사용을 허용하되, 그 범위를 넘어서 상표권자의 신용과 고객흡인력을 희석화하거나 국내 독점판매대리점과의 관계에서 영업주체의 혼동을 초래할 우려가 있는 상표의 사용은 금지하는 것이 병행수입을 둘러싼 이해관계인 사이에 합리적인 이익의 조화를 꾀할 수 있다고 판단된다"고 하였다.

다. 원심 법원은 ① 버버리사의 상표와 동일한 표지를 크게 부각시켜 제작한 간판을 매장 입구 또는 외부에 설치하거나 매장의 전면 외벽에 부착한 것은 금지되어야 하고, ② 피고의 대표자 또는 직원들의 명함에 사용하는 행위도 금지되어야 하지만, ③ 매장 내부의 간판이나 표지는 특별한 사정이 없는 한 진정상품 판매에 수반되는 행위로서 허용된다 할 것이고, ④ 포장지 및 쇼핑백은 진정상품의 판매에 부수되어 무상으로 제공되는 물품으로서 영업주체에 혼동을 가져올 우려가 없고 병행수입품의 판매에 필연적으로 수반되는 행위로서 위법성이 없다고 하였으며, ⑤ 끝으로 매장의 벽에 부착되거나 각종 잡지에 게재되는 선전광고물은 병행수입업자의 매장이 마치 공식 대리점인 것처럼 오인하게 하는 경우가 아니라면 그러한 사용이 허용되어야 한다고 설시하여 매장 외부 간판 및 명함에 대한 사용만을 금지하는 판결을 하였다.

(2) 대법원의 판단

가. 병행수입 그 자체는 위법성이 없는 정당한 행위로서 상표권 침해 등을 구성하지 아니함은 원심의 판단과 같으므로 병행수입업자가 상표권자의 상표가 부착된 상태에서 상품을 판매하는 행위는 당연히 허용될 것인바, 상표제도는 상표를 보호함으로써 상표 사용자의 업무상의 신용유지를 도모하여 산업발전에 이바지함과 아울러 수요자의 이익을 보호함을 목적으로 하고(상표법 제1조 참조), 상표는 기본적으로 당해 상표가 부착된 상품의 출처가 특정한 영업주체임을 나타내는 상품출처표시기능과 이에 수반되는 품질보증기능이 주된 기능이라는 점 등에 비추어 볼 때, **병행수입업자가 위와 같이 소극적으로 상표를 사용하는 것에 그치지 아니하고 나아가 적극적으로 상표권자의 상표를 사용하여 광고·선전행위를 하더라도 그로 인하여 위와 같은 상표의 기능을 훼손할 우려가 없고 국내 일반 수요자들에게 상품의 출처나 품질에 관하여 오인·혼동을 불러일으킬 가능성도 없다면, 이러한 행위는 실질적으로 상표권침해의 위법성이 있다고 볼 수 없을 것이므로, 상표권자는 상표권에 기하여 그 침해의 금지나 침해행위를 조성한 물건의 폐기 등을 청구할 수 없다고 봄이 상당하다.**

나. 이 사건의 경우를 보건대, 병행수입업자인 피고가 문제된 선전광고물, 명함, 포장지, 쇼핑백, 내·외부 간판에 부착 또는 표시하여 사용한 이 사건 표장은 원고 버버리의 등록상표들과 동일하거나 극히 유사하여 상품 출처에 오인·혼동이 생길 염려가 없고 또 피고가 수입한 상품이 원고 버버리에 의하여 생산된 진정상품인 이상 국내 독점적인 수입·판매대리점인 원고 유로통상이 원고 버버리로부터 수입하여 판매하는 상품과 품질에 있어 차이가 있다고 보기도 어려우므로, 결국 상표제도의 목적이나 상표의 기능

등에 비추어 피고가 위 선전광고물이나 명함 및 외부 간판 등에 그러한 표장을 사용한 행위는 실질적으로 위법하다고 할 수 없어 원고 버버리의 상표권을 침해한 것으로 보기 어렵다고 할 것이다.

다. 그러나 병행수입업자가 적극적으로 상표권자의 상표를 사용하여 광고·선전행위를 한 것이 실질적으로 상표권 침해의 위법성이 있다고 볼 수 없어 상표권 침해가 성립하지 아니한다고 하더라도, 그 사용태양 등에 비추어 영업표지로서의 기능을 갖는 경우에는 일반 수요자들로 하여금 병행수입업자가 외국 본사의 국내 공인 대리점 등으로 오인하게 할 우려가 있으므로, 이러한 사용행위는 부정경쟁방지법 제2조 제1호 나목 소정의 영업주체혼동행위에 해당되어 허용될 수 없다.

라. 매장 내부 간판, 포장지 및 쇼핑백, 선전광고물은 영업표지로 볼 수 없거나 병행수입업자의 매장이 마치 대리점인 것처럼 오인하게 할 염려가 없다고 보아 이 사건 표장의 사용이 허용되는 반면에, 사무소, 영업소, 매장의 외부 간판 및 명함은 영업표지로 사용한 것이어서 이 사건 표장의 사용이 허용될 수 없다고 판단하고 이들 외부 간판 및 명함에 대해서 이 사건 표장의 사용금지 및 그 폐기를 명한 원심의 조치는 위 법리에 비추어 정당하다.

3. 해설

(1) 진정상품의 병행수입이 상표권 침해를 구성하는지, 병행수입업자가 상표권자의 등록상표를 사용할 수 있는 범위의 한계는 어디까지인지를 밝힌 최초의 판례라고 할 수 있다. 대상판결은 진정상품의 병행수입과 관련하여 상표권자의 보호와 독점수입판매업자의 부정경쟁방

지법에 의한 보호를 구별하여 봄으로써 전자의 경우에는 전면적으로 상표권 침해의 소지가 없음에 반해 후자의 경우에는 공인대리점 등으로 오인을 유발할 염려가 있는 경우에는 부정경쟁행위에 해당하므로 등록상표의 적극적 사용에 일정한 한계를 부과하고 있다는 특징이 있다.

(2) 같은 취지의 판결로 대법원 2009. 1. 30. 선고 2008도7462 판결이 있다. 이 사건에서 대법원은 버버리 판결에서와 마찬가지로, "병행수입업자가 적극적으로 상표권자의 상표를 사용하여 광고·선전행위를 한 것이 실질적으로 상표권 침해의 위법성이 있다고 볼 수 없어 상표권 침해가 성립하지 아니한다고 하더라도, 그 사용태양 등에 비추어 영업표지로서의 기능을 갖는 경우에는 일반 수요자들로 하여금 병행수입업자가 외국 본사의 국내 공인 대리점 등으로 오인하게 할 우려가 있으므로, 이러한 사용행위는 부정경쟁방지 및 영업비밀보호에 관한 법률 제2조 제1호 나목 소정의 영업주체혼동행위에 해당되어 허용될 수 없다"고 하면서, "피고인들이 공소외 1과 함께 판매점의 외부에 설치된 현수막 등에 국내에 널리 인식된 나이키의 표장을 사용하여 영업한 것은 위 표장의 상표권자로부터 전용사용권을 부여받아 영업을 하는 주식회사 나이키스포츠의 영업상의 시설 또는 활동과 혼동하게 하는 것이라고 판단하고 있는바, 원심의 위와 같은 판단은 정당하다"고 판단하였다.

K · SWISS 사건

□ 사건번호 : 대법원 2010. 5. 27. 선고 2010도790 판결 (상표법 위반)
□ 키워드 : 진정상품의 병행수입

1. 사건의 개요

(1) 미국의 케이 스위스 인크는 국내에서 샌달 등에 대하여 'K · SWISS'라는 상표를 등록받은 자로서, 주식회사 화승(이하, '화승'이라고 한다)에게 위 상표에 관하여 대한민국 전역을 범위로 전용사용권을 설정하였다.

(2) 화승은 자체 디자인팀에서 이 사건 상표가 표시될 상품에 대한 디자인을 만든 뒤 미국 본사와 협의를 거쳐 국내의 제3자를 통해 상품을 생산하고 있으며, 주로 무가지 신문을 통해 국내에서 판매되는 이 사건 표시 상품에 대하여 종합적인 광고를 해 왔다.

2. 법원의 판단

(1) 국내에 등록된 상표와 동일 · 유사한 상표가 부착된 그 지정상품과 동일 · 유사한 상품을 수입하는 행위가 그 등록상표권의 침해 등을 구성하지 않는다고 하기 위해서는, ① 외국의 상표권자 내지 정당한 사용권자가 그 수입된 상품에 상표를 부착하였어야 하고, ② 그 외국 상표권자와 우리나라의 등록상표권자가 법적 또는 경제적으로 밀접한 관계에 있거나 그 밖의 사정에 의하여 위와 같은 수입상품에 부착

된 상표가 우리나라의 등록상표와 동일한 출처를 표시하는 것으로 볼 수 있는 경우이어야 하며, ③ 아울러 그 수입된 상품과 우리나라의 상표권자가 등록상표를 부착한 상품 사이에 품질에 있어 실질적인 차이가 없어야 할 것이다(대법원 2005. 6. 9. 선고 2002다61965 판결, 대법원 2006. 10. 13. 선고 2006다40423 판결 참조).

(2) 이 사건 슬리퍼에 표시된 이 사건 상표가 외국의 상표권자 내지 정당한 사용권자가 부착한 것이라고 하더라도, 화승은 케이 스위스 인크와 별도로 자체 디자인팀에서 이 사건 상표가 표시될 상품에 대한 디자인을 만든 뒤 국내의 제3자로 하여금 이 사건 상표를 표시한 상품을 제작하게 하여 이를 판매하면서 그 제품에 대한 선전·광고를 하는 등 그 자신을 상품의 출처로 삼는 행위를 하고 있다고 할 것이므로, 이 사건 상표의 상표권자인 케이 스위스 인크와 국내 전용사용권자인 화승 사이에 어떠한 법적·경제적인 관계가 있다거나 그 밖의 다른 사정에 의하여 피고인이 수입한 이 사건 슬리퍼의 출처가 국내의 전용사용권자와 실질적으로 동일하다고 볼 수 있는 사정이 있다고 할 수 없다. 따라서 피고인이 이 사건 슬리퍼를 수입하는 행위는 화승의 전용사용권을 침해하는 행위라고 할 것이다.

3. 해설

(1) 우리 대법원은 진정상품 병행수입의 요건으로 첫째, 수입된 상품이 진정상품일 것, 둘째, 출처원의 동일성이 있을 것, 셋째, 품질의 동일성이 보장될 것을 요하는데, 본 판례는 이러한 요건들 중에서 두 번째 요건을 흠결했다는 이유로 전용사용권 침해를 긍정한 사례이다.

(2) 본 사안과 비슷한 사건으로 가짜폴로 사건(대법원 1997. 10. 10. 선고 96도2191 판결)을 들 수 있다. 이 사건에서 대법원은 "국내 전용사용권자가 그 등록을 마친 후

폴로 상표가 부착된 의류를 국내에서 제조 · 판매하면서 많은 비용을 들여 그 제품에 대한 선전 · 광고 등의 활동을 하여 왔고, 국외에서 판매되는 같은 상표가 부착된 의류 중에는 미합중국 외에 인건비가 낮은 제3국에서 주문자 상표 부착 방식으로 제조되어 판매되는 상품들도 적지 않으며, 국내 전용사용권자와 국외 상표권자와의 사이에는 국내 전용사용권 설정에 따른 계약관계 이외에 달리 동일인이라거나 같은 계열사라는 등의 특별한 관계가 없는 경우, 국외에서 제조 · 판매되는 상품과 국내 전용사용권자가 제조 · 판매하는 상품 사이에 품질상 아무런 차이가 없다거나 그 제조 · 판매의 출처가 동일한 것이라고 할 수 없고, 또한 국외 상표권자와 국내 전용사용권자가 공동의 지배통제 관계에서 상표권을 남용하여 부당하게 독점적인 이익을 꾀할 우려도 적다고 할 것이므로, 이러한 경우에는 이른바 진정상품의 병행수입이라고 하더라도 국내 전용사용권을 침해하는 것으로서 허용되지 않는다"고 판시하였다.

(3) 이와 같이 외국 상표권자가 국내에 전용사용권자를 두고 있고, 그 전용사용권자가 국내에서 독자로 제품을 디자인하여 제조하거나 광고 선전함으로써 외국에서 유통되는 진정상품과 국내에서 유통되는 상품의 품질이 동일하다고 할 수 없는 경우가 생기고, 나아가 독자적인 영업으로 인하여 일반 수요자간에 국내 전용사용권자와 외국 상표권자와 별개의 주체로 인식되기에 이르면 병행수입 허용의 전제요건인 출처표시기능, 품질보증기능의 훼손이 없다고 할 수 없다는 점에서 진정상품의 병행수입을 불허하게 되는 것이다.

다만, 대법원은 병행수입의 허용 요건으로 출처원의 동일성, 즉, 외국 상표권자와 우리나라의 등록상표권자가 법적 또는 경제적으로 밀접한 관계에 있거나 그 밖의 사정에 의하여 위와 같은 수입상품에 부착된 상표가 우리나라의 등록상표와 동일한 출처를 표시하는 것으로 볼 수 있는 경우를 들고 있는데, K · SWISS 사건에서 화승은 케이 스위스 인크의 전용사용권자임이 명백하므로 출처원의 동일성 요건을 흠결했다고 하기보다는 화승이 국내에서의 독자적 디자인의 제품을 생산 · 판매했다는 점에서 화승의 제품과 병행수입품 간에 품질의 동일성의 요건을 흠결했다고 보는 것이 더 자연스러운 해석이었을 것으로 생각된다.

로베르타 사건

□ 사건번호 : 대법원 2005. 6. 9. 선고 2002다61965 판결 (가처분이의)
대법원 2008. 11. 27. 선고 2006도2650 판결 (상표법 위반)
□ 키워드 : 진정상품의 병행수입, 판매지제한 약정

1. 사건의 개요

(1) 甲은 국내인으로서 제26류의 '농, 탁자, 침대, 식탁, 베개' 등에 대하여 '**ROBERTA**' 상표등록을 받은 자이다.

(2) 乙은 이탈리아 회사로서, 제3류의 '비의료용 방향제, 인체용 방취제' 등에 대하여 ''(등록 제519347호) 및 '**ROBERTA DI CAMERINO**'(등록 제519348호, 불사용을 이유로 상표등록이 취소로 됨), 제26류의 '농, 커튼, 상보, 융단, 모포, 침대보' 등에 대하여 '**ROBERTA DI CAMERINO**'(등록 제416497호, 甲의 선등록을 이유로 상표등록이 무효로 됨(2004후325)) 및 ''(제416498호)의 상표등록을 받은 자이다.

(3) 丙은 乙의 상기 상표등록에 대한 전용사용권자이다(판결문상으로는 전용사용권자라고 하지만, 등록원부에는 전용사용권자라는 사실이 나타나 있지 않음).

(4) 한편, 'ROBERTA DI CAMERINO' 표장에 관한 일본국의 등록상표권자는 미쓰비시상사 주식회사인데, 미쓰비시상사는 일본국 법인인 주식회사 엘마크에게 위 표장을 부착한 상품을 생산, 판매할 수 있도록

하는 약정을 체결했고, 주식회사 엘마크는 일본국 법인인 주식회사 큐슈에스테도에게 외국으로 판매하거나 유통시키지 않기로 하는 특약 아래 이들 상품을 판매하였다.

(5) 그런데 내국인 丁이 주식회사 큐슈에스테도로부터 위 각 등록상표와 유사한 상표가 부착된 '차량용 방석, 쿠션, 카매트, 차량용 방향제' 등을 수입하자 甲이 상표권 침해로 고소를 하고, 丙이 상표사용금지 가처분신청을 각각 제기한 경우이다.

2. 법원의 판단

(1) 2006도2650 사건의 경우

피고인은 큐슈에스테도로부터 위 상품을 한국으로 수입한 것이기는 하나, 미쓰비시상사와 'ROBERTA' 상표의 상표권자인 고소인(甲)은 법적 또는 경제적으로 아무런 관계가 없어 그 제조·판매의 출처가 전혀 다름을 알 수 있으므로, 이러한 경우에는 피고인의 이 사건 상품 수입행위가 이른바 진정상품의 병행수입에 해당한다고 하더라도 국내 상표권을 침해하는 것으로서 허용되지 않는다.

(2) 2002다61965 사건의 경우

외국의 상표권자 내지 정당한 사용권자가 상표를 부착한 이후 거래 당사자 사이의 판매지 제한 약정에 위반하여 다른 지역으로 그 상품이 판매 내지 수출되었더라도 그러한 사정만으로 그 상품의 출처가 변하는 것은 아니라고 할 것이어서 그러한 약정 위반만으로 외국 상표권자가 정당하게 부착한 상표가 위법한 것으로 되는 것은 아니라고 할 것이다.

그러나 일본국의 등록상표권자와 국내 등록상표권자(乙), 혹은 그 전용사용권자인 채권자(丙) 사이에 어떠한 법적·경제적인 관계가 있다거나 그 밖의 다른 사정에 의하여 채무자(丁)가 수입한 상품들의 출처가 국내의 등록상표권자와 실질적으로 동일하다고 볼 수 있는 사정이 있다고 할 수 없다.

3. 해설

(1) 본 건 2건의 대법원 판결은 진정상품 병행수입의 인정 요건 중 두 번째 요건인 출처원의 동일성과 관련하여, 국내 상표권자와 외국의 상표권자 사이에 어떠한 법적·경제적인 관계가 없음을 이유로 상표권 침해를 긍정하고 가처분결정을 지지한 경우이다.

(2) 그런데, 2002다61965 판결이 외국에서 판매지 제한 약정이 있는 상품을 수입하더라도 병행수입의 요건을 위반한 것으로 되지는 않는다고 판시한 것은 일본 최고재판소 평성 15년 2월 17일자 판결과 정반대라는 점에서 이채롭다.

(3) 일본 최고재판소의 상기 판결은 다음과 같이 판시하고 있다.
상표권자 이외의 자가 일본국에 있어서의 상표권의 지정상품과 동일한 상품에 대하여 그 등록상표와 동일한 상표가 부착된 것을 수입하는 행위는, ① 당해 상표가 외국에 있어서의 상표권자 또는 당해 상표권자로부터 사용허락을 받은 자에 의하여 적법하게 부착된 것이고, ② 당해 외국에 있어서의 상표권자와 일본국의 상표권자가 동일인인지 또는 법률적 혹은 경제적으로 동일인과 동일시할 수 있는 관계가 있음으로써, 당해 상표가 일본국의 등록상표와 동일한 출처를 표시하는 것으로, ③ 일본국의 상표권자가 직접적으로 또는 간접적으로 당해 상품의 품질관리를 할 수 있는 입장에 있는 점에서, 당해 상품과 일본국의 상표권자가 등록상표를 부착한 상품이 당해 등록상표가 보증하는 품질에 있어서 실질적으로 차이가 없다고 평가되는 경우에는, 이른바 진정상품의 병행수입으로서 상표권침해의 실질적 위법성이 결여된다.

외국의 상표권자로부터 상표의 사용허락을 받은 자로부터 일본국의 등록상표와 동일한 상표가 부착된 상품을 수입하는 것은, 피허락자가 제조 등을 허락하는 국가를 제한하고, 상표권자의 동의가 없는 하청제조를 제한한다는 취지의 사용허락계약에 정해진 조항에 위반하여 상표권자의 동의없이 허락받지 않은 국가에 있는 공장에 하청제조하게 하여 상표를 부착하였다는 등의 판시의 사정하에 있어서는, 이른바 진정상품의 병행수입으로서 상표권침해의 위법성이 결여된 경우에 해당하지 않는다.

SUPER TEMPERA 사건

□ 사건번호 : 대법원 2012. 4. 26. 선고 2011도17524 판결 (상표법위반)
□ 키워드 : 상표권의 효력, 상품의 소분

1. 사건의 개요

(1) 뉴질랜드의 甲회사(피해회사)는 국내에서 'SUPER TEMPERA'를 '그림물감'에 대하여 상표등록하였고, 乙에게 전용사용권을 설정하였다.

(2) 피고인은 호주에서 피해회사의 그림물감 'FAX SUPER TEMPERA PAINT-CLASSIC SET 8×2LT'를 수입하고, 그 물감을 250ml 내지 500ml 용기에 나누어 담으면서 임의로 제작한 'SUPER TEMPERA' 표장을 그 물감을 담은 용기에 부착하고 인터넷 홈페이지를 통해 그 제품을 판매하였다.

2. 법원의 판단

(1) 상표권자 내지 정당한 사용권자(이하 '상표권자 등'이라고 한다)에 의해 등록상표가 표시된 상품을 양수 또는 수입한 자가 임의로 상품을 소량으로 나누어 새로운 용기에 담는 방식으로 포장한 후 등록상표를 표시하거나 위와 같이 등록상표를 표시한 것을 양도하였다면, 비록 그 내용물이 상표권자 등의 제품이라 하더라도 상품의 출처표시 기능이나 품질보증 기능을 해칠 염려가 있으므로, 이러한 행위는 특별한 사정이 없는 한 상표권 내지 전용사용권을 침해하는 행위에

해당한다.

(2) 원심(의정부지방법원 2011. 9. 1. 선고 2010고정1805 판결)은, "피고인이 수입한 물감의 내용면으로만 보면 피해회사의 물품의 내용과 동일한 것이라고 하더라도 그 물건을 권한 없이 소분하여 피해회사로부터 승낙을 받지 아니하고 임의로 새로 만든 용기에 넣고 피해회사로부터 승낙을 받지 아니하고 권한 없이 피해회사 표장을 제작하고 이를 임의로 만든 용기에 부착한 것은 새로운 물품을 만들어 낸 것과 같아서 상표권의 소진 범위를 넘는 것이므로 상표권자의 권리를 침해한 것이고 따라서 이와 같은 제품을 판매한 피고인의 행위가 진정상품의 병행수입으로서 등록상표권 침해를 구성하지 않는다고 볼 수 없다"고 하였고, 대법원은 "상표권사 등이 아닌 피고인이 위 물감을 보다 작은 용량의 용기에 새병입하면서 그 용기에 임의로 제작한 위 등록상표를 표시한 것은 상표권자의 권리를 침해한 것"이라고 하여 원심을 지지하였다.

3. 해설

(1) 앞서 설명한 진정상품 병행수입의 3가지 인정 요건 중에서 품질의 동일성에 관한 요건을 충족하지 못했음을 이유로 상표권 침해를 긍정한 사안이다.

(2) 병행수입품의 품질에 관한 판례로는 스타크래프트 사건(대법원 2006. 10. 13. 선고 2006다40423 판결)이 있는데, 대법원은 "수입된 상품과 우리나라의 상표권자가 등록상표를 부착한 상품 사이에 품질에 있어 실질적인 차이가 없어야 할 것이고, 여기에서 품질의 차이란 제품 자체의 성능, 내구성 등의 차이를 의미하는 것이지 그에 부수되는 서비스로서의 고객지원, 무상수리, 부품교체 등의 유무에 따른 차이를 말하는 것이 아니다"라

고 하면서, 국내 상표품이 이 사건 수입제품에 비해 시디 키(CD key)의 사후적 관리가 이루어지는 등 그 부수적 서비스에 차이가 있다고 하더라도 품질에 있어 차이가 있다고 할 수 없다는 원심을 지지하였다.

(3) 소분(小分)에 관한 일본 판례를 소개하면, 코코아를 대형 포대들이로 구입한 후에 캔이나 작은 용기에 담아 판매한 사건에서 "본건의 코코아와 같은 상품을 다시 포장하면 품질이 변하는 경우가 있고, 이물질이 혼입될 수도 있기 때문에, 상표권자가 제조한 진정상품을 작게 나누어 재포장하면서 그 등록상표와 동일한 표장을 사용한 경우에는 상표권자의 신용을 해치고 나아가 수요자의 이익을 해치게 되므로 상표권을 침해한 것으로 보아야 한다"고 판단한 사례가 있다.

또한 상표권자인 甲이 'MAGAMP'라는 등록상표가 표시된 원예용 비료를 22kg 단위포장으로 미국에서 수입하여, 일본에서 도매로 판매함과 동시에 그것을 소분하여 일반수요자에게 판매하고 있었는데, 乙이 그것을 사들여 500g씩 투명비닐봉투에 소분하여 소매로 판매한 사건에서, 일본법원은 해당상품이 진정상품이었다 할지라도 상표권 침해에 해당한다고 판시한 사례가 있다(오사카지방재판소 1994. 6. 2. 평성4년(ワ) 제11250호).

일본 판례 중에서 소분의 경우에 상표권 침해를 부정한 사례는 없는 것 같다. 소분의 경우에 상표권 침해를 긍정하는 것은 품질보증기능을 훼손할 수 있다는 것인데, 본 판결은 품질에 변화가 없을지라도 상표권 침해로 된다는 점에서 그 판시이유에 관심이 간다. 본 판결에 따르면, "해당 상품이 진정인지 아닌지를 불문하고, 또한 소분 등에 의해 해당 상품의 품질에 변화를 초래할 우려가 있는지 없는지를 불문하고, 상표권자가 등록상표를 붙여서 적법하게 배포한 상품을, 그 유통 과정에서 상표권자의 허락을 받지 않고 소분하여 소봉투에 재포장하고, 이를 등록상표와 동일 또는 유사한 상표를 사용하여 재유통시키는 것은 상표권자가 적법하게 지정상품과 결합된 상태에서 유통시킨 등록상표를 그 유통의 중도에서 이유없이 박탈 말소한 것이고, 상표권자가 등록상표를 지정상품에 독점적으로 사용하는 행위를 방해한 것이며, 상품의 품질과 신용의 유지 향상에 힘쓰는 상표권자의 이익을 해치는 것이므로 해당 상표권의 침해를 구성하는 것"이라고 하였다.

소분을 부정하면 상표권자만이 소분판매행위를 독점할 수 있어 수요자의 이익에 반하게 된다는 반대견해가 있다. 그러나 상표권자는 브랜드전략상 상품의 포장단위, 유통경로, 포장디자인과 상표의 표시형태 등을 결정할 권한이 있으며 그러한 과정을 통해 굿윌(goodwill)을 형성하고 브랜드 파워를 키워가게 된다. 상표의 광고선전기능, 경쟁적 기능, 재산적 측면 등을 고려할 때, 품질보증기능이나 출처표시기능에 큰 영향이 없더라도 상표권자가 의도하지 않은 방식으로 상품을 소분하고 재포장하여 판매하는 것은 상표권의 침해로 봄이 타당하다.

(4) 소분의 경우와는 반대 사실에 관한 일본 판례를 하나 소개한다. 상표권자인 甲은 '하이미'라는 등록상표가 표시된 조미료를 파친코 업소에 판매하였고, 그 업소들은 '하이미' 조미료를 파친코 유희자들에게 경품으로 제공했다. 乙은 파친코 유희자들로부터 '하이미' 조미료를 싼값에 구매한 후에, ① 그 조미료들을 '하이미' 상표가 무단으로 인쇄된 골판지 상자 300개에 넣어 재포장하였고, ② 신품인 것처럼 가장해서 다시 파친코 업자들에게 판매할 목적으로 소지하고 있었다.

이 경우에, 제1심(치바지방재판소 1967. 4. 2. 판결)은 ①은 정당한 권한 없이 상품의 포장에 상표를 표시한 것이므로 본래적인 상표권의 침해이며, 내용물이 상표권자의 제품이고 신품이라고 해도 그 침해의 성부에 영향이 없다고 하였으며, ②는 양도 목적의 소지이므로 이른바 예비적 행위, 간접 침해행위에 해당하므로 乙은 유죄라고 판단하였다. 이에 대해 항소심과 최고재판소(1971. 7. 20. 소화 44년(ア) 제2117호)는 각각 乙의 항소와 상고를 기각하였다.

위 판결에서 눈여겨 볼 것은, 소분의 경우와 달리 본건의 경우에는 포장의 내용물에 변화가 없었다는 점이다. 소분의 경우에 판례는 주로 품질보증기능의 훼손을 상표권 침해의 근거로 드는데, 본건의 경우에는 甲이 판매한 조미료를 골판지 상자에 담아 소지하고 있었던 것에 불과하기 때문이다. 일본의 학설은, 상표권자 이외의 무권한의 자에게 상표의 사용을 허용하면 상표권자의 신용이 권한 없는 자의 수중에 놓이게 되고, 추상적으로는 항상 훼손의 우려에 방치될 수 있다는 점, 권리침해의 성부를 상품의 성질, 포장방법, 포장재의 재질 등 개별적 사정에 의존시키면 상표권자의 이익의 구제가 복잡해진다는 점에서 상표권 침해를 긍정하는 견해와, 상품의 포장이 뜯겨있지 않은 이상 상품의 품질에 대한 최종적인 판단을 한 것은 상표권자라는 점에서 출처와 품질을 속이는 것이 아니므로 침해가 아니라는 견해 등이 있다.[56)]

생각건대, 본 사안에서 乙은 파친코 유희자들로부터 '하이미' 조미료를 사들여 중고품인 것으로 판매하려고 한 것이 아니라, 박스포장 후 신품인 것처럼 가장하여 중고보다 비싸게 판매하려고 한 사안이라는 점이 중요하다. 그렇다면 甲이 당초 의도한 유통채널을 벗어난 것

56) 비교상표판례연구회, 상표판례백선, 박영사, 2011년, 193쪽.

이고, '하이미' 조미료는 유통기한이 지난 것으로서 품질보증기능에 문제가 있을 수도 있으며, 파친코 업소나 파친코 유희자들은 그 상품이 정가의 정품이라고 신뢰할 것이기 때문에 수요자들의 신뢰 이익에 반하고, 乙이 중고품이 아니라 신품으로 가장하여 판매하려고 했다는 점에서 상표권의 소진도 인정하기 어려운 경우가 아닐까. 따라서 상기 판례는 타당한 것으로 생각된다.

파파야 사건

□ 사건번호 : 대법원 2002. 10. 11. 선고 2002다33175 판결 (손해배상)
□ 키워드 : 손해배상
□ 관련규정 : 제67조 제3항

1. 사건의 개요

(1) 원고는 '수건, 손수건, 보자기'를 지정상품으로 하는 '파파야(PAPAYA)'라는 상표(1989. 3. 11. 등록, 이 사건 등록상표)의 상표권자이다.

(2) 원고는 1994. 경까지 수건 제조업을 하다가 중단한 이래 사실심의 변론종결시까지 수건 제조·판매업을 하지 않고 있으며, 소외인에게 이 사건 상표를 사용하여 수건을 제조 및 판매할 수 있는 전용사용권을 부여하고 그 사용료로 월 500,000원씩을 지급받았다.

(3) 피고가 원고 또는 소외인으로부터 아무런 허락없이 이 사건 등록상표를 표시한 수건을 제조·판매하자, 원고는 피고의 사용기간동안 월 500,000원씩의 비율에 의한 손해배상을 청구하였는데, 제1심 법원은 원고의 청구를 인정하였지만, 항소심은 제1심 판결을 취소하였다.

2. 법원의 판단

(1) 상표법 제67조 제3항은 같은 조 제2항과 마찬가지로 불법행위에 기한 손해배상청구에 있어서 손해에 관한 피해자의 주장·입증책임을 경감하는 취지의 규정이고 손해의 발생이 없는 것이 분명한 경우까

지 침해자에게 손해배상의무를 인정하는 취지는 아니라 할 것이므로, 상표법 제67조 제3항의 규정에 의하여 상표권자 등이 상표권 등을 침해한 자에 대하여 침해에 의하여 받은 손해의 배상을 청구하는 경우에 상표권자 등은 손해의 발생사실에 관하여 구체적으로 주장·입증할 필요는 없고, 권리침해의 사실과 통상 받을 수 있는 금액을 주장·입증하면 족하다고 할 것이지만, 침해자도 손해의 발생이 있을 수 없다는 것을 주장·입증하여 손해배상책임을 면할 수 있는 것이라고 해석하는 것이 상당하다 할 것이다.

(2) 원심은, 원고가 1994.경 이래로 수건 제조업 또는 판매업을 하고 있지 않을 뿐 아니라, 1997. 10. 15.부터 1999. 3. 11.까지 소외인에게 원고의 등록상표에 대한 전용사용권을 부여함으로써 위 전용사용권이 미치는 범위 내에서는 이 사건 등록상표를 사용할 수 없는 점에 비추어 보면, 피고의 이 사건 등록상표 사용으로 인하여 전용사용권자인 소외인에게 영업상의 손해가 발생하였는지 여부는 별론으로 하고, 상표권자인 원고에게 손해가 발생하였다고는 볼 수 없으므로, 피고가 이 사건 등록상표를 사용함으로써 원고에게 손해가 발생하였음을 전제로 한 원고의 위 주장은 더 나아가 살필 필요 없이 이유 없다고 판단하고 있는바, 위에서 본 법리와 기록에 비추어 보면 원심의 위와 같은 판단은 그 설시에 있어서 다소 적절하지 못한 점이 없지 아니하나, 원심이 원고가 이 사건 상표를 사용하여 수건 제조업 또는 판매업을 하고 있지 않거나 전용사용권을 설정함으로써 그 범위 내에서는 피고의 이 사건 상표 사용으로 인하여 원고에게 손해가 발생하였다고 볼 수 없다는 이유로 원고의 청구를 배척한 것은 결론에 있어서 정당한 것으로 수긍할 수 있다.

3. 해설

(1) 민법상 불법행위로 인한 손해는 침해된 이익을 기준으로 할 때, 재산적 손해, 신용 또는 명성의 훼손에 대한 손해, 정신적 손해로 구분할 수 있다. 그리고 재산적 손해는 다시 소극적 손해와 적극적 손해로 구분되며, 소극적 손해는 일실이익, 적극적 손해는 상표권자의 기존 재산의 감소, 즉 상표권자가 침해의 제거·방지를 위하여 지출한 비용, 변호사 비용 등을 의미한다.

(2) 상표법은 무체재산권의 특성상 상표권 침해의 경우에는 손해액의 입증이 곤란함을 고려하여 제67조에서 소극적 손해, 즉 일실이익의 산정과 관련한 특별규정을 두고 있는데, 이 사건은 그 중 제67조 제3항에 관한 것이다.

(3) 상표법 제67조 제3항의 법적성격에 대해서는 간주규정설과 추정규정설이 대립되고 있다.[57] 간주규정설은 최저배상액을 법정한 것으로 보아, 침해자가 반대증거를 제출하여 상표권자 또는 전용사용권자에게 손해가 없음을 입증하더라도 그 손해를 보장한 것이라는 견해이다. 이에 반해 추정규정설은 제2항과 마찬가지로 제3항을 추정규정으로 보아 침해자가 권리자에게 손해가 없다는 것을 입증하는 경우에는 위 규정에 의한 손해배상액의 청구로부터 벗어날 수 있다고 해석하는 경우로서 우리나라에서 다수설의 위치를 차지하고 있다.

(4) 대상판결은 제3항에 대해서도 제2항과 마찬가지로 손해에 관한 피해자의 주장·입증책임을 경감하는 취지의 규정이고 손해의 발생이 없는 것이 분명한 경우까지 침해자에게 손해배상의무를 인정하는 것은 아니라고 하여 대법원이 추정규정설을 취하고 있음을 분명히 한 것

57) 손해발생의제설과 손해액계산규정설이라고 칭하기도 하는데 그 내용은 같다.

이다.

(5) 상표권자가 상표법 제67조 제3항의 적용을 주장하여 손해배상을 받기 위해서는 손해의 발생 사실을 어느 정도로 주장·입증하여야 하는가?

대법원 판례에 의하면 제67조 제2항은 손해액을 추정하는 것일 뿐 손해의 발생 자체를 추정하는 취지는 아니므로 상표권자는 침해행위에 의하여 실제로 영업상의 손해를 입었음을 주장·입증하여야 한다(대법원 2009. 10. 29. 선고 2007다22514 판결). 이를 위해서는 상표권자가 스스로 업으로 등록상표를 그 지정상품에 대하여 사용하고 있고 또한 그 상표권에 대한 침해행위에 의하여 실제로 영업상의 손해를 입은 것을 주장·입증할 필요가 있으나, 위 규정의 취지에 비추어 보면 손해의 발생에 관한 주장·입증의 정도에 있어서는 손해 발생의 염려 내지 개연성의 존재를 주장·입증하는 것으로 족하다고 보아야 하고, 따라서 상표권자가 침해자와 동종의 영업을 하고 있는 것을 증명한 경우라면 특별한 사정이 없는 한 상표권 침해에 의하여 영업상의 손해를 입었음이 사실상 추정된다고 볼 수 있다고 한다(대법원 1997. 9. 12. 선고 96다43119 판결).

(6) 그러나 상표법 제67조 제3항의 경우에는 대상판결에 따르면, 상표권자 등은 손해의 발생사실에 관하여 구체적으로 주장·입증할 필요는 없고, 권리침해의 사실과 통상 받을 수 있는 금액을 주장·입증하면 족하다. 따라서 대상판결에 의하는 경우 권리자가 손해의 발생이라는 사실을 별도로 입증할 필요가 없는 것과 유사한 결과에 이르게 되어 같은 법 제67조 제2항에 비해 사실상 입증책임이 완화된다고 볼 수 있다.

이아스 사건

□ 사건번호 : 대법원 2009. 10. 29. 선고 2007다22514, 22521 판결 (손해배상)
□ 키워드 : 손해배상
□ 관련규정 : 제67조 제3항

1. 사건의 개요

(1) 원고의 등록상표 및 사용현황은 다음과 같다.

<table>
<tr><th>이 사건 상표</th><th>지정상품</th><th>비고</th></tr>
<tr><td rowspan="2">IASO
(이하, ‘1상표’라 함)</td><td>(13류) 의류용합성세제, 세액, 클랜저, 물비누, 의류용린스, 변기세정제, 칫솔</td><td>2005. 10. 28.
존속기간 만료로 소멸</td></tr>
<tr><td>(13류) 화장비누, 크림비누</td><td>2004. 7. 12.
불사용 취소로 소멸</td></tr>
<tr><td>IAS
이아스
(이하, ‘2상표’라 함)</td><td rowspan="3">(12류) 향수, 화장크림, 마스크팩 등
(13류) 화장비누, 약용비누 등</td><td rowspan="3">전부 불사용</td></tr>
<tr><td>IAS
(이하, ‘3상표’라 함)</td></tr>
<tr><td>이아스
(이하, ‘4상표’라 함)</td></tr>
</table>

(2) 원고는 2002. 11.부터 1상표를 부착한 ‘화장품’을 판매하기 시작하여 2003. 8.경까지 상당한 매출을 올렸지만, 1상표를 그 지정상품에 사용하지는 않았고, 2. 3. 4.상표는 일체 사용한 적이 없었다.

(3) 피고[58]는 ‘

’ 상표를 ‘화장품’에 대하여 출원하였지만 그 출원은 거절되었고, 피고는 출원상표의 하단에 ‘paris’를 부가한 상표를 화장품에 대하여 사용하였다.

(4) 2002. 12. 11. 원고는 피고에게 상표권 침해행위 중단 등을 요청하였고, 2003. 5. 22. 피고를 상대로 적극적 권리범위확인심판(2003당77)을 청구하여 인용심결을 받았다. 피고는 이에 불복하여 특허법원에 심결취소소송을 제기하였지만 그 청구가 기각되자 2006. 2. 9. 대법원에 상고를 제기하였고, 대법원은 이 사건 1상표의 지정상품 중 ‘화장비누, 크림비누’의 등록이 취소되었다는 이유로 특허법원의 판결을 취소하였다.

(5) 한편, 이 사건은 원고가 피고를 상대로 제기한 손해배상청구소송인데, 원심(서울고등법원 2007. 2. 14. 선고 2005나84527 2005나84534 판결)은 원고의 1. 내지 4.상표와 피고가 사용한 상표가 유사하고, 1. 내지 4. 상표의 지정상품과 유사한 화장품을 제조, 판매하였으므로 상표권 침해로 인한 재산상 손해액 1억원을 배상하라고 판결하였다.

2. 법원의 판단

(1) 상표법 제67조 제2항, 제5항은 같은 조 제1항과 마찬가지로 불법행위에 기한 손해배상청구에 있어서 손해에 관한 피해자의 주장 · 입증책임을 경감하는 취지의 규정이고, 손해의 발생이 없는 것이 분명한 경우까지 침해자에게 손해배상의무를 인정하는 취지는 아니라 할 것이

---

58) 본래 이 사건의 피고는 4인이지만, 설명의 편의상 피고라고 표현하였다. 이 사건 화장품의 유통 · 판매과정은 피고1이 원료(화장품 충전물, 용기)를 구매하고 충전 및 포장을 의뢰하면, 피고2가 충전 및 제품포장작업을 하고, 피고3이 인터넷 또는 카탈로그 발송을 통한 통신판매를 주선하고, 피고4가 케이블티브이 홈쇼핑을 통해 소비자에게 판매하였다.

므로, 상표권 침해행위로 인하여 영업상의 이익이 침해되었음을 이유로 위 규정에 따라 영업상 손해의 배상을 구하는 상표권자로서는 스스로 업으로 등록상표를 사용하고 있음을 주장·입증할 필요가 있으며(대법원 1997. 9. 12. 선고 96다43119 판결, 대법원 2004. 7. 22. 선고 2003다62910 판결 등 참조), 여기에서 등록상표를 사용하고 있는 경우라 함은 등록상표를 지정상품 그 자체 또는 거래사회의 통념상 이와 동일하게 볼 수 있는 상품에 현실로 사용한 때를 말한다 할 것이고, 지정상품과 유사한 상품에 사용한 것만으로는 등록상표를 사용하였다고 볼 수 없다.

(2) 이 사건 1상표의 지정상품은 의류용 합성세제, 세액, 클랜저, 물비누, 의류용 린스, 변기세정제, 유리용 세정제, 칫솔, 화장비누, 크림비누 등 비누와 세제인데, 실제로 원고는 이 사건 1상표를 거래사회의 통념상 위 지정상품과 동일성 있는 상품이라고 보기 어려운 화장품에 사용하여 화장품의 제조·판매업을 영위하였음을 알 수 있고, 이 사건 2 내지 4상표의 경우에는 원고가 위 상표들을 사용하여 제품을 생산·판매하는 등의 영업활동을 하였음을 인정할 자료를 기록상 찾아보기 어렵다.

(3) 그렇다면 비록 피고가 이 사건 1상표를 부착, 판매하는 원고의 상품과 같은 종류의 상품인 화장품에 이 사건 1 내지 4상표와 유사한 피고실시표장을 부착, 판매함으로써 원고의 이 사건 1 내지 4상표권을 침해하였고, 이 사건 1상표가 실제 사용된 상품인 화장품이 이 사건 1상표의 지정상품 중 '화장비누, 크림비누' 등과 유사한 상품에 해당한다 하더라도, 원고가 이 사건 1 내지 4상표를 그 지정상품 자체 또는 거래사회의 통념상 이와 동일하게 볼 수 있는 상품에 현실로 사용하여 제품을 생산·판매하는 등의 영업활동을 하였다고 인정되지 않는 이상, 그에 따른 영업상의 손해가 있었다고 보기는 어렵다.

그럼에도 불구하고 원심은 피고의 이 사건 화장품 제조·판매행위로 인하여 원고에게 영업상 손해가 발생하였음을 전제로 피고에 대하여 손해배상책임을 인정하였으니, 이 부분 원심판결에는 상표권 침해로 인한 손해배상책임에 관한 법리를 오해하여 판결에 영향을 미친 위법이 있다.

3. 해설

(1) 파파야 사건(대법원 2002. 10. 11. 선고 2002다33175 판결)에서 대법원은 상표법 제67조 제3항이 "손해의 발생이 없는 것이 분명한 경우까지 침해자에게 손해배상의무를 인정하는 취지는 아니라 할 것"이라는 전제하에, 상표권자가 전용사용권을 설정하고 사용료를 정액제로 받기로 한 경우에는 침해자의 상표사용으로 인하여 손해가 발생할 여지가 없으므로 침해자에게 손해배상책임이 없다고 하였는데, 대상판결은 더 나아가 상표권자가 등록상표를 그 지정상품과 동일성이 있는 상품에 사용한 경우가 아니라면 상표권자에게 손해의 발생이 있을 수 없다고 하여 불사용 상표에 대한 손해배상책임을 불인정한 것이다.

(2) 상표권자가 손해배상을 받기 위해서는 손해가 발생했어야 하고, 손해가 발생하기 위해서는 상표권자가 스스로 등록상표를 사용했어야 한다는 것인데, 그 대상이 지정상품과 동일하거나 동일성이 있는 것으로 한정되는 것인지(지정상품 한정설), 아니면 등록상표를 지정상품과 유사한 상품에 사용한 것으로도 족한지(유사상품 포함설)에 대하여 견해가 나뉜다.[59)]

59) 전지원, 「상표권 침해로 인한 영업상 손해의 배상을 구하기 위한 전제요건인 상표권자의 '등록상표의 사용'의 의미」, 대법원판례해설 31호(2009 하반기), 법원도서관, 552~557면 참조.

(3) 지정상품 한정설은 상표의 전용권은 유사범위에의 사용에는 미치지 아니하므로, 상표권자가 등록상표와 유사한 상표만 사용하거나 혹은 등록상표를 지정상품이 아닌 유사상품에 사용하는 것은 상표법 제67조 제2항 및 제3항과 관련하여 상표의 사용으로 볼 수 없다는 견해이다. 이 견해에 의하면 상표권자는 침해자의 유사상표 사용에 대하여 금지청구권을 행사할 수는 있지만 손해배상을 받지는 못하게 된다.

반면, 유사상품 포함설은 상표법이 상표권의 금지권의 범위를 유사범위에까지 확장하고 있다는 점에 비추어 보면, 등록상표의 사용은 침해자와 동종영업을 행하고 있는 한 등록상표를 지정상품과 유사한 상품에 사용한 것으로도 족하다는 견해이다.

(4) 대상판결은 지정상품 한정설을 명백히 한 것으로서, 대상판결에 따르면 첫째, 상표권자가 등록상표를 지정상품과 동일하거나 동일성 있는 상품에 사용하였고, 둘째, 피고가 등록상표와 동일 또는 유사한 상표를 '원고가 사용한 상품'과 동일하거나 유사한 상품에 대하여 사용한 경우에 한하여 손해발생이 인정된다.

따라서 ① 상표권자가 등록상표를 그 지정상품과 동일성이 있는 상품(유사상품을 포함)에 대하여 사용한 사실이 없는 경우 또는 ② (원고가 등록상표를 지정상품 중 일부에 대하여 사용했다 할지라도) 피고가 사용한 상품이 원고가 사용한 상품과 비유사한 경우에는 손해가 발생하지 않으므로 피고는 손해배상책임을 면하게 된다는 결론에 이르게 된다.

예를 들어, 원고가 상표 X를 상품 'a, b, c, e'를 지정하여 상표등록을 받은 자이고, 피고가 등록상표 X와 유사한 'X'' 상표를 'd' 상품에 대하여 사용했다. 그리고 상품 'a, b, c, d'는 서로 유사한 상품들이지만, 상품 'e'는 이들 상품과 비유사한 상품이라고 하자. 이 경우에 있어서, 원고가 X 등록상표를 그 지정상품 중 'a, b, c' 중 어느 하나 이상에 대하여 사용하고 있으면 원고는 피고의 상표권 침해로부터 손해배상을 받을 수 있지만, 반대로 ① 원고가 X상표가 아니라 그 상표와 유사한 X'상표만을 'a, b, c'에 대하여 사용한 경우, ② 원고가 X상표를 그 지정상품 중 'e'에 대해서만 사용한 경우, ③ 원고가 X상표를 지정상품이 아니지만 지정상품들과 유사한 상품인 'd'에 대해서만 사용한 경우에 원고는 피고의 상표권 침해로부터 손해배상을 받지 못하는 것으로 된다.

(5) 대상판결과 같이 손해배상청구의 전제요건을 엄격하게 한정하는 것은 문제가 없을까?

항고심에서 피고는, 원고가 지정상품이 13류인 세제류로 등록되어 있는 이 사건 1상표를 사용하여 그 지정상품이 아닌 화장품을 제조, 판매하는 영업을 하였을 뿐, 등록상표의 지정상품, 특히 화장품류와 유사한 '화장비누, 크림비누'를 제조, 판매하는 영업을 한 사실이 없으므로, 원고에게는 아무런 손해가 발생하지 아니하였다는 취지로 주장하였다.

그 주장에 대하여 원심 법원은 "원고는 화장품 제조, 판매업을 목적으로 설립된 회사로서 이 사건 등록상표와 같은 'IASO'를 화장품 상품명으로 정한 뒤 상표권 등록을 하는 과정에서, 이 사건 1상표가 세제류인 13류 상품군을 지정상품으로 하여 등록되어 있고, 이와 유사한 이 사건 2 내지 4상표가 12류 내지 13류 상품군을 지정상품으로 하여 등록되어 있다는 사실을 알게 되어 기존 상표권자로부터 이를 양수하고, 이 사건 1상표를 사용하여 화장품 제조, 판매 사업을 하여 왔으며, 2003. 9. 29. 화장품류인 제3류 상품군에 대하여 이 사건 5, 6 상표로 상표등록을 한 사실이 인정되는바, 위 인정사실을 종합하여 보면, 이 사건 1 내지 4상표를 사용하여 화장품 제조, 판매업을 해 오던 원고는 피고가 위 상표와 유사한 피고실시표장을 사용하여 동종의 영업을 하게 됨에 따라 영업상 손해를 입게 되었다 할 것이고, 화장품이 이 사건 1상표의 지정상품이 아니라는 사정만으로 이와 달리 볼 것은 아니다"라고 하여 피고의 주장을 배척하였지만, 대법원은 이를 받아들이지 않았다.

그렇지만 원심이 지적한 바와 같이, 원고가 양수한 이 사건 상표1의 지정상품인 '화장비누, 크림비누'는 화장품과 유사한 상품이므로, 피고를 포함한 타인은 이 사건 상표1과 유사한 상표를 화장품에 대하여 등록받거나 사용할 수 없는 것으로 된다. 그 결과 원고는 이 사건 상표1과 유사한 상표를 화장품에 대하여 독점적으로 사용할 수 있는 반사적인 혜택을 누릴 수 있고, 그 부분에 대하여 상표권을 확보할 수 있는 잠재적인 권리를 갖고 있다고 할 수 있으며, 일반수요자는 유사범위에서의 상표 사용에 대해서도 호불호의 결과를 상표권자에게 귀속시키려 할 것이다.

따라서, 원고가 등록상표를 그 지정상품인 '화장비누, 크림비누'에 대하여 사용하지 않았다 할지라도 피고가 등록상표와 유사한 상표를 비누류와 유사한 상품인 화장품에 대하여 사용하면 원고는 장차 자신의 등록상표를 그 지정상품에 대하여 사용하는 경우에도 일반수요자로부터 역혼동으로 인한 비난을 받을 우려가 있고, 피고의 품질이 조악한 경우에는 장차 사용을 예정했던 비누류에 대한 시장진출이 어려워지는 결과가 생길 수 있어 사실상 상표권을 빼앗기는 결과가 될 수 있다. 그럼에도 불구하고 상당인과관계에 의한 손해를 상표권자가 현실로 사용하는 상품에 대한 손해만으로 좁게 인정하는 것은 상표권의 재산권적인 특징, 상표의 영업발전조성기능을 도외시한 것이 아닌가 하는 의문이 든다.

경주빵 사건

ㅁ 사건번호 : 대법원 2009. 5. 28. 선고 2008후4691 판결 (등록무효)
ㅁ 키워드 : 제척기간
ㅁ 관련규정 : 제76조

1. 사건의 개요

(1) 甲은 乙의 이 사건 등록상표 '㉠'에 대하여 상표법 제6조 제1항 제7호에 해당함을 이유로 상표등록 무효심판을 청구하였으나, 도형 부분이 식별력이 있다는 이유에서 심판청구가 기각되었다.

㉠

(2) 甲은 특허법원에 심결취소소송을 제기하면서 이 사건 등록상표의 도형부분인 '㉡'이 식별력이 있는 것이라면 그 상표는 선등록된 '㉢' 상표와의 관계에서 상표법 제7조 제1항 제7호에 해당하여 그 등록이 무효로 되어야 한다는 주장을 추가하였지만, 특허법원은 그 주장을 제척기간이 경과한 후에 제출된 것이라는 이유로 배척하였다.

㉡

㉢

2. 법원의 판단

(1) 상표법 제76조 제1항은 제7조 제1항 제7호 등에 해당하는 것을 사유로 하는 상표등록의 무효심판은 상표등록일부터 5년이 경과한 후에

는 이를 청구할 수 없도록 규정하고 있는바, 이는 제척기간이 경과한 후에는 무효심판을 청구할 수 없음은 물론 제척기간의 적용을 받지 않는 무효사유에 의하여 무효심판을 청구한 후 그 심판 및 심결취소 소송 절차에서 제척기간의 적용을 받는 무효사유를 새로 주장하는 것은 허용되지 않는다는 취지이다(대법원 1992. 6. 26. 선고 92후63 판결 참조).

(2) 기록에 의하면, 원고는 이 사건 등록상표가 상표법 제6조 제1항 제4호, 제7호에 해당한다고 주장하면서 이 사건 등록상표의 무효심판을 청구한 후, 심결취소소송 단계에 이르러 이 사건 등록상표의 상표등록일인 2000. 8. 4.부터 5년이 경과하였음이 역수상 분명한 2008. 8. 2.자 준비서면에서, 이 사건 등록상표는 선등록상표에 대한 관계에서 상표법 제7조 제1항 제7호에 해당한다고 새로 주장하고 있는바, 원고의 위 주장은 제척기간이 경과한 후에 제출된 것으로서 허용될 수 없다.

3. 해설

(1) 상표법은 제76조 제1항에서 "제7조 제1항 제6호 내지 제9호의2 및 제14호, 제8조에 해당하는 것을 사유로 하는 상표등록의 무효심판은 상표등록일로부터 5년이 경과한 후에는 이를 청구할 수 없다"고 하여 제척기간을 규정하고 있다.

(2) 대상판결은 상표등록무효 사건에 있어서, 당초 제척기간의 적용을 받지 않는 무효사유, 예를 들어 상표법 제6조 제1항 제3호나 제7호를 이유로 상표등록무효심판을 청구한 자(그 청구가 상표등록일로부터 5년이 경과하기 이전이건 이후이건 불문함)가 상표등록일로부터 5년이 경과한 후에 제척기간의 적용 대상인 상표법 제76조 제1항 소정

의 무효사유를 새로이 주장하는 것은 허용되지 않음을 분명히 한 것이다.

(3) 대상판결은 제척기간을 정한 취지를 고려하건대 당연하다고 할 수 있는 것이지만, 대법원은 더 나아가 제척기간의 적용 대상인 무효사유를 이유로 하는 상표등록 무효사건에서 제척기간 경과 후에 단지 선등록 인용상표만을 추가로 주장하는 것도 허용되지 않는다는 입장이다.

대법원은 2012. 2. 23. 선고 2011후2275 판결에서 "상표법 제76조 제1항은 상표법 제7조 제1항 제7호에 해당하는 것을 사유로 하는 상표등록의 무효심판은 상표등록일로부터 5년이 경과한 후에는 이를 청구할 수 없다고 규정하고 있는바, 그 취지는 제척기간을 설정하여 등록상표권을 둘러싼 법률관계를 조속히 확정시킴으로써 그 안정을 도모하기 위한 것이다. 위와 같은 취지에 비추어 보면 그 제척기간 경과 전에 특정한 선등록상표 또는 서비스표에 근거하여 등록무효심판을 청구한 경우라도 제척기간 경과 후에 그 심판 및 심결취소소송 절차에서 새로운 선등록상표에 근거하여 등록무효 주장을 하는 것은, 비록 그 새로운 선등록상표가 새로운 무효사유가 아닌 동일한 무효사유에 대한 새로운 증거에 해당한다고 하더라도, 실질적으로는 제척기간 경과 후에 새로운 등록무효심판청구를 하는 것과 마찬가지이므로 허용되지 아니한다고 봄이 상당하다"는 논거하에, 원고가 당해 사건의 등록상표 ' '의 무효사유로 상표법 제7조 제1항 제7호를 주장하면서 선등록 인용상표로 '**장 원 급 제**'를 주장하였다가, 그 등록상표의 상표등록일로부터 5년이 경과한 후에 새로운 선등록서비스표인 '**장원산업 주식회사**'에 근거하여 그 등록상표가 위 규정에 해당한다는 주장을 추가한 것은 제척기간을 둔 취지에 반하므로 허용되지 않는다고 판시하였다.

(4) 생각건대, 심결취소소송은 속심의 성격이 있고 무제한설에 기초하고 있다는 점, 이미 상표법 제7조 제1항 제7호에 해당하는지 여부가 다투어지고 있는 사안이므로 동일한 무효사유를 뒷받침하기 위한 새로운 인용상표 · 서비스표를 주장한다고 해서 법률관계의 조기확정에 반한다고 볼 수 없고, 상표권자에게 예기치 않은 불이익이 된다고도 볼 수 없다는 점, 필요하다면 민사소송법 제149조의 실기한 공격 · 방어방법으로 따지면 족하다는 점 등에서 동일한 무효사유에 대하여 선등록 인용상표 · 서비스표만을 달리하여 주장한 것을 제척기간 위반으로 불허하는 것은 부당한 것이 아닌가 라는 생각이 든다.

(5) 한편, 우리 상표법의 제척기간과는 다른 규정이지만, 미국 상표법상의 불가쟁력에 대해서 살펴보기로 한다.

랜햄법은 상표등록 후 5년이 지나고 일정한 형식적 요건을 갖추게 되면 상표등록에 대한 불가쟁(不可爭)의 효력을 인정하여, 등록상표의 유효성 및 등록명의인의 상표권 소유 등에 대한 확정적 증거(conclusive evidence)로 인정하고 있다(第33조, 15 U.S.C. §1115). 불가쟁력을 인정받기 위해서는 상표를 5년 이상 상거래에서 계속적으로 사용하고 있어야 하며, 랜햄법 제15조에 의한 사용선서서를 제출하여야 한다.

불가쟁력이 인정되면 그 상표등록이 취소로 되어야 한다거나, 기술적 표장이므로 자유사용의 대상이라는 주장 등은 인정되지 않는다. 관련 사례를 소개하면, Park'N Fly, Inc. v. Dollar Park and Fly, Inc. 사건에서,[60] 원고는 공항 근처에서 장기주차장을 운영하면서 '비행기 로고, Park'N Fly'라는 상표를 등록받았다. 원고는 오리건주에서 장

60) Park'N Fly, Inc. v. Dollar Park and Fly, Inc. 469 U.S. 189 (1985).

기주차장을 운영하는 피고가 'Dollar Park and Fly'라는 상표를 사용하자 상표사용금지를 청구하였다. 피고는 원고의 상표가 단순기술표장(merely descriptive)이므로 상표권의 효력이 미치지 않는다고 주장하였는데, 그 주장에 대하여 미국 연방대법원은 다수의견으로, 미국 의회가 랜햄법 제33조(b)와 제15조에서 불가쟁력에 대항할 수 있는 예외적인 경우를 열거하고 있는데, 'merely descriptive'는 그 사유에 해당하지 않기 때문에 'Park and Fly'가 'merely descriptive'라는 이유만으로는 상표권에 대항할 수 없다고 판시하였다. 이에 대하여 소수의견은, 'Park'N Fly'는 'merely descriptive'이며, 랜햄법 제2조는 'secondary meaning'의 입증이 없으면 등록을 불허하는데 그 입증이 없었음에도 불구하고 시간의 경과에 의해 식별력 없는 상표가 불가쟁 상표가 되었다고 보는 것은 이론적 근거가 없다고 하여 반대의견을 개진한 바 있다.

이와 같이, 미국 상표법에서는 제척기간은 아니지만, 등록 후 5년간 계속적 사용을 입증하면 상표의 불가쟁력을 인정하고, 상표가 보통명칭이거나 기능적인 경우 등을 제외하고는 상표권의 효력에 대하여 다투지 못하게 하는 규정을 두어 기존 상표의 사용사실을 존중하고, 법적안정성을 도모하고 있음을 알 수 있다.

후지카 사건

□ 사건번호 : 특허법원 2008. 6. 12. 선고 2007허12558 판결
□ 키워드 : 금반언의 원칙

1. 사건의 개요

(1) 이 사건 계쟁상표는 다음과 같다.

원고	피고(청구인)	원고(피청구인)
최선등록	후등록	최후등록
후지카 FUJIKA	FUJIKA 후 지 카	FUJIKA
석유스토브, 난로, 가스스토브	전기스토브	석유스토브, 난로, 가스스토브
출원일 1993. 1. 7 등록일 1994. 4. 18	출원일 2000. 4. 21. 등록일 2001. 10. 4.	출원일 2001. 1. 20. 등록일 2003. 5. 21.

(2) 피고는 'FUJIKA 후 지 카'라는 상표를 출원했는데, 원고의 '후지카' 또는 'FUJIKA' 상표등록을 이유로 하는 거절이유통지를 받았고, 피고는 양 상표의 지정상품이 비유사하다고 주장하여 상표등록을 받았다.

(3) 원고는 피고의 위 출원 후에 상기 2건의 상표권이 존속기간 만료로 소멸하자 재차 'FUJIKA' 상표를 출원하여 상표등록을 받았고, 피고는 그 등록에 대하여 상표법 제8조 제1항 위반을 이유로 하는 등록무효심판을 청구한 사건이다.

(4) 특허심판원(2007당320)은 피고의 심판청구를 인용하는 심결을 하였고, 원고는 특허법원에 소를 제기하면서 양 상표의 지정상품이 비유사하며, 피고의 주장이 금반언에 해당한다고 주장하였다.

2. 법원의 판단

(1) 금반언의 원칙이 적용되기 위해서는 ① 어떠한 사람의 행위가 그의 선행하는 행위에 모순되는 것이어서 그러한 후행행위에 원래대로의 법적 효과를 부여하면 그 선행행위로 말미암아 야기된 다른 사람의 신뢰를 부당하게 침해하게 되는 경우이어야 하고, ② 이를 위해서는 객관적으로 모순되는 선행행위와 후행행위가 있고, ③ 그에 대하여 책임을 물을 수 있어야 하며 선행행위로 인하여 야기된 상대방의 보호받을 가치가 있는 신뢰가 존재하여야 한다.

출원인이 그 심사과정에서 피고가 이 사건 소송절차에서 주장하는 것과 달리 선출원상표의 지정상품이 선등록상표의 그것과 유사하지 않다는 주장을 하기는 하였지만, 이와 같은 지정상품의 유사 여부는 자백의 대상이 될 수 없는 법적 판단에 관한 사항이므로 상표출원 당사자가 선출원상표의 심사과정에서 자신에게 유리하게 어떠한 주장이나 의견을 개진하였다고 하여 위 출원인이나 그로부터 상표권을 양수한 피고에게 어떠한 책임이 있다고 할 수 없고, 나아가 특허청도 당사자의 그러한 주장에 기속되는 것이 아니라 자신의 독자적인 법적 판단에 따라 지정상품의 유사 여부를 결정하게 되는 것이므로 이해관계인에 불과한 원고뿐만 아니라 특허청 심사관에게 보호받을 만한 신뢰가 존재한다고 할 수 없으므로, 이러한 사실만으로는 피고가 이 사건에서 이 사건 등록상표의 지정상품이 선출원상표의 지정상품 중 전기스토브와 유사한 상품이라고 주장하는 것이 금반언의 원칙에 반하여 허용되지 않는다고 보기 어렵다.

(2) 이 사건 등록상표는 지정상품이 선출원상표의 지정상품 중 하나인 전기스토브와 유사하고 그 표장 역시 유사하여, 상표법 제8조 제1항에 위반되어 등록된 것이라고 할 것이므로, 그 등록이 무효로 되어야 한다.

3. 해설

(1) 대상판결은 상표법의 영역에서 금반언의 주장이 허용되는지 그 인정 기준은 무엇인지에 관한 판결이다. 상표법과 관련하여 우리나라의 판례가 금반언의 주장을 받아들인 사례는 찾아볼 수 없지만, 특허법의 경우 그리고 상표법상 일본 판례는 금반언을 인정한 사례가 있다.

(2) 특허법의 영역에서 대법원은, "특허출원인 내지 특허권자가 특허의 출원·등록과정 등에서 특허발명과 대비대상이 되는 제품을 특허발명의 특허청구범위로부터 의식적으로 제외하였다고 볼 수 있는 경우에는 특허발명과 대비대상이 되는 제품이 특허발명의 보호범위에 속하여 그 권리가 침해되고 있다고 주장하는 것은 금반언의 원칙에 위배되므로 허용되지 아니한다. 그리고 특허발명과 대비대상이 되는 제품이 특허발명의 출원·등록과정 등에서 특허발명의 특허청구범위로부터 의식적으로 제외된 것에 해당하는지 여부는 명세서뿐만 아니라 출원에서부터 특허될 때까지 특허청 심사관이 제시한 견해, 특허출원인이 제출한 보정서와 의견서 등에 나타난 특허출원인의 의도 등을 참작하여 판단하여야 한다"는 입장인데(대법원 2007. 2. 23. 선고 2005도4210 판결), 이러한 태도는 대법원 2006. 6. 30. 선고 2004다51771 판결, 대법원 2003. 12. 12. 선고 2002후2181 판결, 특허법원 2007. 10. 5. 선고 2007허647 판결

등에서도 일관되게 유지되고 있다.

(3) 한편, 상표법의 영역에서 금반언이 다루어진 사례를 몇 개 소개한다.

가. 특허법원 2005. 10. 13. 선고 2005허5631 판결 (등록무효)

이 사건에서, 피고는 이 사건 등록상표의 최초 권리자인 소외 1로부터 통상사용권을 얻어 정기간행물 등록을 한 후 이 사건 등록상표를 장기간 독점적으로 사용하면서 상표권의 효력을 향유하였고, 원래 상표권자였던 소외 1과 함께 원고가 이 사건 등록상표를 무단으로 사용하여 상표법을 위반하였다는 이유로 원고를 고소하였으며, 이에 대항하여 원고가 불사용으로 인한 상표등록 취소심판을 제기하자 통상사용권자로서 이 사건 등록상표를 사용하였다는 서류까지 작성하여 주었고, 그로 인하여 원고가 취소심판 사건에서 패소할 것을 예상하여 소외 1과 협의하여 이 사건 등록상표를 양도받고 취소심판을 취하하였는바, 피고가 그후 이 사건 등록상표에 대한 불사용 취소심판을 청구하였다가 패소하자 또다시 이 사건 등록상표가 무효라고 주장하며 무효심판을 청구하는 것은 신의성실의 원칙 및 금반언의 원칙(모순행위금지의 원칙)에 위배되는 것이므로, 이 사건 심판청구는 부적법하다고 주장하였다.

이에 대하여 특허법원은, ① 원고의 불사용 취소심판에 대응하기 위하여 상표사용동의서를 작성하여 준 행위는 자신이 통상사용권자로서 이 사건 등록상표를 사용한 사실을 증명하는 것으로서 이를 반드시 비난받을 만한 행위로 볼 수 있는지 의문이고, ② 원고가 이 사건 등록상표를 이전받은 이후에 피고가 불사용 취소심판을 청구한 것은 이 사건 등록상표의 통상사용권자로서 그 사용 사실을 아는 자로서 일부 비난받을 여지는 있으나, 피고가 제기한 등록취소심판청구가 특허심판원에서는 인용되었다가 이 법원 및 대법원에서 피고 스스로 사용한 사실로 인하여 기각된 사실에서 알 수 있듯이 피고가 불사용 취소제도의 법리를 오해하여 위 심판청구를 한 것으로 볼 여지가 있고, ③ 피고가 계속하여 이 사건 등록상표를 사용할 수 있을지 불확실하고 또 계속 사용할 수 있다 하더라도 그 사용료와 관련하여 분쟁이 발생할 수 있는 상황에서 이 사건 등록상표에 무효 사유가 있다고 판단하고 그 무효를 청구하는 것을 들어 선행행위와 모순되는 후행행위라고 보기는 어렵다는 점 등을 들어 원고의 주장을 받아들이지 않았다.

나. 특허법원 2012. 5. 11. 선고 2012허702, 771 판결 (거절결정)

이 사건의 계쟁상표는 다음과 같으며, 원고는 이 사건 출원상표의 출원인, 피고는 특허청장이다.

선등록상표	이 사건 출원상표
MICROSTRAIN	MICRO 마이크로

위 사건에서, 원고의 출원에 대하여 특허청 및 특허심판원은 상표법 제7조 제1항 제7호에 해당한다고 판단하였다. 이에 대하여 원고는 동종의 지정상품에 MICRO를 포함하는 상표가 다수 등록되어 있었던 사정에 비추어 피고가 선등록상표에 대하여 분리관찰을 하지 않고 상표등록을 하였음이 분명한데, 이제 와서 이 사건 출원상표에 대하여 분리관찰을 하여 유사하다고 판단하는 것은 금반언의 원칙에 반할 뿐만 아니라 객관성과 일관성, 형평성을 결여하여 위법하다고 주장하였다.

이에 대하여 특허법원은 "행정상의 법률관계에 있어서 행정청의 행위에 대하여 신뢰보호의 원칙이 적용되기 위해서는, 첫째, 행정청이 개인에 대하여 신뢰의 대상이 되는 공적인 견해표명을 하여야 하고, 둘째, 행정청의 견해표명이 정당하다고 신뢰한 데에 대하여 그 개인에게 귀책사유가 없어야 하며, 셋째, 그 개인이 그 견해표명을 신뢰하고 이에 상응하는 어떠한 행위를 하였어야 하고, 넷째, 행정청이 위 견해표명에 반하는 처분을 함으로써 그 견해표명을 신뢰한 개인의 이익이 침해되는 결과가 초래되어야 하며, 마지막으로 위 견해표명에 따른 행정처분을 할 경우 이로 인하여 공익 또는 제3자의 정당한 이익을 현저히 해할 우려가 있는 경우가 아니어야 한다(대법원 2006. 6. 9. 선고 2004두46 판결 참조)"고 하면서, 위 사유만으로는 피고(특허청장)가 원고에 대하여 선등록상표를 전체로서 관찰하여 이 사건 출원상표의 등록을 해 주겠다는 취지의 공적인 견해표명을 하였다고 인정하기 어렵고, 따라서 원심결이 신뢰보호의 원칙 내지 금반언의 원칙 등에 반하여 위법하다고 할 수 없다고 판시하였다.

다. 특허법원 2012. 2. 3. 선고 2011허10061 판결 (거절결정)

이것은 금반언이 직접적으로 다루어진 사건은 아니지만 대상판결과 사실관계가 유사한 경우이므로 소개하고자 한다.

원고	소외인	원고(청구인)
KOPELEN 코 필 렌 (기존상표1) KOPELEN 코 프 렌 (기존상표2)	KOPRENE (선등록상표)	KOPELEN 코 프 렌 (이 사건 출원상표)
접착제, 폴리에틸렌 수지 등	접착제	공업용 접착제 등

원고의 'KOPELEN 코프렌' 상표등록출원에 대하여 심사관은 선등록상표 'KOPRENE'를 이유로 상표법 제7조 제1항 제7호에 해당한다는 거절결정을 하였고, 특허심판원은 원결정을 지지하는 심결을 하였다.

이에 대하여 특허법원은 "기존상표 1, 2가 선출원 · 등록된 상태에서 이 사건 선등록상표가 출원 · 등록되었고, 이후 약 15년간 이들 상표가 공존한 사정은 인정되나, 나아가 그동안 거래자나 일반 수요자가 기존상표 1, 2와 이 사건 선등록상표를 오인 · 혼동하지 않고 양 상표를 구별하여 인식해왔다거나, 기존상표 1, 2가 거래자나 일반 수요자에게 선등록상표와는 구별되는 특정 출처 표시로 인식되어 왔다는 점을 인정할 만한 뚜렷한 증거가 없으므로, 기존상표 1, 2와 이 사건 선등록상표가 상당 기간 공존했던 사정만으로는 이 사건 출원상표와 이 사건 선등록상표가 동일 · 유사하다는 판단을 뒤집을 수 없거니와, 원고의 주장과 같이 이 사건 출원상표의 출원이 실질적으로는 기존상표 1, 2의 존속기간갱신등록의 의사로 이루어진 면이 있다는 사정까지를 고려하더라도, 역시 위 판단을 뒤집기 어려우니, 원고의 위 주장은 받아들일 수 없다"하여 원고의 청구를 기각하였다.

(4) 영미법에서는 소송에서 권리자가 종전 주장과 다른 주장을 하는 것을 금반언(Estoppel)의 원칙에 따라 불인정하고 있다. 금반언의 원칙이 특허법의 분야에서는 특허청에서 권리를 취득하기 위해 자기에게 유리하게 행한 의견서, 답변서, 심판이유보충서에서의 주장이나 진술을 특허권의 효력의 해석에서 참고로 하는 즉, 그 주장이나 진술과 반대되는 논거를 불인정하는 출원경과참작의 원칙(File wrapper estoppel)으로 투영되어 있으며, 판례와 학설의 지지를 받고 있다.

그러나 상표법의 영역에서는 미국의 경우, 권리불요구제도가 별도로 채용되어 있고, 상표의 식별력에 대한 설명서에 사실에 반한 기재를 한 경우에는 사기적 권리취득 또는 클린핸드 원칙의 위배라는 항변이 가능하므로 출원경과참작의 원칙이 잘 원용되지는 않는 것 같다.

일본의 금반언과 관련한 대표적인 판례는 소위 KII 사건에 관한 것이다. 이 사건에서 원고는 'KII' 상표를 출원하였으나 피고로부터 ① 출원상표는 로마자 'K'와 로마숫자 'II'를 조합한 것으로 매우 간단하고 흔한 구성에 지나지 않으며, ② 피고의 선등록상표인 '케이투(ケイツウ)'와 유사하다는 것이었다. 이에 대하여 원고(출원인)는 답변서에서 출원상표가 모노그램화되어 전체적으로 도형상표로 인식되므로 매우 간단하고 흔한 표장이 아니며, 본원상표로부터 특정한 호칭 · 관념이 발생하지 않으므로 인용상표와 비유사라고 주장했고, 특허청은 그 주장을 받아들여 상표등록을 허여했다. 그 후 상표권 침해소송에서 원고는 피고가 사용하는 'KII' 상표가 원고의 등록상표와 'K'와 'II'를 결합하여 모노그램화한 점에서 외관이 비슷하므로 상표권 침해라고 주장했다. 그에 대하여 재판소는 출원과정에서는 'K'와 'II'의 결합이 아닌 것처럼 주장하고나서 상표등록을 받은 후에 본건 소송에서는 손바닥을 뒤집듯이 본건상표는 'K'와 'II'를 결합한 것으로 간주될 수 있다고 주장하여 자신의 등록상표와 유사하다고 주장하는 것은 신의성실의 원칙에 반하여 허용되지 않는다고 판단하였다.

우리나라는 권리불요구제도를 채용하고 있지 않으므로, 상표권의 설정등록 후에 상표권자가 자기의 권리를 과도하게 주장하는 경우가 적지 않다. 따라서 상표등록출원에 대한 심사 · 등록단계에서는 수요자 보호라는 공익적인 측면이 있어 금반언의 법리에 구애받지 말아야 할 사정이 있겠지만, 상표권 침해소송 등에서 상표권자가 권리취득과정에서의 주장과 정반대 주장을 하는 경우에는 그 주장을 신의성실의 원칙에 반한다든가 또는 권리남용이라는 이유를 들어 금반언의 항변을 인정할 필요가 있다고 생각된다.

ROOTS 사건

□ 사건번호 : 대법원 2005. 6. 16. 선고 2002후1225 전원합의체 판결 (등록취소)
□ 키워드 : 부정사용을 이유로 하는 상표등록 취소심판
□ 관련규정 : 제73조 제1항 제2호

1. 사건의 개요

(1) 이 사건 계쟁상표는 다음과 같다.

이 사건 등록상표	실사용상표	대상상표
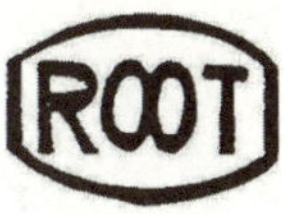		
상표권자 피심판청구인, 원고, 상고인		사용자 심판청구인, 피고, 피상고인

(2) 이 사건 등록상표는 최초 권리자인 A로부터 B, C, D를 거쳐 원고에게 순차로 이전등록되었다.

(3) 피고는 대상상표를 의류에 대하여 출원하였으나 이 사건 등록상표로 인하여 거절결정을 받은 적이 있다.

(4) 피고는 이 사건 등록상표의 종전 권리자인 C가 이 사건 등록상표와 유사한 실사용상표를 사용하여 수요자로 하여금 피고의 대상상표와 출처의 혼동을 초래하였다는 이유로 상표등록취소심판을 청구하였다.

(5) 특허심판원(2000당 1226)의 인용 심결에 대하여 원고가 특허법원에 심결취소소송을 제기하였고, 특허법원은 심리한 결과 ① 피고의 상표는 대상상표로서의 적격이 있고, ② C가 실사용상표를 사용할 당시에는 대상상표가 국내에서 널리 알려졌으며, ③ 실사용상표와 대상상표는 유사하여 오인·혼동의 우려가 있고, ④ 대상상표가 널리 알려진 것이라는 점에서 고의가 추정되고, ⑤ 상표권 부여의 형성처분은 특정인의 속성과의 관련성보다는 상표라는 표장의 식별표지로서의 물(物)에 대한 처분이고, 상표법 제73조 제1항 제2호는 공익을 위한 제재적 성질을 가진 규정이므로 C의 책임은 그 상표권을 승계취득한 원고에게도 미친다고 하여 원고의 청구를 기각하였다.

(6) 원고는 상고심에서 "대상상표가 등록상표의 권리범위에 속하는 것으로서 미등록이거나 등록상표보다 후에 등록된 것이므로 그 상표는 대상상표로서의 적격이 없다"고 주장하였다.

2. 법원의 판단

(1) 상표법 제73조 제1항 제2호는 '수요자로 하여금 상품의 품질의 오인 또는 타인의 업무에 관련된 상품과의 혼동을 생기게 한 경우'라고 규정하고 있을 뿐, 상표권자가 실제로 사용하는 상표(이하 '실사용 상표'라 한다)와의 혼동의 대상이 되는 타인의 상표를 특별히 한정하고 있지도 아니하다. 이러한 점에 비추어 보면, 위 규정 소정의 실사용 상표와 타인의 상표 사이의 혼동 유무는 당해 실사용 상표의 사용으로 인하여 수요자로 하여금 그 타인의 상표의 상품과의 사이에 상품 출처의 혼동을 생기게 할 우려가 객관적으로 존재하는가의 여부에 따라 결정하면 충분하므로, 그 타인의 상표가 당해 등록상표의 권리범위에 속하거나 상표법상의 등록상표가 아니라고 하더라도 그 혼

동의 대상이 되는 상표로 삼을 수 있다.

(2) 이와 달리 상표법 제73조 제1항 제2호에 정한 오인·혼동 판단의 대상상표인지 여부가 문제된 타인의 상표가 등록상표의 권리범위에 속하는 것으로서 미등록 또는 등록상표보다 후에 등록된 것이라거나, 이미 그 상표등록무효 심결이 확정된 것이라면, 그 사정만으로 위의 오인·혼동 판단의 대상상표로 삼을 수 없다는 취지로 판시한 대법원 1988. 5. 10. 선고 87후87, 88 판결과 1997. 8. 22. 선고 97후68 판결은 이와 저촉되는 범위 내에서 변경하기로 한다.

3. 해설

(1) 상표법 제73조 제1항 제2호의 규정이 적용되기 위해서는 실사용상표와 오인·혼동의 대상이 되는 타인의 대상상표가 존재하여야 하며, "등록상표의 권리범위에 속하는 것으로서 미등록이거나 등록상표보다 후에 등록된 것이라면 그 상표는 등록상표의 권리범위확인심판으로 사용이 금지되어야 할 것이기 때문에 오인·혼동 판단의 대상상표로 삼을 수 없다"는 것이 종전의 판례였다.

(2) 이에 대하여 상표법 제73조 제1항 제2호는 부정사용행위를 한 상표권자를 제재하기 위한 규정이지 상표권의 침해여부를 따지기 위한 규정이 아니며, 상표법은 수요자 보호 차원에서 누구든지 심판을 청구할 수 있는 것으로 하고 있고, 혼동은 대상상표가 객관적으로 존재하면 발생하는 것이지 그 상표가 법률상 유효한 것이어야만 하는 것은 아니라는 점 등을 종합적으로 고려한다면, 등록상표의 변형사용과 그로 인하여 수요자간에 혼동이 존재하면 족하고 대상상표의 법적 유효성 여부를 문제삼을 것은 아니라는 비판이 있었다.

(3) 대상판결은 후자의 견해를 채용하고 종전의 상반되는 판례를 변경한 것으로서, 상표법 제73조 제1항 제2호의 취지가 상표권자에 의한 등록상표의 고의적인 변형사용에 대한 제재 규정이라는 점에서 타당한 판결이라고 할 수 있다.

삼익가구 사건

□ 사건번호 : 대법원 2011. 6. 30. 선고 2011후354 판결 (등록취소)
□ 키워드 : 불사용을 이유로 하는 상표등록 취소심판
□ 관련규정 : 제73조 제1항 제3호

1. 사건의 개요

(1) 피고는 '금속제완구, 목재완구, 야구용배트, 시소, 탁구대' 등에 대하여 이 사건 등록상표(삼익가구)를 출원하여 등록받았고, 그 후 지정상품 중 '야구용배트, 탁구대, 시소'만을 분할해서 원고에게 상표권을 이전하였다.

(2) 그리고 나서 피고는 이 사건 등록상표와 표장이 매우 유사하고, '목재가공업' 등을 지정서비스업으로 하는 상표·서비스표 출원을 하였고, 이 사건 등록상표에 대하여 불사용을 이유로 하는 상표등록 취소심판을 청구하였다.

(3) 원고는 2008. 11. 14.부터 2008. 12. 12.까지 모두 다섯 차례에 걸쳐서 이 사건 등록상표를 그 지정상품인 '탁구대, 야구용배트'에 대하여 서울 구로구, 금천구, 경기도 광명시 일대에 소외 A주식회사를 통해서 '벼룩시장' 광고지에 광고를 게재하였다.

(4) 이에 대하여 특허법원은 "원고의 위 광고행위가 단순히 상표의 불사용취소를 면할 목적의 형식적인 광고에 그친다고 단정하기는 어렵다"고 판단하였다.

2. 법원의 판단

(1) 상표법 제73조 제1항 제3호, 제4항 본문은 상표권자 등이 당해 등록상표를 취소심판청구에 관계되는 지정상품 중 1 이상에 대하여 그 심판청구일 전 3년 이내에 국내에서 정당하게 사용하였음을 증명하지 아니하는 한 그 상표등록의 취소를 면할 수 없도록 규정하고 있는바, 그 취지는 등록상표의 사용을 촉진하는 한편 그 불사용에 대한 제재를 가하려는 데에 있다. 이와 같은 불사용으로 인한 상표등록취소심판 제도의 취지에 비추어 볼 때, 등록상표를 그 지정상품에 관하여 광고한 사실이 있다고 하더라도 그 지정상품이 국내에서 정상적으로 유통되고 있거나 유통될 것을 예정하고 있는 것이 아니고, 단순히 등록상표에 대한 불사용취소를 면하기 위하여 명목상으로 등록상표에 대한 광고행위를 한 데에 그친 경우에는 등록상표를 정당하게 사용하였다고 할 수 없다(대법원 1992. 8. 18. 선고 92후209 판결 등 참조).

(2) 원고는 별건 등록상표에 관하여 소외 주식회사 삼익스포츠로부터 불사용으로 인한 상표등록취소심판이 청구되자 그 무렵 이 사건 등록상표에 관하여 단발적으로 위와 같이 광고를 하였고, 원고가 위 광고 당시 판매하고 남은 '야구용 배트'의 사진이라고 주장하는 갑 제6호증의 1 내지 3은 그 촬영일자 및 사진 속 '야구용 배트'의 제조일자를 전혀 알 수 없는 것들이며, 원고는 위 '야구용 배트' 등의 제조·판매 및 납세 등과 관련한 자료는 물론, 원고의 기본적인 회사 운영과 관련한 어떠한 자료도 전혀 제출하고 있지 아니하였을 뿐만 아니라 2003. 10. 21. 설립된 원고는 2009. 12. 1. 이른바 휴면회사의 해산간주 규정인 상법 제520조의2 제1항에 의하여 해산간주 되었다가 이 사건 심판이 청구된 이후인 2010. 2. 8.에야 회사계속등기를 경료하였음을 알 수 있다.

위와 같은 사정에 비추어 보면, 원고의 위와 같은 광고행위 당시 그 지정상품이 국내에서 정상적으로 유통되었거나 유통될 것이 예정되어 있었다고 보기는 어렵고, 따라서 원고의 위와 같은 광고행위는 단순히 등록상표에 대한 불사용취소를 면하기 위하여 명목상으로 이루어진 것에 불과하다고 할 것이므로, 이 사건 등록상표는 이 사건 심판청구일 전 3년 이내에 국내에서 정당하게 사용되었다고 볼 수 없다.

3. 해설

(1) 대상판결은 상표등록의 불사용 취소를 면하기 위한 명목적 사용은 상표의 사용으로 인정되지 않음을 분명히 한 것이다.

(2) 상표법 제73조 제1항 제3호와 관련하여, 등록상표의 사용은 상표사용의 진실한 의사에 기한 적법·정당한 사용이어야 한다. 따라서 등록유지를 위한 형식적 사용에 불과한 경우, 국내에서의 현실적이고 정상적인 유통을 전제로 하였다고 볼 수 없는 경우, 타법령에 의하여 요구되는 인허가를 받지 않고 사용한 경우에는 원칙적으로 상표의 정당한 사용으로 인정되지 않는다.

판례에 의하면, 등록상표의 지정상품이 의약품인 경우에 약사법에 의한 품목별 허가를 받지 않은 상품에 상표가 부착되어 유통된 경우(대법원 1975. 1. 28. 선고 74후16 판결), 지정상품인 의약품의 제조나 수입에 관한 품목별허가를 받지 아니한 상태에서 신문지상을 통하여 1년 못 미쳐에 한차례씩 그 상표를 광고한 경우(대법원 1990. 7. 10. 선고 89후1240, 89후1257 판결)에는 상표의 정당한 사용으로 인정되지 않는다.

반면에, 상표권이 저작권과 저촉되는 경우에 상표권자가 저작권자로부터 동의를 받지 아니하고 등록상표와 동일성이 있는 상표를 사용한 경우(대법원 2001. 11. 27. 선고 98후2962 판결), 레이싱카 완구에 대해서 소정의 안전검사를 받지 않은 경우(대법원 2006. 9. 22. 선고 2005후3406 판결), 보온냉수통에 대해서 소정의 안전검사를 받지 않은 경우(대법원 2007. 1. 26. 선고 2005후179 판결)에는 상표의 정당한 사용으로 인정되는데, 상기 판례에 의하면 "행정법규에 위반하여 특정 상품을 제조·판매하였다고 하여 그 상품이 독립된 상거래의 목적물이 될 수 있는 물품으로서의 요건을 구비하고 있지 않다거나 국내에서 정상적으로 유통되지 아니한 경우에 해당한다고 일률적으로 결정할 수는 없고, 그 상품의 제조·판매를 규율하는 행정법규의 목적, 특성, 그 상품의 용도, 성질 및 판매형태, 거래실정상 거래자나 일반수요자가 그 상품에 대하여 느끼는 인식 등 여러 사정을 참작하여 상표제도의 목적에 비추어 그 해당 여부를 개별적으로 판단하여야 한다."

이상에서의 판례에 비추어 보면, 법원은 등록상표의 사용이 타인의 사적인 권리를 침해하는 경우 또는 완구나 보온병과 같이 제품의 안전검사가 수요자의 위생이나 안전과 관련이 있기는 하지만 그 정도가 중대하다고는 볼 수 없는 경우에는 등록유지에 충분한 상표의 사용으로 봄에 반하여, 의약품이나 의료기구 등과 같이 국민의료보건이나 공중의 위생에 중대한 관련성이 있는 경우에는 상표의 정상적인 사용으로 인정하지 않는 것으로 보인다.

(3) 미국은 상표권의 발생, 상표등록과 갱신등록이 상표의 사용을 전제로 한다는 점에서 상표의 사용이 특히 중요하다. 랜햄법상 상표권자는 최초로 등록된 상표인 경우에는 등록일로부터 5년, 그 후에는 갱신등록출원시마다 제8조의 규정에 의한 사용선서서를 제출하여야 한다. 사용선서서를 제출하지 않으면 최초로 등록된 상표는 등록일로부터 6년이 되는 날의 말일에 상표권이 소멸하며, 그 다음부터는

상표권의 존속기간 갱신등록이 불인정되므로 상표권은 존속기간의 만료로 소멸하게 된다.

상표의 합법적 사용과 관련하여, 출원인 또는 상표권자가 거래상 상표를 사용함에 있어서 상표법 이외의 각종 법규를 위반한 경우에는 상표를 거래상 합법적으로 사용하였다고 할 수 없으므로 그러한 불법적인 상표 사용에 기해 발생한 상표권은 무효로 되며, 그 상표권에 의해 소송상 상대방에게 금지명령을 청구하는 것은 허용되지 않는다. 미국 상표심판원(TTAB)은 General Mills Inc. v. Health Valley Foods 사건에서,[61] 상표의 선사용을 주장하는 이의신청인의 상표 사용이 연방 'Food Drug and Cosmetic Act'에 위반되게 상품표지를 부착하였음이 법원이나 다른 행정기관에 의해 판명된 경우 그러한 상표의 사용은 합법적인 사용으로 볼 수 없으므로 상표권이 취소되어야 한다고 판시하였고, Jackman v. Calvert Distillers Corp. of MA 사건에서는 메사추세츠 법원이 주류 판매 허가 없이 위스키를 판매한 경우 상표법상 상표의 합법적 사용으로 볼 수 없다고 판시하였다고 한다.[62]

이와 같이 미국의 상표제도는 사용주의에 기초하고 있기 때문에, 우리 나라에 비해 상표권자에게 더욱 높은 수준의 상표의 합법적 사용이 요구되고 있다.

61) General Mills Inc. v. Health Valley Foods, 24 USPQ2d 1270 (TTAB 1992).

62) 이창훈, '미국 상표법상 상표의 합법적 사용과 상표권의 유지, "특허와 상표" 제660호, 2007년, 대한변리사회.

챔피온 사건

□ 사건번호 : 대법원 2001. 4. 24. 선고 98후959 판결 (등록취소)
□ 키워드 : 불사용을 이유로 하는 상표등록 취소심판, 표장의 동일성
□ 관련규정 : 제73조 제1항 제3호

1. 사건의 개요

(1) 이 사건 등록상표 및 실사용상표는 다음과 같다.

이 사건 등록상표	실사용상표

(2) 피상고인(상표권자)은 일본의 A회사에 골프화를 수출했는데 그 사실은 상품의 물품송장 및 수출면장을 통해서 확인할 수 있으며, A사의 카탈로그에는 실사용상표와 함께 원고가 수출한 상품의 품목번호가 표시되어 있었다.

2. 법원의 판단

(1) 제73조 제1항 제3호에 대해서

위 실사용상표 1은 이를 구성하는 영문자 중 첫음절 'C'가 다소 디자인화되어 있고 나머지 철자들은 필기체로 되어 있으며, 'C'자 형상의 도형이 위 영문자를 감싸고 있어 전체적인 외관에 있어서는 이 사건

등록상표와 다소 다른 점이 있으나, 그렇다고 하여 거래 사회통념상 이를 이 사건 등록상표와 동일성의 범위를 벗어난 사용으로 볼 것은 아니어서 이 사건 등록상표는 이 사건 심판청구일 전 3년 이내에 그 지정상품에 관하여 정당하게 사용되었다 할 것이다.

(2) 제73조 제1항 제2호에 대해서

상표법 제73조 제1항 제2호에서 규정하는 상표등록취소에 관한 요건의 하나인, 상표권자가 실제로 사용하는 상표(이하 '실사용상표'라 한다)와 혼동의 대상이 되는 타인의 상표(이하 '대상상표'라 한다) 사이의 혼동 유무를 판단함에 있어서는, 각 상표의 외관, 호칭, 관념 등을 객관적 · 전체적으로 관찰하되, 그 궁극적 판단 기준은 결국 당해 실사용상표의 사용으로 대상상표의 상품과의 사이에 상품출처의 오인 · 혼동이 야기될 우려가 객관적으로 존재하는가의 여부에 두어야 할 것이다(대법원 1984. 11. 13. 선고 83후70 판결, 1988. 5. 10. 선고 87후87, 88 판결 등 참조).

기록상 대상상표인 심판청구인의 상표 'Champion'는 이 사건 등록상표와 비슷한 시기에 뉴질랜드에서 등록되었을 뿐 그 구체적 사용실태나 사용내역, 우리 나라에서의 주지도 등에 관하여 아무런 자료가 없어 실사용상표 1의 외관이 대상상표와 어느 정도 유사하다고 하더라도 실사용상표 1의 사용으로 인하여 수요자로 하여금 대상상표에 관한 상품과 출처의 혼동을 일으키게 할 염려가 객관적으로 명백하다고 보기는 어렵고, 나아가 실사용상표 1이 피심판청구인이 대상상표를 모방하기 위하여 이 사건 등록상표를 고의로 변형을 가한 것이라고 단정할 수도 없어 원심의 이유 설시에 다소 적절치 못한 점은 있으나, 같은 취지의 원심의 조치는 결과적으로 정당하다.

3. 해설

(1) 대상판결은 상표법 제73조 제1항 제3호 소정의 불사용 취소심판에 있어서의 등록상표와 실사용상표의 동일성에 대하여 판단하고 있으며, 나아가 동일성이 인정되어 제73조 제1항 제3호를 이유로 하는 상표등록의 취소를 면하는 경우에도 같은 항 제2호에 해당함을 이유로 상표등록이 취소될 수 있음을 전제로 하고 있다는 점에서 살펴볼 여지가 있다.

(2) 대법원 판례에 따르면, "등록상표를 사용해야 한다는 것은 등록상표와 물리적으로 동일한 상표를 사용하여야 한다는 것을 의미하는 것은 아니고, 거래사회의 통념상 이와 동일하게 볼 수 있는 형태의 사용도 이에 포함된다고 할 것이므로 상표의 동일성을 해치지 않을 정도의 변형사용은 허용된다고 할 것이나 유사상표를 사용한 경우는 포함되지 아니 한다"고 하며, 그 판단방법으로는 "일반적으로 등록상표의 변형사용으로 말미암아 등록상표 그 자체의 독립성이 상실된 경우에는 사회통념상 등록상표를 사용하였다고 볼 수 없으나, 등록상표의 요부가 아닌 부기적인 부분에서의 변형사용이 있는 경우에는 등록상표의 사용으로 보아야 한다"고 한다.

(3) 이와 같은 기준에 의하더라도 상표법 제73조 제1항 제3호와 관련하여 상표의 동일성을 판단하는 것은 쉽지 않고, 판례도 선뜻 수긍하기 쉽지 않은 것들이 있지만, 일반적으로 ① 상표의 요부가 삭제, 추가, 치환, 변경된 경우에는 동일성이 부정되며, ② 등록상표의 주요 구성부분이 분리되어 표현된 경우라도 가까이 표시되어 한눈에 함께 보이는 경우에는 동일성이 인정되고, ③ 부기적 부분의 변경은 원칙적으로 동일성에 영향을 주지 않지만, ④ 부기적인 부분이라도 그 부분

이 상표의 전체적인 구성에서 차지하는 비중을 고려하여 예외를 인정할 수 있고, ⑤ 등록상표가 식별력이 강한 상표가 아닌 경우에는 약간의 변형이 있어도 동일성을 인정받지 못하는 경우가 있다고 할 수 있다.

(4) 상기 ①의 예로는, 등록상표가 'FOODYS 후디스'인데 실사용상표가 한글이나 영문자 부분만을 글씨체를 달리한 '후디스'와 'FOODIS'인 경우 또는 한글 부분의 글씨체를 변경하고 영문자 부분의 첫글자를 제외한 나머지 부분을 소문자로 변경함은 물론 'Y'부분을 'i'로 변경하였으면 표장 전체가 입체감을 갖도록 구성한 '후디스'인 경우(특허법원 2009. 4. 17. 선고 2008허14063 판결), 등록상표가 'HEALTH MATE 헬스 메이트'인데 실사용상표가 영문자 부분만을 2단으로 변형하여 사용한 'HEALTH MATE'인 경우(대법원 2004. 8. 20. 선고 2003후1437 판결)가 있고, ②의 예로는, 등록상표가 '세 나 라 SAE NA RA'인데 포장상자의 윗면에 'SAE NARA CHICKEN'을, 옆면에 '새나라치킨'을 가까이 인쇄하여 영문자 부분과 한글 부분이 한눈에 보이는 경우(대법원 2005. 9. 29. 선고 2004후622 판결) 등이 있으며, ③의 예로는 등록상표가 '삼부자'인데 실사용상표가 인지도나 명성을 강조하는 부기적 표현인 '소문난'과 단순한 상품명인 '돌김'이 부가된 '소문난 삼부자 돌김'인 경우(대법원 2010. 10. 28. 선고 2010후1435 판결), ④의 예로는 건과자의 등록상표인 'POCA'와 감자스낵에 실제로 사용된 'POCACHIP' 및 '포카칩 Photo POCACHIP PHOTO'의 동일성을 부정한 경우(대법원 2006. 10. 26. 선고 2005후2939 판결), ⑤의 예로는 식별력 없는 문자(K2)가 도안의 특수성으로 인하여 등록(K2)되었는데 그 도안의 형태를 달리하여 사용(K2)한 경우에 동일성을 부정한 경우(대법원 2000. 5. 30. 선고 98후2955 판결) 또는 등록상표가 '○'인 경우에 있어서 "실사용상표는 잎맥이 드러나는 세 갈래 잎 형상의 단위 구성요소 가 와 같이 동일한 방향으로 연속적으로 배열됨으로써 전체적으로 세 갈래 잎이 일렬로 연결되어 원형을 이루는 도형상표인 반면, 이 사건 등록상표는 잎맥

이 보이지 않는 겹잎 또는 삼지창 형상의 단위 구성요소 가 와 같이 동일한 방향으로 연속적으로 배열됨으로써 전체적으로 야구공의 봉합선 모양 또는 겹잎이 일렬로 연결되어 원형을 이루는 도형상표로서, 양 상표는 단위 구성요소의 형상과 모양 및 전체적인 인상에서 현저한 차이가 있을 뿐만 아니라, 이 사건 등록상표의 지정상품과 동일 또는 유사한 상품에 관하여 특정의 단위 구성요소가 연속적으로 배열된 원형의 도형을 공통으로 하면서 단위 구성요소의 형상과 모양만을 약간씩 변형한 도형상표가 다수 등록이 되어 있고, 특히 이 사건 등록상표의 상표권자인 원고는 실사용상표와 같은 세 갈래의 잎 형상을 단위 구성요소로 하는 원형의 도형상표에 대하여 이 사건 등록상표와 별개로 상표등록(등록번호 제40520호)을 받은 점에 비추어 볼 때, 실사용상표와 이 사건 등록상표가 단순히 특정의 단위 구성요소가 동일한 방향으로 연속적으로 배열된 원형의 도형상표라는 사정만으로는 서로 동일한 형태의 표장이라고 단정하기 어려우므로, 결국 실사용상표는 그 단위 구성요소의 형상과 모양의 차이 등으로 인하여 거래 사회통념상 이 사건 등록상표와 동일하게 볼 수 있는 형태의 상표라고 할 수 없다"고 한 경우(대법원 2009. 5. 14. 선고 2009후665판결) 등이 대표적이다.

(5) 한편, 하나의 실사용상표를 가지고 상표법 제73조 제1항 제2호의 사유와 동항 제3호의 사유에 동시에 해당됨을 주장하는 경우에, 과연 양자의 취소사유를 함께 주장할 실익이 있는지의 문제가 있다.

하나의 실사용상표를 가지고 상표법 제73조 제1항 제2호와 제3호를 동시에 주장하는 경우에, 등록상표의 동일성의 범위를 똑같이 본다면 양자의 취소사유를 함께 주장할 실익이 없게 된다. 이 경우에는 실사용상표와 등록상표의 동일성이 인정되지 않으면 제3호의 사유만으로도 상표등록이 취소될 것이고, 반대로 동일성이 인정되면 어느 사유에도 해당되지 않을 것이기 때문이다.

(6) 생각건대, 상표법 제73조 제1항 제2호와 제3호의 취소사유는 입법취지가 다르기 때문에 등록상표와 실사용상표간의 동일성의 판단에 있어서도 해석을 달리할 필요가 있다. 불사용취소는 등록상표의 사용을 강제하기 위한 것이므로 등록상표와 거래상·사회통념상의 동일성이 인정되는 상표의 사용은 등록상표의 사용으로 인정함이 타당하지만, 부정사용에 의한 상표등록취소는 공중보호를 위해 상표의 고의적인 변형사용으로 출처혼동을 일으키는 행위를 규제하기 위한 것이므로 동일성의 범위가 보다 엄격해야 할 것이어서 양자의 취소사유를 함께 적용하는 것이 가능하다고 보아야 하기 때문이다(대법원 2006. 5. 25. 선고 2006도577 판결 참조).

이와 관련하여, 대법원 2001. 4. 24. 선고 98후959 판결은 상표법 제73조 제1항 제3호와 관련해서는 실사용상표(Champion)가 등록상표(CHAMPION)와 동일성이 인정된다고 하면서도, 같은 항 제2호와 관련해서는 대상상표(Champion)와의 혼동 여부를 판단하되, 다만 대상상표의 구체적인 사용실태, 사용내역, 주지도 등에 대한 입증이 없어 우리나라에서 혼동을 일으키게 할 염려가 있다고 볼 수 없다는 이유로 상고를 기각하였는바, 이것은 제73조 제1항 제3호의 동일성이 인정되는 경우라도 같은 항 제2호에서의 등록상표와 실사용상표 간의 동일성은 부정될 수 있음을 전제로 한 판결이라고 할 수 있다.

또한 특허법원 2010. 11. 17. 선고 2010허2667 판결은 상표법 제73조 제1항 제8호를 사유로 하는 취소심판에 관한 사건인데, 특허법원은 등록상표(Crocodile)와 실사용상표( )가 색채에서만 차이가 있는 경우[63]에 "이 사건 실사용상표는 적어도 부정사용의 관점에서는 이 사건 등록상표의 동일성의 범위를 벗어난 것으로 보이므로, 이 사건 실사용상표는 이 사건 등록상표와 동일한 상표라고 할 수 없고 유사한 상표라고 할 것"이라고 판단하여 규정의 취지에 따라 동일성의 해석의 폭이 달라질 수 있음을 내비친 바 있고, 이 판결은 상고심(대법원 2011. 5. 26. 선고 2010후3462 판결)에서도 지지된 바 있다.

63) 실사용상표는 악어 도형 부분이 옷감의 색상과 다른 연두색이나 초록색 등으로, 문자부분이 옷감의 색상과 동일하거나 매우 유사한 색으로 자수가 되어 있어 악어부분이 두드러지게 표현한 것이다.

LOFT 사건

- 사건번호 : 대법원 2003. 4. 8. 선고 2001후2146 판결 (등록취소)
- 키워드 : 대리인 또는 대표자의 의미
- 관련규정 : 제23조 제1항 제3호, 제73조 제1항 제7호

1. 사건의 개요

(1) 이 사건 계쟁상표는 다음과 같다.

비교대상상표	이 사건 등록상표
LOFT design by ~	LOFT (등록 제431134호)
의류, 신발류	단화, 장화 등 신발류, 우산
조약당사국 : 프랑스 등록일 : 1989. 3. 31.	출원일 : 1997. 10. 06. 등록일 : 1998. 11. 26.
프랑스에서의 상표권자 심판청구인, 피고	상표권자(甲 국내법인) 피심판청구인, 원고

(2) 피고(FRECHE ET FILS ASSOCIET)는 프랑스의 패션회사로서 비교대상상표의 상표권자인데, 비교대상상표는 1989. 3. 31. 상품분류 제25류의 '의류, 신발류'에 대하여 프랑스에서 등록되었다.

(3) 원고는 한섬패션그룹의 계열사로서, 한섬주식회사(이하, '한섬'이라 함)는 'TIME', 원고회사는 'SYSTEM', 한섬의 다른 자회사인 주식회사 마인에스에이는 'MINE'이라는 상표로 의류제품을 제조·판매하고 있다.

(4) 원고와 한섬은 법적으로는 다른 법인이지만, 본점소재지, 전화번호, 팩스번호가 같고, 대표이사 A와 이사 B도 동일한데 양자는 부부 사이이고, 한섬은 3개 자회사로 구성되어 있다고 기재하면서 피고에서 3개사의 현황을 기재한 한섬패션그룹의 현황을 알리는 자료를 보낸 후 한섬이 계약서상의 사용권자가 되어 계약을 체결하였지만, 국내에서 피고의 상표와 유사한 이 사건 등록상표는 한섬이 아니라 원고 명의로 등록을 받았다.

2. 법원의 판단

(1) 상표법 제73조 제1항 제7호, 제23조 제1항 제3호의 입법 취지에 비추어 볼 때 상표법 제23조 제1항 제3호에서 말하는 '대리인이나 대표자'라 함은 일반적으로 국외에 있는 상표에 관한 권리를 가진 자의 그 상품을 수입하여 판매·광고하는 대리점, 특약점, 위탁판매업자, 총대리점 등을 가리킨다(대법원 1996. 2. 13. 선고 95후1241 판결 참조).

(2) 대리점 등 계약의 당사자가 자신과 법인격은 다르지만 그 소유와 경영을 실질적으로 지배하고 있는 자회사의 명의로 상표등록을 하면 대리점 등이 스스로 상표를 등록한 것과 동일한 결과가 초래되어 위 규정을 잠탈하는 행위를 방지할 수 없게 되고, 나아가 공정한 국제 상거래 질서를 확보하고 수요자 사이에 혼동을 방지하고자 하는 입법 목적을 달성할 수 없는 문제가 있는 것은 원심이 판시한 바와 같지만, 그렇다고 하더라도 계약 등에 의하여 대리인이 된 자가 위 상표법 규정의 적용을 회피하기 위하여 법인을 편의상, 형식적으로 설립하였다는 등의 특별한 사정이 없는 한 별개의 법인격을 가지는 회사가 계약 당사자의 실질적 지배를 받는 관계에 있다는 사정만으로 그 회사를 계약 당사자와 동일시하여 당연히 상표소유권자의 대리인으

로서의 지위를 갖게 된다고 할 수는 없다.

따라서 이 사건에서 한섬이 위 상표법 규정의 적용을 회피하려고 원고를 형식적으로 설립하였다고 보기는 어려우므로 원심이 원고가 한섬의 실질적인 지배를 받는 회사라는 이유만으로 원고가 피고의 대리인으로서의 지위에 있었다고 본 것은 잘못이다.

(3) 그러나, 이와 같은 사실 등에 나타난 한섬과 원고의 관계 및 영업형태, 위 상표사용계약의 체결경위 및 그 뒤의 경과 등 이 사건 상표사용계약과 관련된 모든 사정을 종합하면 그 계약 당시 이미 국내에서 이른바 한섬패션그룹의 일원으로서 의류 등을 제조·판매하고 있었던 원고나 한섬의 다른 자회사도 피고와의 사이에 위 계약내용에 따라 한국 내에서 피고의 상표를 사용하거나 피고의 상표가 부착된 제품을 수입·판매하도록 하는 합의가 있었다고 보기에 충분하고, 그렇다면 원고 또한 피고에 대한 관계에서는 위 계약서에 당사자로 표기된 한섬과 마찬가지로 위 법조항의 대리인에 해당하게 된다. 따라서 원심이 이 사건 등록상표의 등록 당시 원고가 위 법조항의 대리인이었다는 이유로 이 사건 등록상표에 등록취소사유가 있다고 판단한 것은 결과적으로 정당하고, 거기에 상고이유로 든 주장과 같은 잘못이 없다.

3. 해설

(1) 상표법 제23조 제1항 제3호 및 제73조 제1항 제7호는 파리조약(Paris Convention for Protection of Industrial Property of March 20, 1883) 제6조의7 규정의 취지를 상표법에 반영한 것으로서 외국 상표권자의 국내 대리점, 총판 등 대리인이나 대표자가 동일·유사한 상표를 무

단으로 국내에서 등록하는 것을 방지하여 공정한 국제거래질서를 확립하기 위한 것이다.

(2) 따라서 위 규정에 해당하기 위해서는 ① 취소심판 청구인의 상표(이하 '비교대상상표'라고 부른다)가 심판대상인 등록상표의 출원 당시 파리조약 당사국에 등록되어 있어야 하고, ② 등록상표와 비교대상상표의 각 표장 및 지정상품이 동일 또는 유사하여야 하며, ③ 등록상표의 출원인이 출원 당시 또는 출원 전 1년 이내에 비교대상상표에 관한 권리를 가진 자의 대리인이거나 대표자이었어야 하고, ④ 등록상표의 출원인이 그 출원에 대하여 비교대상상표의 권리자의 동의를 받지 않는 등 정당한 이유를 가지고 있지 않아야 하는데, 대상판결은 위 요건 중 ③에 관한 것이다.

(3) 판례는 '대리인이나 대표자'라고 함은 일반적으로 국외에 있는 상표에 관한 권리를 가진 자의 그 상품을 수입하여 판매·광고하는 대리점, 특약점, 위탁판매업자, 총대리점 등을 가리킨다고 하면서도, 그 적용에 있어서는 본 규정이 상표권의 보호에 관한 속지주의 원칙에 대한 예외 규정이므로 엄격하게 해석하여야 한다는 입장과 본 규정의 우회적 회피를 방지하기 위하여 상표사용계약의 체결경위, 상표의 등록 및 사용경위 등을 종합하여 동일성의 범위를 폭넓게 인정하는 입장으로 나뉜다.

엄격하게 인정해야 한다는 판례로는 특허법원 2000. 7. 7. 선고 2000허501 판결이 있는데, 이 사건에서 특허법원은 "위 상표법의 규정은 일반적인 상표권의 보호에 관한 속지주의 원칙에 대한 예외 규정이라고 할 것이므로 그 요건에 해당되는지 여부는 조약의 문언을 참고로 엄격하게 해석하여야 할 것인바, 위 규정에서 말하는 상표에 관한 권리를 가진 자의 대리인이나 대표자 란 위 조약의 문언이 의미하는

바대로 그 상표의 등록권리자 내지 소유권자와 대리인 또는 대표자의 관계에 있는 자를 의미하는 것일 뿐이라고 봄이 타당하다"고 하면서, A주식회사가 외국 상표권자의 대리인의 지위에 있다고 할지라도 그 대표이사인 B는 외국 상표권자의 대리인 또는 대표자의 지위를 가진다고 볼 수 없다고 판단하였다. 또한 특허법원 2003. 4. 4. 선고 2002허7667 판결은 외국의 상표권자(원고)와 국내 법인이 독점수입을 위한 교섭을 했지만 결렬된 사안에서 원고와 상대방 사이에서는 거래행위를 위한 교섭단계에 있었던 것에 불과하고, 그 상대방도 피고가 아닌 A주식회사여서 피고를 원고의 대리인 또는 대표자이었던 자로 볼 수 없다고 판단하였다.

이와 달리 대리인 또는 대표자의 범위를 비교적 폭넓게 인정한 사례를 살펴보면, 특허법원은 2009. 4. 30. 선고 2008허12548 판결에서 "계약에 의하여 대리점 등으로 된 자와 상표등록을 한 자가 서로 다른 경우에도 양자의 관계, 영업형태, 대리점 등 계약의 체결 경위 및 이후의 경과, 등록상표의 등록경위, 표장 및 지정상품의 관련성, 상표사용의 방법 등 제반 사정에 비추어 상표등록 명의자를 대리점 등의 명의자와 달리한 것이 위 상표법 규정의 적용을 부당하게 회피하기 위한 편의적, 형식적인 것에 불과하다고 인정되는 때에는 위 규정을 적용함에 있어서 양자는 실질적으로 동일인으로 보아야 한다"는 전제하에, 국내에서의 상표권자인 甲이 외국에서의 상표권자인 乙과 독점판매계약을 체결한 국내 법인 丙을 실질적으로 설립, 지배하였고, 乙과의 계약도 주도하였으며, 법적 대표이사인 丁과 부부 사이이며, 甲이 이 사건 등록상표를 丙회사의 영업이 아닌 독자적인 용도로 사용한 사실이 없다는 점을 중시하여 甲을 乙의 대리인 또는 대표자로 인정한 사례가 있고, 특허법원 2011. 5. 25. 선고 2010허1398 판결에서는 미국의 상표권자인 甲1이 부대표로 있는 甲2 법인과 국내의 乙주식회사가 독점판매계약을 체결하였고, 乙주식회사의 주식 37%를 소유하며 대표이사인 丙이 甲1의 동의 없이 국내에서 상표등록을 한 사건에서, 甲1과 丙이 계약체결과정을 실질적으로 주도하였고, 丙이 등록상표를 乙주식회사의 영업이 아닌 독자적 용도로는 사용하지 않은 사실을 고려할 때 丙을 甲1의 대리인으로 볼 수 있다고 판단한 사례가 있다.

(4) 대상판결은 대리인 또는 대표자의 범위를 다소 탄력적으로 해석할 수 있다고 하면서도 그 한계를 명확히 하고 있다는 점에서 의의가 있다.

이 사건의 원심 판결(특허법원 2001. 6. 8. 선고 2000허7458 판결)은 상표법 제23조 제1항 제3호에서 말하는 "'대리인이나 대표자'에는 대리점 등 계약에 의하여 직접 대리인이 된 계약당사자뿐만 아니라 그 소유와 경영에 있어서 계약당사자의 실질적 지배를 받는 회사도 포함되는데, 한섬은 'LOFT design by ..'와 같이 구성된 상표를 조약당사국인 프랑스에 등록한 피고와의 상표사용계약에 의하여 그 국내 대리인이 되었고, 이 사건 등록상표를 등록한 원고는 그 소유와 경영에 있어서 한섬의 실질적인 지배를 받는 자회사이므로 이 사건 등록상표는 상표법 제73조 제1항 제7호에 따라 그 등록이 취소되어야 한다"는 취지로 판단하였다.

그러나 대상판결은 "계약 등에 의하여 대리인이 된 자가 위 상표법 규정의 적용을 회피하기 위하여 법인을 편의상, 형식적으로 설립하였다는 등의 특별한 사정이 없는 한 별개의 법인격을 가지는 회사가 계약 당사자의 실질적 지배를 받는 관계에 있다는 사정만으로 그 회사를 계약 당사자와 동일시하여 당연히 상표소유권자의 대리인으로서의 지위를 갖게 된다고 할 수는 없다"는 이유에서 원심의 판단이 잘못이라고 하면서도, (원고가 한섬의 실질적 지배를 받는 계열사이기 때문이 아니라) 외국상표권자(피고)와 한섬의 상표사용계약의 체결 경위, 그 뒤의 경과 한섬과 원고의 관계 및 영업형태 등을 고려할 때 피고가 원고에 대해서도 상표사용을 허락한 것으로 볼 수 있으므로 원고를 대리인 또는 대표자로 볼 수 있다고 판단함으로써 원심 판결의 결론을 유지하였다.

비아그라 사건

□ 사건번호 : 대법원 2004. 5. 14. 선고 2002다13782 판결 (상표권등침해금지)
□ 키워드 : 도메인이름, 희석화
□ 관련규정 : 부정경쟁방지법 제2조 제1호 가목, 다목

1. 사건의 개요

(1) 원고(화이자 프로덕츠 인크)는 미국의 다국적 제약회사로서 국내에서 '발기기능장애 치료용 약제'에 대하여 'Viagra'라는 상표의 등록을 받은 자이다. 원고의 상기 등록상표는 국내외에서 널리 사용되어 수요자간에 저명한 상표로 되었다.

(2) 피고는 국내에서 웹사이트를 개설하여 '생칡즙, 칡수, 재첩국' 등의 건강보조식품을 판매하면서, 그 웹사이트 화면 우측 모서리 부분에 'Viagra'라는 문자가 포함된 표장을 표시한 자이다.

(3) 원고는 피고를 상대로 부정경쟁방지법 제2조 제1호 가목 내지 다목에 해당함을 이유로 하는 상표권 등 침해금지청구소송을 제기하였고, 이 사건은 피고가 상고를 제기한 경우이다.

2. 법원의 판단

(1) 상품주체혼동행위(제2조 제1호 가목)에 대하여
피고들의 행위가 위 법률 제2조 제1호 가목 소정의 이른바 '상품주체혼동행위'에 해당하기 위해서는 피고들이 이 사건 상표들을 자신의

상품출처를 표시하는 것으로 사용하여야 하는바, 이에 관한 원심의 판단은 기록에 나타난 다음과 같은 이유로 수긍하기 어렵다.

첫째, 피고들이 개설한 웹사이트에서 '비아그라 관련 정보'라는 제목 아래 비아그라에 관한 국내 신문기사와 원고 화이자 프로덕츠 인크의 발표내용을 인용하면서 "제작사인 화이저(PFIZER)사에 따르면 비아그라(viagra)는…"이라는 표현을 사용한 것은, 이 사건 상표들을 원고들이 생산·공급하는 제품을 가리키는 것으로 사용한 것일 뿐, 피고들이 인터넷으로 판매하는 제품의 출처표시로서 사용한 것이 아니고, 둘째, 피고들이 생칡즙, 칡수를 판매한다는 내용을 게재한 웹페이지에 사용한 'Viagra'와 같은 형태의 표장은, 위 표장이 화면 우측 모서리 윗부분에 작은 크기로 위치하고 있고, 위 웹페이지에서 판매하는 제품인 생칡즙, 칡수에는 '산에 산에'라는 독자적인 상표가 부착되어 있으며, 그 웹페이지 아래 부분에는 "'산에 산에'는 월유봉의 맑은 물을 상징하는 한일종합식품(주)의 고유브랜드입니다"라는 기재가 명확하게 되어 있는 점, 이 사건 상표들로 저명해진 발기기능장애 치료제는 약국에서 의사의 처방전이 있어야만 구입가능한 제품인데다가, 이러한 치료제를 생산·판매하는 외국의 제약업체가 생칡즙이나 칡수를 생산·판매하리라고는 예상하기 어려운 점 등을 종합하면, 'Viagra'가 위와 같은 형태로 사용된 피고들의 웹페이지를 접하는 사람들이 위 표장을 그 웹페이지에서 광고, 판매하고 있는 제품의 출처표시로 인식한다고 할 수는 없으며, 셋째, 피고들이 'viagra.co.kr'이라는 도메인 이름 아래 생칡즙, 재첩국, 건강보조식품의 판매 영업을 하기는 하였지만, 도메인 이름은 원래 인터넷상에 서로 연결되어 존재하는 컴퓨터 및 통신장비가 인식하도록 만들어진 인터넷 프로토콜 주소(IP 주소)를 사람들이 인식·기억하기 쉽도록 숫자·문자·기호 또는 이들을 결합하여 만든 것으로, 상품이나 영업의 표지로써 사용할 목적으로 한 것이 아니었으므로, 특정한 도메인 이름으로 웹사이트를 개설하여 제품을 판매하는 영업을 하면서 그 웹사이트에서 취급하는 제품에 독자적인 상표를 부착 · 사용하고 있는 경우에는 특단의 사정이 없는 한 그 도메인 이름이 일반인들을 그 도메인 이름으로 운영하는 웹사이트로 유인하는 역할을 한다고 하더라도, 도메인 이름 자체가 곧바로 상품의 출처표시로서 기능한다고 할 수는 없는 것인데, 피고들이 이 사건 도메인 이름으로 개설한 웹사이트에서 판매하고 있는 제품에는 별도의 상품표지가 부착되어 있고, 그 제품을 판매하는 웹페이지의 내용에서는 이 사건 도메인 이름이 별도의 상품표지로서 사용되고 있지 않으며, 달리 이 사건 도메인 이름이 피고들이 판매하는 상품의 출처표시로 인식된다고 볼 만한 사정도 없으므로, 이 사건 도메인 이름이 피고들이 취급하는 상품의 출처표시로서 기능한다고 할 수도 없다.

(2) 희석화(제2조 제1호 다목)에 대하여

부정경쟁방지법 제2조 제1호 다목은 2001. 7. 10. 시행된 현행 부정경쟁방지법에 신설된 규정으로서, "가목 또는 나목의 규정에 의한 혼동을 하게 하는 행위 외에 비상업적 사용 등 대통령령이 정하는 정당한 사유 없이 국내에 널리 인식된 타인의 성명 · 상호 · 상표 · 상품의 용기 · 포장 그 밖에 타인의 상품 또는 영업임을 표시한 표지와 동일하거나 이와 유사한 것을 사용하거나 이러한 것을 사용한 상품을 판매 · 반포 또는 수입 · 수출하여 타인의 표지의 식별력이나 명성을 손상하게 하는 행위"를 부정경쟁행위로 규정하고 있는바, 위 규정의 입법 취지와 그 입법 과정에 비추어 볼 때, 위 규정에서 사용하고 있는 '국내에 널리 인식된'이라는 용어는 '주지의 정도를 넘어 저명 정도에 이른 것'을, '식별력의 손상'은 '특정한 표지가 상품표지나 영업표지로서의 출처표시 기능이 손상되는 것'을 의미하는 것으로 해석함이 상당하며, 이러한 식별력의 손상은 저명한 상품표지가 다른 사람에 의하여 영업표지로 사용되는 경우에도 생긴다.

피고들이 이 사건 도메인 이름으로 개설한 웹사이트에서 생칡즙, 재첩국, 건강보조식품 등을 인터넷상으로 판매하는 행위를 한 것은, 원고들의 저명상표와 유사한 표지를 영업표지로 사용한 것에 해당하고, 이처럼 피고들이 위 상표들을 영업표지로 사용함에 의하여 위 상표들의 상품표지로서의 출처표시기능을 손상하였다고 할 것이며, 원심 또한 피고들이 이 사건 도메인 이름을 사용하여 생칡즙 판매 등의 영업을 한 것을 식별력 손상행위 중의 하나로 들고 있으므로, 피고들의 행위가 위 법률 제2조 제1호 다목의 부정경쟁행위에 해당한다고 본 원심은 그 결론에 있어서 정당하다.

한편, 위 법률 제2조 제1호 다목이 "가목 또는 나목의 규정에 의한 혼동을 하게 하는 행위 외에…"라고 규정하고 있기는 하지만, 위 다목의 입법 과정에 비추어 볼 때 위 법률 제2조 제1호 가목의 혼동행위와 다목의 식별력 손상행위는 상반된 관계에 있는 것이 아니라, 별개의 근거로 위 법률에 규정된 것이므로, 위 규정은 "가목 또는 나목의 규정에 의한 혼동이 발생하지 않더라도"라는 취지로 해석함이 상당하고, 그에 따라 특정한 표지의 사용이 위 법률 제2조 제1호 다목과 같은 호 가목, 나목에 모두 해당할 수도 있으므로, 원심이 피고들의 행위가 위 가목과 다목에 모두 해당하는 것으로 판단한 것에 이유모순의 위법이 있다고 할 수 없다.

3. 해설

(1) 대상판결은 도메인 이름의 사용에 대하여 저명상표의 희석화를 이유로 부정경쟁행위에 해당함을 긍정한 최초의 대법원 판례이다. 대법원

은 rolls-royce 사건(대법원 2004. 2. 13. 선고 2001다57709 판결)에서는 "식별력이나 명성 손상행위에 해당하는 표지의 사용은 '상업적 사용'을 각 의미하는 것으로 해석하여야 할 것이고, 도메인이름의 양도에 대한 대가로 금원 등을 요구하는 행위는 도메인이름을 상품 또는 영업표지로 사용한 것이라고 할 수 없어 동 규정에 해당하지 아니한다"고 판단하였으나, 본 사건에서는 저명상표와 유사한 도메인이름을 사용하여 웹사이트를 개설하고 이종상품을 판매한 것을 저명상표의 희석화로 인정한 것이다.

(2) 도메인 이름의 사용이 타인의 상표권 침해에 해당한다는 판결을 살펴보면, 서울고등법원 2000. 11. 15. 선고 99나61196 판결(chanel.co.kr 사건)은 피고가 원고의 등록상표와 동일한 도메인이름의 웹사이트에서 그 등록상표의 지정상품과 유사한 상품을 전시, 광고하고 이를 판매하는 행위는 상표를 간판 또는 표찰에 표시하고 이를 전시 또는 반포하는 행위이므로 상표의 사용에 해당한다고 하여 상표권 침해를 인정하였고, 더 나아가 서울지방법원 2004. 1. 15. 선고 2003가합24685 판결(morinaga.co.kr 사건)은 웹브라우저의 주소창에 morinaga.co.kr을 입력하면 원고가 bebest.co.kr이라는 도메인이름으로 운영하는 웹사이트로 이동하도록 포워딩하고 그 웹사이트에서 유아용 식품을 판매한 경우에 그 실질은 morinaga.co.kr로 웹사이트를 개설하고 상품을 판매하는 것과 다를 바 없다고 하여 상표권 침해를 인정하였다.

(3) 반대로 도메인 이름의 사용에 대하여 상표권 침해를 부정한 사례를 살펴보면, 도메인이름을 등록만 하고 웹사이트를 개설하지는 않은 경우(서울고등법원 2001. 7. 4.자 2000라452 결정 – grammy.co.kr 사건), 등록한 도메인이름으로 웹사이트를 개설하였지만 그것을 타인의 등록상표의 지정상품과 무관하게 비영리적으로 운영한 경우(대법원 2004. 2. 13. 선고 2001다57709 판결 – rolls-royce.co.kr 사건), 타인의 등록상표의 지정상품과 도메인이름의 웹사이트에서 취

급하는 상품 또는 영업이 유사하다고 볼 수 없는 경우(서울지방법원 2000. 12. 8. 선고 2000가합37185 판결 – fedex.co.kr 사건), 도메인이름으로 개설된 웹사이트에서 판매되는 상품에 별도의 상표가 표시되어 있는 경우(대법원 2004. 5. 14. 선고 2002다13782 판결 – viagra 사건), 웹사이트에서 판매하는 상품이 실제로 상표권자가 제조·판매한 것인 경우(서울지방법원 2000. 11. 10. 선고 2000가합31286 판결 – legokorea.co.kr 사건) 등이 있다.

(4) 도메인 이름의 사용에 대하여 앞서 살펴본 희석화의 경우를 제외하고, 상품주체 또는 영업주체 혼동에 의한 부정경쟁행위에 해당하는지 여부에 관한 사례를 살펴보면, 국내에서 주지된 타인의 상표와 동일 또는 유사한 도메인이름을 등록하고 그 도메인이름의 웹사이트를 개설하여 동종상품을 판매한 경우에는 대부분의 경우 부정경쟁행위에 해당함을 인정하고 있지만(서울고등법원 2000. 11. 15. 선고 99나61196 판결 – chanel.co.kr 사건, 서울지방법원 2003. 6. 27. 선고 2002가합77514 판결 – littledisney.co.kr 사건), 도메인이름을 등록만 하고 웹사이트는 개설하지 않은 경우(인천지방법원 2000. 6. 16. 선고 2000가합1637 판결 – jooyontech.com 사건), 도메인이름으로 개설한 웹사이트를 비영리적으로 사용하면서 도메인이름의 양도에 대한 대가로 금원을 요구한 경우(대법원 2004. 2. 13. 선고 2001다57709 판결 - rolls-royce 사건), 도메인이름의 웹사이트에서 취급하는 상품이나 영업이 국내에서 주지된 타인의 상표 등의 지정상품과 전혀 달라서 혼동을 일으킬 염려가 없는 경우(서울지방법원 2000. 12. 8. 선고 2000가합37185 판결 – fedex.co.kr 사건)에는 상품주체 또는 영업주체 혼동에 의한 부정경쟁행위에 해당함을 부정하였다.

(5) 한편, 2004. 1. 20. 개정 부정경쟁방지법(2004. 7. 21. 시행)은 제2조 제1항 아목에서 부정한 목적으로 도메인 이름을 등록·보유·이전 또는 사용하는 행위를 부정경쟁행위로 추가하였으며, 2004. 1. 29. 제정된 인터넷주소자원에관한법률(2004. 7. 30. 시행)은 제12조에서 "누구든지 정당한 권원이 있

는 자의 도메인이름 등의 등록을 방해하거나 정당한 권원이 있는 자로부터 부당한 이익을 얻을 목적으로 도메인이름 등을 등록하여서는 아니된다(제1항), 정당한 권원이 있는 자는 제1항의 규정을 위반하여 도메인이름 등을 등록한 자에 대하여 법원에 그 도메인이름 등의 등록말소를 청구할 수 있다(제2항)"고 규정하고 있다. 따라서 rolls-royce 사건에서처럼 도메인이름을 등록하고 비영리적으로 웹사이트를 운영하면서 도메인이름의 양도대가로 상당한 금원을 요구하는 경우에는 위 규정들에 의하여 효과적인 해결이 가능하게 되었다.

마하몰 사건

□ 사건번호 : 대법원 2011.8.25. 선고 2010도7088 판결 (상표법위반)
□ 키워드 : 도메인 이름, 상표권 침해
□ 관련규정 : 제2조 제1항 제7호, 제93조

1. 사건의 개요

(1) 이 사건 계쟁표장은 다음과 같다.

이 사건 등록서비스표들	실사용표장
마 하 , 마하몰 MAHAMALL	www.mahamall.com www.mahamall.net 마하몰.kr 마하몰.com 마하몰 (※한글인터넷주소임)
(온라인) 불교용품판매대행/알선업	불교용품판매 인터넷사이트

(2) 피고인은 'www.mahamall.com', 'www.mahamall.net', '마하몰.kr', '마하몰.com'이라는 도메인이름과 '마하몰'이라는 한글인터넷도메인이름을 등록하고, 인터넷 사용자가 웹브라우저의 주소창에 이들 도메인이름 중 하나를 입력하면 피고인의 불교정보 포털사이트인 '사찰넷'으로 연결되도록 하는 한편, 위 '사찰넷'에는 피고인의 불교용품 판매사이트인 '사찰몰'로 링크(link)를 해 놓았는데, 이러한 행위는 '불교용품 판매대행업, 불교용품 판매알선업' 등으로 하는 등록서비스표 '마 하' 또는 '마하몰 MAHAMALL'에 대한 서비스표권 침해라는 이유로 기소되었다.

2. 법원의 판단

(1) 상표권 침해가 인정될 수 있으려면 상표의 사용이 전제되어야 할 것인데, 상표법상 '상표의 사용'이라 함은 상표법 제2조 제1항 제6호 각 목 소정의 행위를 의미하는 것인바, 도메인이름의 사용이 여기에 해당하기 위해서는 도메인이름의 사용태양 및 그 도메인이름으로 연결되는 웹사이트 화면의 표시 내용 등을 전체적으로 고려하여 볼 때 거래통념상 상품의 출처표시로 기능하고 있어야 하고, 이러한 법리는 상표법 제2조 제3항에 의하여 서비스표의 경우에도 마찬가지로 적용된다(대법원 2007. 10. 12. 선고 2007다31174 판결, 대법원 2008. 9. 25. 선고 2006다51577 판결 등 참조).

(2) 이 사건 각 도메인이름은 '사찰넷' 웹사이트에 접속하는 단계에서 웹브라우저의 주소창에 이를 입력하는 순간에만 잠시 나타나 있다가 '사찰넷' 웹사이트로 연결되는 과정에서 사라져버리고, 나아가 '사찰몰' 웹사이트에 접속하기 위해서는 '사찰넷' 홈페이지의 링크 부분을 다시 클릭해야 하며, 이에 따라 '사찰넷'과 '사찰몰' 웹사이트의 주소창에는 각각의 도메인이름인 'www.sachal.net'과 'www.sachalmall.com'이 표시될 뿐 이 사건 각 도메인이름은 나타나지 아니하는 반면, 위 각 웹사이트의 화면 좌측 상단에는 각각 ' 사찰넷 '과 ' 사찰몰 '로 된 표장이 별도로 표시되어 피고인이 제공하는 불교용품 판매업 등 서비스업의 출처를 표시하는 기능을 하고 있으므로, 이 사건 각 도메인이름이 위 각 웹사이트를 통해 제공되는 불교용품 판매업 등 서비스업의 출처표시로 기능하고 있다고 보기 어렵다.

따라서 이 사건 각 도메인이름은 상표법상 서비스표로 사용되었다고 할 수 없으므로, 이로써 피고인이 지정서비스업을 '불교용품 판매대행업, 불교용품 판매알선업' 등으로 하는 등록서비스표 ' **마 하** ' 또는 지정서비스업을 '컴퓨터네트워크상의 온라인 불교용조각 판매대행업, 불교용조각 판매알선업' 등으로 하는 등록서비스표 '마하몰 MAHAMALL'에 관한 서비스표권을 침해하였다고 할 수 없다.

3. 해설

(1) 도메인이름이 타인의 등록상표권의 침해로 인정되기 위해서는 도메인이름의 사용이 소위 '상표적 사용'에 해당하여야 하는데, 판례에 의하면, 도메인 이름의 사용태양 및 그 도메인이름으로 연결되는 웹사이트 화면의 표시 내용 등을 전체적으로 고려하여 거래통념상 상품의 출처를 표시하고 자기의 업무에 관계된 상품과 타인의 업무에 관계된 상품을 구별하는 식별표지로 기능하고 있을 때에는 상표의 사용으로 볼 수 있다고 한다.

(2) 비아그라 사건에서 살펴본 바와 같이, 상표적 사용을 부정한 판례로는 ① 도메인 이름하에 운용되는 웹사이트에서 등록상표권의 지정상품과 동일 또는 유사한 상품을 취급한 사실이 없는 경우(롤스로이스 사건), ② 도메인이름으로 개설된 웹사이트에서 판매되는 상품에 별도의 상표가 표시되어 있는 경우(비아그라 사건, 베베하우스 사건)가 있고, 상표적 사용에 해당한다고 본 판례로는 등록상표와 동일한 도메인이름의 웹사이트에서 그 지정상품과 유사한 상품을 전시, 광고, 판매한 경우(샤넬 사건), 등록상표와 유사한 도메인이름을 입력하면 비유사한 도메인이름으로 운영하는 웹사이트로 포워딩되는데 그 웹사이트에서 등록상표의 지정상품과 동일·유사한 상품을 판매한 경우(모리나가 사건) 등이 있다.

(3) 대상판결은 영문도메인이름과 한글도메인이름 양자에 관한 것인데,

피고인이 등록서비스표와 유사한 도메인이름을 사용하기는 했지만, 그 도메인이름과 비유사한 '사찰넷'이라는 웹사이트로 연결되고, 그 사이트의 도메인이름 및 그 웹사이트 화면에 표시된 표장이 등록서비스표와 비유사하다는 점에서 도메인이름이 서비스표로 기능하고 있다고 보기 어렵다고 판단한 것이다.

(4) 한글도메인이름에 관한 사건을 살펴보면, 대법원 2008. 9. 25. 선고 2006다51577 판결은 '장수돌침대'라는 한글인터넷주소를 등록하고 이것과 연결되는 피고 개설의 웹사이트(www. jangsuondol.com)에서 전기침대 등 상품에 관한 정보를 제공하고 판매하는 쇼핑몰을 운영하는 행위는 상표의 사용에 해당하고, 한글인터넷주소와 등록상표의 표장 및 사용상품이 동일 · 유사하므로 상표권 침해에 해당한다고 하였지만, 대법원 2007. 10. 12. 선고 2007다31174 판결에서는 정반대로 '파출박사'라는 한글인터넷도메인이름을 등록하고 피고 개설의 웹사이트(www.pachulpaksa.com)에 연결되도록 하여 그 웹사이트에서 직업정보 제공 등의 서비스를 제공한 경우에는 그 한글도메인이름의 사용이 서비스표적 사용이 아니라고 판시하였다.

이와 같이 대법원은 '장수돌침대' 및 '파출박사'라는 한글도메인이름으로 사용한 서로 다른 사건에서, 전자는 상표권 침해를 긍정하고 후자는 서비스표권 침해를 부정하였는데, 그 차이를 살펴보면 전자는 그 한글도메인이름에서 연결되는 웹사이트상에 한글도메인의 요부를 주요 구성요소로 하는 '장수온돌'와 같은 상표가 표시되어 있었을 뿐 다른 상품표지가 없었던 반면, 후자는 연결되는 웹사이트상에 다른 표장이 서비스표로 사용되고 있었다는 점을 들 수 있다.

이스타운송 사건

□ 사건번호 : 특허법원 2010. 10. 7. 선고 2010허4946 판결 (등록무효)
□ 키워드 : 상표의 사용의사
□ 관련규정 : 제3조, 제23조 제1항 제4호, 제71조 제1항 제1호

1. 사건의 개요

(1) 이 사건 계쟁상표는 다음과 같다.

이 사건 등록서비스표	선사용 서비스표	
서비스표권자(원고)	사용자(피고)	
이스타 운송	이스타 항공	이스타
관광운송업, 운송예약업, 운송업, 선박운송업, 공항서비스업, 하역업, 항공수화물취급업, 항공운송업, 상품배달업, 택배업	항공운수업	금융업

(2) 피고는 원고를 상대로 이 사건 등록서비스표는 선사용 서비스표들과 관련하여 상표법 제7조 제1항 제11호 및 제12호에 해당하며, 원고가 그 지정서비스업에 사용하고자 하는 의사없이 출원하여 등록받은 것이므로 상표법 제23조 제1항 제4호에 해당함을 이유로 등록무효심판을 청구하였다.

(3) 특허심판원은 위 심판청구 사건을 2009당2297호로 심리한 다음 '상품배달업, 택배업'을 제외한 지정서비스업에 관하여 상표법 제23조

제1항 제4호에 해당하여 그 등록이 무효로 되어야 한다고 심결하자 원고가 특허법원에 불복하는 소를 제기한 경우이다.

2. 법원의 판단

(1) 상표법 제71조 제1항 제1호는 상표법 제23조 제1항 제4호의 '제2조 제1항 제1호 내지 제4호의 규정에 의한 표장의 정의에 합치하지 아니하는 경우'를 등록무효사유로 규정하고 있고, 상표법 제2조 제1항 제2호는 '서비스표라 함은 서비스업을 영위하는 자가 자기의 서비스업을 타인의 서비스업과 식별되도록 하기 위하여 사용하는 표장'이라고 규정하고 있다. 따라서 오로지 제3자에게 서비스표권을 양도하려는 목적으로 서비스표를 출원하여 등록받은 경우 등과 같이, 등록서비스표가 서비스업을 영위하는 자의 서비스업을 타인의 서비스업과 식별되도록 하기 위하여 사용하는 표장이라고 할 수 없는 경우에는 상표법 제2조 제1항 제2호의 규정에 의한 표장의 정의에 합치하지 아니하는 경우에 해당하여 상표법 제71조 제1항 제1호, 제23조 제1항 제4호에 따라 그 등록이 무효로 되어야 할 것이다.

(2) 그러나 '현재 자기의 서비스업을 타인의 서비스업과 식별되도록 하기 위하여 사용하는 표장'은 아니라고 하더라도 '장차 자기의 서비스업을 타인의 서비스업과 식별되도록 하기 위하여 사용하고자 하는 표장'에 해당하면 상표법 제71조 제1항 제1호, 제23조 제1항 제4호, 제2조 제1항 제2호에 규정된 등록무효사유는 없는 것이라고 보아야 할 것이고, 상표법 제41조 제1항은 "상표권은 설정등록에 의하여 발생한다"라고 규정하여 등록주의를 원칙으로 하고 있는 점, 상표법 제9조는 상표등록출원서에 상표의 사용의사에 관하여 이를 기재하거나 입증하는 서면을 첨부하도록 요구하고 있지 않은 점, 상표법 제

30조는 "심사관은 상표등록출원에 대하여 거절이유를 발견할 수 없을 때에는 상표등록결정을 하여야 한다"라고 규정하고 있는 점, 상표법 제73조 제1항 제3호가 '상표권자 · 전용사용권자 또는 통상사용권자 중 어느 누구도 정당한 이유 없이 등록상표를 그 지정상품에 대하여 취소심판청구일 전 계속하여 3년 이상 국내에서 사용하고 있지 아니한 경우'를 등록취소사유로 규정하고 상표법 제73조 제6항에서 이해관계인이 그 상표등록의 취소심판을 청구할 수 있도록 함으로써 상표등록 후 상표의 사용을 간접적으로 강제하고 있는 외에는 상표법이 상표등록 이후의 상표 불사용에 대하여 상표등록을 무효로 하는 별도의 규정을 두고 있지 아니한 점 등에 비추어 보면, **'현재 자기의 서비스업을 타인의 서비스업과 식별되도록 하기 위하여 사용하는 표장이 아니라는 점'이나 '장차 자기의 서비스업을 타인의 서비스업과 식별되도록 하기 위하여 사용하고자 하는 표장이 아니라는 점'은 함부로 추정되어서는 아니 되고, 객관적이고 충분한 증거에 의하여 명확하게 인정되어야 할 것이다.**

(3) 원고가 이 사건 등록서비스표 중 주문 기재 지정서비스업('관광운송업, 운송예약업, 운송업, 선박운송업, 공항서비스업, 하역업, 항공수화물취급업, 항공운송업')에 관한 해당 법령에 규정된 일정한 기준을 갖추고 관할관청으로부터 면허(허가)를 받거나 관할관청에 등록하기만 하면 얼마든지 위 주문 기재 지정서비스업을 영위할 수 있을 것으로 보이고, 원고가 현재까지 해당 법령에 규정된 기준에 맞는 설비 등을 갖추어 주문 기재 지정서비스업에 관한 면허(허가)나 등록을 받은 바 없다는 사유만으로는 원고가 이 사건 등록서비스표를 그 지정서비스업 중 주문 기재 지정서비스업에 사용하고자 하는 의사가 없이 출원하여 등록받았다고 단정할 수 없다.

3. 해설

(1) 구 상표법(2011. 12. 2. 일부개정 법률 제11113호로 개정되기 전의 법)은 제3조 전단에서 "국내에서 상표를 사용하는 자 또는 사용하고자 하는 자는 자기의 상표를 등록받을 수 있다"고 규정하고 있었지만, 그것을 상표등록 거절이유 또는 무효사유로 규정하고 있지는 않았다. 따라서 상표등록 출원인이 출원상표를 현재 사용하고 있지 않음은 물론이고 장차 사용을 기대하기도 거의 어려운 경우에는 그 출원을 거절할 것인지 또한 거절한다면 어떤 조항에 의하여 거절할 것인지 그리고 사용의사의 존부를 어떤 기준에 의하여 판단할 것인지에 대하여 견해가 나뉘었다.

(2) 일찍이 특허법원은 나홀로 사건에서 "상표 · 서비스표에 대한 사용의사 유무는 상표 · 서비스표 출원인의 주관적, 내면적인 의지에 의하여만 결정할 것이 아니라 외형적으로 드러나는 사정에 의하여 객관적으로 결정하여야 하므로, 변리사의 자격 외에 다른 자격을 갖추지 못한 등록서비스표권자는 위 지정서비스업 중 '변호사업, 공인노무사업, 행정사업, 법무사업'에 관하여 객관적인 사용의사가 없어 상표법 제23조 제1항 제4호의 무효사유에 해당한다"고 판단하였으나(특허법원 2003. 12. 12. 선고 2003허4221 판결), 그 판결에 대한 상고심에서 대법원은 "원고가 '변호사업, 공인노무사업, 행정사업, 법무사업'에 필요한 자격을 취득하는 것이 금지되어 있는 것도 아니고, 제3자에게 전용사용권이나 통상사용권을 설정하는 방식으로만 이 사건 등록서비스표를 사용하기 위해서 이 사건 등록서비스를 출원, 등록받았다고 볼 만한 자료도 없는 점을 종합하면, 원고가 이 사건 등록서비스표를 출원, 등록하는 것이 공공의 질서 또는 선량한 풍속을 문란하게 할 염려가 있는 경우에 해당한다고 할 수는 없다"고 하여 원심을 파기하였다(대법원 2005. 10. 28. 선고 2004후271 판결).

(3) 특허법원은 동남일보 사건(특허법원 2005. 10. 28. 선고 2005허6191 판결)에서 "상표법이 상표를 사용하는 자 또는 사용하고자 하는 자가 아닌 사람이 상표등록출원을 한 경우를 별도의 등록거절사유나 등록무효사유로 정하고 있지 않고, 또한 상표법에서는 제41조 제1항에서 "상표권은 설정등록에 의하여 발생한다"고 규정하면서 제55조, 제57조에서 상표권자가 아닌 전용사용권자나 통상사용권자에 의한 상표의 사용을, 제73조 제1항 제3호에서 상표권자 등이 상표를 사용하지 않은 경우를 등록취소사유로 각 규정하고 있어서, 위와 같은 상표법의 여러 규정의 취지에 비추어 보면, 상표법이 상표권자에게 상표 사용의사가 없는 경우를 상표법 제23조 제1항 제4호의 '표장의 정의에 합치하지 아니하는 경우'에 해당하는 등록무효사유로 규정하고 있다고 보기는 어렵다"거나, 영절하 사건(특허법원 2006. 5. 24. 선고 2005허8197 판결)에서 "상표법은 상표권의 취득에 관하여 사용에 의하여 상표권의 취득을 인정하는 사용주의가 아니라 등록에 의하여 상표권의 취득을 인정하는 등록주의를 채택하고 있고, 상표권자 · 전용사용권자 또는 통상사용권자 중 어느 누구도 정당한 이유 없이 등록상표를 그 지정상품에 대하여 취소심판청구일 전 계속하여 3년 이상 국내에서 사용하고 있지 아니한 경우에 등록취소심판을 통하여 그 등록을 취소할 수 있는 제도를 두고 있는 점(상표법 제73조 제1항 제3호) 등에 비추어 보면, 상표등록출원 당시에 현실적으로 상품의 생산 등을 업으로 영위하는 사람에 해당하지 아니한다 할지라도, 객관적으로 보아 해당 상표를 상품의 식별표지로서 사용하려는 의사가 있는 경우까지 위 무효사유에 해당하는 것으로 보기 어렵다"고 하여 사용의사 흠결을 거절이유 또는 무효사유로 하는 명시적인 규정이 없다는 점에서 사용의사를 이유로 하는 상표등록의 무효를 소극적으로 운영하여 왔는데, 대상판결도 같은 선상에 있는 것으로 판단된다.

(4) 다만, 개정 상표법(2011. 12. 2. 일부개정, 2012. 3. 15. 시행 상표법)은 제3조 전단을 거절이유 및 무효사유로 명시함으로써 국내에서의 상표의 '사용' 내지 '사용의도'가 상표의 등록요건임을 분명히 하였다.

그리고 사용의사의 확인과 관련하여, 상표심사기준은 심사관이 출원인의 상표 사용의사에 관하여 합리적인 의심이 있는 경우에는 상표법 제3조를 이유로 의견제출 통지를 하도록 하는 한편, "출원인이 해당 지정상품 또는 지정서비스업에 관한 업무를 하는 것이 법령상 제한된 경우", "지정상품 또는 지정서비스업이 5개류 이상 지정되는 등 폭넓은 범위에 걸쳐 있는 경우", "백화점업, 대형할인마트업, 은행업 또는 보험업, 항공운송업 등과 같은 대규모 자본 및 시설이 필요한 서비스업을 개인이 지정한 경우", "그 밖에 유사한 관계가 없는 다수의 서비스업을 지정해 온 경우 등 심사관이 출원인의 상표 사용의사가 희박하다고 판단한 경우" 등을 심사관이 사용의사를 확인해야 하는 경우로 규정하고 있다(상표심사기준 제42조의2).

(5) 그러나 개정 상표법이 제3조 전단을 거절이유와 등록무효사유로 명시하였다 할지라도, 사용의사 존부의 판단은 주관적 · 내면적 의사에 관한 것이라는 점, 출원 당시의 사용의사의 존부를 추후 무효심판단계에서 판단하는 것이 매우 곤란하다는 점, 불사용 상표에 대해서는 등록취소심판의 청구가 가능하다는 점 등에서 종전과 마찬가지로 사용의사가 없음이 객관적으로 명백한 경우로 한정하여 엄격하게 운영하여야 할 것이며, 입법론으로는 사용의사 없는 무분별한 출원을 저지하기 위하여 거절이유는 유지하되 법적 안정성 차원에서 무효사유는 삭제함이 바람직할 것이다.

(6) 미국은 상표의 보호에 있어 사용주의에 기초하고 있기 때문에 상표

의 사용이 상표권 발생의 전제로 된다. 연방상표등록이 되었다 할지라도 상표의 사용 사실이 없으면 실질적인 상표권이 발생하지는 않기 때문에, 상표의 사용은 상표권의 본질적인 개념이라고 할 수 있다.

2003. 11. 2. 시행된 개정 랜햄법상 연방상표등록을 받기 위해서는 ① 사용(use in commerce)에 기초한 출원(제1조(a)), ② 사용할 의사(intent to use)에 기초한 출원(제1조(b)), ③ 외국에서의 상표등록에 기초한 출원(제44조), ④ 마드리드의정서에서 미국을 지정한 출원(제66조)의 4가지 루트를 이용할 수 있다. 이 4가지 중에서 ③의 경우에는 등록 전 사용이 요구되지 않지만, ②의 경우에는 등록 전에 반드시 상표를 거래상 사용하였음을 진술하는 서면(SOU: Statement of Use)과 사용을 소명하기 위한 견본을 제출하여야 한다.

여기에서 주의해야 할 점은, 출원서에 기재한 지정상품 또는 서비스 전부에 대하여 사용을 진술하여야 하므로, 사용하지 않은 상품과 서비스가 있으면 미리 삭제보정을 할 필요가 있다는 것이다. 즉, 상표의 사용 진술 중 일부에 거짓이 있으면 상표등록 전부가 무효로 될 수 있다는 점에 유의하여야 한다. 상표심판원(TTAB)은 Medinol Ltd. v. Neuro Vasx, Inc. 사건에서, 등록상표의 지정상품이 '스텐트(stents)'와 '카테터(catheters)'이고 출원인이 둘 다에 대하여 사용진술을 하였는데, 실제로는 그 상표를 '카테터'에 대해서만 사용하였다면, 상표권자가 추후 '스텐트'에 대한 상표권을 포기하였다 할지라도, 그 상표등록은 기만에 의한 것이므로 전부가 무효로 된다고 판단한 사례가 있다.

따라서 국내 기업들이 미국에 상표출원을 하는 경우, 출원인이 이미 상표품을 미국에서 유통시키고 있거나 또는 가까운 장래에 상표품을 유통시킬 계획이 아니라면 랜햄법 제1조(b)에 의한 출원보다는 제

44조에 의한 출원을 고려하는 것이 바람직할 것이다.[64]

(7) 일본은 2007. 4. 1. 시행 개정 상표법이 제2조 제2항에서 도·소매업을 보호대상에 포함시키면서, 상표의 사용의사확인제도를 시행하기 시작했다. 일본 상표법에는 우리 나라 상표법 제3조(상표등록을 받을 수 있는 자)와 같은 취지의 규정이 없기 때문에, 일본은 실무상 상표법 제3조 제1항 본문의 "자기의 업무에 관한 상품 또는 서비스에 관하여 '사용을 하는' 상표"라는 문구에 기하여 상표의 사용의사 확인을 요구하는 것으로 하고 있다.

일본의 사용의사확인제도는 앞서 설명한 우리나라에서의 사용의사 확인절차와 실무상 비슷한 면이 많은데, ① 출원인의 업무의 범위가 법령상 제한된 경우, ② 출원인이 해당 지정상품 또는 서비스에 관한 업무를 하는 것이 법령상 제한된 경우, ③ 상표의 사용 의사에 대하여 합리적 의심이 있는 것으로 판단되는 경우, 예를 들면 개인이 종합소매업을 지정한 경우 또는 하나의 류구분 내에서 8개 이상의 유사군에 걸쳐 상품 또는 서비스를 지정한 경우에는, 거절이유를 통지하여 출원인으로 하여금 사용의사를 입증하게 하거나 또는 지정상품의 삭제 보정이나 출원의 분할을 하도록 요구하고 있다.

64) 이창훈, '미국 상표법상 상표의 합법적 사용과 상표권의 유지, "특허와 상표" 제660호, 2007년, 대한변리사회.

VSP 사건

□ 사건번호 : 대법원 2012. 5. 24. 선고 2010후3073 판결 (권리범위확인)
□ 키워드 : 키워드 광고, 상표의 사용

1. 사건의 개요

(1) 이 사건 계쟁상표는 다음과 같다.

이 사건 등록상표	확인대상표장
상표권자(원고)	사용자(피고)
VSP	VSP 엔티씨
전압급승압방지기, 전압안정장치	순간정전보상장치, 뇌보호시스템

(2) 원고는 '전압급승압 방지기, 전압안정장치, 차단기' 등을 지정상품으로 하여 'VSP'라는 상표를 등록한 자이다.

(3) 피고는 인터넷 포털사이트인 '다음(daum)'으로부터 'VSP'라는 키워드를 구입하였고, 인터넷 사용자가 그 포털사이트의 검색창에 'VSP'를 입력하면 검색결과 화면에 '스폰서링크'로서 'VSP 엔티씨'라는 표제가 나타나고 그 아래 줄에 '서지보호기, 순간정전보상기, 뇌보호시스템'이라는 상품의 종류가 표시되며, 그 다음 줄에 피고가 운영하는 회사의 홈페이지 주소가 나타나고, 그 검색결과 화면에서 다시 'VSP 엔티씨'나 홈페이지 주소 부분을 클릭하면 피고 회사의 홈페이지로 이동하는 방식으로 되어 있는 인터넷 키워드 검색광고를 하였다.

(4) 피고는 이와 같은 방식의 인터넷 키워드 검색광고 중 그 검색결과 화면에 표시되는 'VSP 엔티씨'가 원고의 위 등록상표에 의한 상표권의 권리범위에 속하지 않는다는 소극적 권리범위확인심판을 청구했다.

(5) 특허심판원(2009당2430)은 피고의 심판청구를 인용하였고, 특허법원(2010. 9. 15. 선고 2010허3271 판결)은 확인대상표장이 인터넷 사용자들을 소외 회사의 인터넷 홈페이지로 유인하는 일반적인 "스폰서링크"가 갖는 기능을 갖는데 그치는 것이고, 더 나아가서 VSP는 순간정전보상장치를 취급하는 거래계에서 순간정전보상장치를 뜻하는 영어단어 "Voltage Sag Protector"의 약어로 통용되고 있다는 점에서 피고가 생산하여 판매하는 제품의 출처표시기능까지 갖는 것은 아니라 할 것이므로 이 사건 등록상표의 권리범위에는 속하지 아니한다고 하여 원고의 청구를 기각하였다.

2. 법원의 판단

(1) 인터넷 포털사이트 운영자로부터 특정 단어나 문구(이하 '키워드'라 한다)의 이용권을 구입하여 일반 인터넷 사용자가 그 단어나 문구를 검색창에 입력하면 검색결과 화면에 그 키워드 구입자의 홈페이지로 이동할 수 있는 스폰서링크나 홈페이지 주소 등이 나타나는 경우에, 그 검색결과 화면에 나타난 표장이 자타상품의 출처표시를 위하여 사용된 것으로 볼 수 있다면, 이는 상표권의 권리범위확인심판의 전제가 되는 '상표로서의 사용'에 해당한다 할 것이다. 그리고 상표로서의 사용의 일종인 상품의 '광고'에는 신문, 잡지, 카탈로그, 간판, TV 등 뿐 아니라 인터넷 검색결과 화면을 통하여 일반소비자에게 상품에 관한 정보를 시각적으로 알리는 것도 포함된다.

(2) 피고가 위와 같이 인터넷 키워드 검색결과 화면에서 이 사건 표장을 표시하여 한 광고행위는 구 상표법 제2조 제1항 제6호 다목이 정한 '상품에 관한 광고에 상표를 표시하고 전시하는 행위'에 해당한다 할 것이니, 이 사건 표장은 자타상품의 출처를 표시하는 상표로 사용되었다고 할 것이다.

(3) 원심판결 이유에 의하면, 인터넷 사용자가 검색결과 화면에서 다시 이 사건 표장이나 홈페이지 주소 부분을 클릭하면 이동하게 되는 피고 회사의 홈페이지에는 피고 등이 등록한 '논트립(Nontrip)', '딥프리(dipfree)', '새그프리(Sag Free)' 등의 상표가 사용된 제품만 표시되어 있고 이 사건 표장이 붙은 상품은 표시된 것이 없음을 알 수 있다. 그러나 이는 위에서 본 바와 같이 이 사건 표장이 키워드 검색결과 화면 자체에서 이미 상표로 사용된 이후의 사정일 뿐이므로, 이와 같은 사정을 들어 이 사건 표장이 상표로 사용되지 않았다고 볼 수는 없다.

따라서 원심이, 이 사건 표장은 인터넷 사용자들을 피고 회사의 홈페이지로 유인하는 일반적인 '스폰서링크'로서 기능할 뿐 자타상품의 출처를 표시하는 상표로 사용된 것은 아니라고 보아, 이 사건 등록상표의 권리범위에 속하지 않는다고 판단한 데에는 상표 사용에 관한 법리를 오해한 위법이 있다.

3. 해설

(1) 키워드 광고는 인터넷 검색사이트에서 이용자가 특정 키워드를 검색하면 광고주가 미리 등록한 광고가 노출되도록 하는 광고 기법이다. 키워드 구매에 의한 대표적인 광고로는 구글의 'Adwords'와 네이버의 '클릭 초이스', 다음의 '스폰서링크' 등이 있다.

키워드 광고는 검색 포털에게는 중요한 수익원이고, 기업의 입장에서는 제품이나 서비스를 홍보하는 수단이며, 사용자는 키워드를 통하여 원하는 정보에 용이하고 정확하게 접근할 수 있는 사회적 기능을 수행한다.[65] 특정인(甲)이 경쟁업자인 상표권자(乙)의 등록상표와 동일하거나 유사한 키워드를 검색포털(丙)로부터 구매하여 미리 등록해 놓고, 이용자가 검색창에 그 키워드를 입력하면 검색 결과가 노출되는데, 그 결과물은 ① 상품의 판매와는 관련이 없는 비상업적 정보인 경우, ② 등록상표의 지정상품과 비유사한 상품 또는 서비스에 관한 정보인 경우, ③ 등록상표의 지정상품과 동일하거나 유사한 상품에 관한 상업적 정보가 직접 노출된 경우, ④ 등록상표의 지정상품과 동일하거나 유사한 상품에 관한 정보가 간접적으로 노출된 경우, 예를 들면, 甲 또는 다른 판매업자의 웹사이트 주소나 썸네일 화면이 노출되고 그것을 클릭하면 甲의 상품을 판매하거나 홍보하는 해당 사이트로 이동하게 되는 경우 등으로 분류할 수 있다.

이 때 ①과 ②의 경우에는 상표권 침해로 보기 어렵겠지만, ③의 경우에는 특별한 사정이 없는 한 상표적 사용, 특히 '광고'적 사용이므로 상표권 침해로 될 것이다. 문제는 ④의 경우인데, 검색화면상에서 甲의 상품이 판매되거나 판매의 청약이 이루어지는 것도 아니고, 그 화면상에 乙의 상표가 표시되는 것도 아니기 때문이다.

③과 ④의 경우에 甲에게는 상표권 침해의 책임이, 그리고 丙의 경우에는 민법 제760조 제3항에 의한 교사, 방조의 문제가 발생한다.

(2) 우리나라는 메타태그나 키워드 광고와 관련한 상표권 침해가 다투어진 사례가 많지 않기 때문에 외국의 사례를 살펴 보지만, 외국의 사

65) 김수철, '키워드 광고에 있어서 상표권 침해 판단 및 포털의 책임에 관한 고찰', "LAW & TECHNOLOGY" (제8권 제6호), 2012년, 서울대학교 기술과법센터, 93쪽.

례들도 아직까지 통일적인 결론을 내리지 못하고 있음을 알 수 있다.

키워드 광고에 관한 분쟁으로 주목을 끌었던 것으로 유럽에서의 Louis Vuitton vs. Google France SARL 사건이 있다. 이 사건에서, 2010. 3. 23. 유럽사법재판소(ECJ)는 Google이 유명상표를 키워드로 시스템에 저장해 두고 키워드 검색시 자동적으로 광고주의 광고가 게재되도록 한 것은 상표의 '사용' 행위에 해당한다고 볼 수 없다고 하였지만, 광고주의 책임과 관련하여, 광고주가 검색사이트로부터 유명상표를 키워드로 구매하여 자신의 사이트에 대한 광고 링크가 게재되도록 하는 행위가 'invisible use'라는 이유만으로 상표의 '사용'에 해당하지 않는다고 볼 수 없으며, 나아가 광고주의 행위는 'Louis Vuitton' 상표의 고객흡인력, 평판 및 명성을 이용하고자 한 것이므로 상표 희석화 행위에도 해당한다고 판시하였다.[66)]

(3) 미국의 경우에는 메타태그와 관련하여, 연방 제9항소법원은 1999년에 Brookfield 판결[67)]에서 상표권 침해를 긍정하였다. Brookfield 사건에서 원고(Brookfield)는 'MovieBuff'라는 상표로 영화평, 수익 집계, 영화출시일정과 같은 연예산업정보를 포함한 특정 데이터베이스를 판매하였고, 피고(West Coast)는 500개가 넘는 가게를 가진 미국 내 최대 비디오 대여체인의 하나로서 원고에 의해 제공되는 데이터베이스와 비슷한 것을 포함하는 웹사이트를 개설하려고 하였고, 피고의 웹사이트의 메타태그에는 'moviebuff.com'이 포함되어 있었다.

이 경우에 제9항소법원은 비록 검색결과가 검색엔진에 의하여 나타날 때, 그 목록은 Brookfield와 West Coast 사이트를 모두 포함할

66) ECJ Case C-236/08, http://www.shinkim.com/newsletter/ip/201004/IP_KR01004.html 참조

67) Brookfield Communication Inc. v. West Coast Entertainment Corp., 174 F.3d 1036 (9th Cir. 1999).

수 있고, West Coast 웹사이트는 도메인 이름으로 'westcoastvideo.com'으로 표시될 것이어서 사용자들이 원고와 피고를 혼동하지 않을 수 있지만, 피고는 메타태그를 이용하여 의도적으로 사람들을 그의 웹사이트로 유도하고 원고의 상표의 신용으로부터 이익을 얻기 때문에 '최초관심(Initial interest)' 혼동이 존재한다고 설명했다. 또한, 위 사건에서 피고는 원고의 상표를 피고 웹페이지의 HTML 코드에서만 사용하였고 이를 인식하는 주체는 검색엔진일 뿐 소비자들이 'MovieBuff'라는 상표를 화면상에서 인식할 수 있는 것은 아니지만, 위 법원은 그것이 상표적 사용에 해당하는지 여부를 문제 삼지 않았다.[68)]

한편, 제9항소법원은 배너광고 관련 사건에서도, 원고(Playboy)가 피고(Netscape)를 상대로 피고가 사용자들이 검색엔진에 원고의 등록상표인 'Playboy'나 'Playmate'를 입력하면 이와 관련된 경쟁업자의 배너광고를 보여주는 행위가 상표권 침해라고 주장한 사건에서, 피고가 원고의 상표를 상업적으로 사용했다고 하면서 최초관심혼동이론을 적용하여 상표권 침해를 인정하였다.

이와 같이 키워드 광고와 관련하여, 제2연방항소법원을 제외한 연방항소법원들은 대개의 경우 검색엔진의 검색어 광고 판매가 상표의 사용에 해당한다는 취지의 판결을 해 왔고, 제2연방항소법원도 2009년 Rescuecom Corp v. Google, Inc. 사건에서 Google이 AdWords 프로그램을 통하여 상표를 검색어로 판매하고 추천하는 것은 '상업적 사용'에 해당한다고 하여 다른 법원과 보조를 맞추기 시작했다.[69)]

---

68) 백강진, '인터넷에서의 상표사용의 개념', "LAW & TECHNOLOGY" (제5권 제5호), 2009년, 서울대학교 기술과법센터, 51쪽 이하.

69) Rescuecom Corp. v. Google, Inc., 562 F.3d 123 (2d Cir. 2009).

최근의 사건으로는 'Rosetta Stone' 케이스가 있는데, 2010. 9.에 미국 연방법원 버지니아 동부지방법원은 Rosetta Stone이라는 어학프로그램 업체가 자사의 'Rosetta Stone' 상표를 Google이 AdWords의 키워드로 판매하였음을 이유로 제기한 소송사건에서, 그와 같은 사용은 소비자 혼동을 초래하지 않으며, 상표의 기능적인 사용이므로 상표권의 침해가 아니고, 상표의 희석화 행위에 해당한다고 보기도 어려우며, 구글이 상표권자의 이의통지를 받는 즉시 해당 사이트의 검색광고를 철거한 이상 방조책임도 없다고 판결하였다.[70] 다만, 이 판결은 제4연방항소법원이 어학프로그램이라는 상품의 특성상 'Rosetta Stone'이라는 단어가 기능적이라고 볼 수 있는 여지가 없다는 이유로 원심을 파기 환송하였기 때문에[71] 현재 심리가 계속하여 진행중에 있다.

(4) 이상에서의 논의를 기준으로 살펴보면, 메타태그에서 또는 키워드 검색광고에서 타인의 등록상표와 동일하거나 유사한 키워드를 이용하여 자사의 상품을 검색하게 하거나 광고하게 하는 것은 상표적 사용으로서 상표권 침해로 될 가능성이 높다고 할 수 있다. 그러나, 키워드 광고를 한 자 즉, 甲의 상표권 침해의 책임과 별개로 검색포털(丙)의 행위가 상표권 침해 또는 상표권 침해에 대한 교사나 방조행위로서 공동불법행위가 성립하는지는 분명하지 않은데, 이 경우에는 저작권법상 인터넷서비스제공자의 법적 책임을 유추하여 문제를 해결할 수밖에 없을 것이다. 따라서 향후 인터넷 등 사이버 공간에서의 상표의 사용에 관한 정의 규정을 신설하거나 보완하고, 검색포털이나 오픈마켓 운영자 등 인터넷서비스 제공자들의 법적 책임과 그 책임의 제한에 관한 규정을 마련할 필요가 있을 것이다.

---

70) Rosetta Stone Ltd. v. Google Inc., 1:09-cv-00736-GBL-TCB (E.D. Va.).

71) Rosetta Stone Ltd. v. Google Inc., No. 10-2007 (4th Cir. 2012).

(5) 대상판결은 첫째, 검색결과 화면에 나타난 표장이 자타상품의 출처 표시를 위하여 사용된 것이므로 '상표로서의 사용'에 해당한다고 하였고, 둘째, 상표로서의 사용의 일종인 상품의 '광고'에는 인터넷 검색결과 화면을 통하여 일반소비자에게 상품에 관한 정보를 시각적으로 알리는 것도 포함된다고 하였으며, 셋째, 검색결과 화면을 클릭하면 피고의 홈페이지로 이동하는데 그곳에는 원고의 등록상표와 유사한 상표가 없다는 주장에 대해서도 그 전단계에 이미 상표권 침해가 발생하였음을 인정하였다.

한편, 대상판결은 검색과정 및 검색결과 화면에서 원고의 등록상표와 동일하거나 유사한 상표가 시각적으로 노출되었는지 여부도 문제로 삼지 않았다는 점에 특징이 있다. 또한 대상판결은 이용자가 검색결과 화면을 클릭해야 피고의 웹사이트로 이동하는 경우에 있어서, 이미 그 전단계에서 상표의 '광고적 사용'에 의한 상표권 침해행위가 발생했음을 인정하였는데, 이 점 타당하다고 생각된다. 나아가 이용자가 검색엔진에 최초에 입력한 상표인 검색어와 이에 따라 최종적으로 나타나는 경쟁자의 광고는 비록 그 광고에 상표가 표시되어 있지 않더라도 순간적인 시차가 존재할 뿐 이를 지각하는 사용자들로서는 상호 연관된 것으로 인식하게 되며, 더욱이 검색어로 입력된 상표는 검색결과가 나타나면 사라지는 것이 아니라 검색결과 화면에 그대로 존속하는 것이 보통이라는 점에서도 경쟁자의 상표권 침해의 책임을 긍정하는 것이 타당하다고 생각된다.

대상판결에 따라, 국내에서도 유명상표의 권리자는 키워드 광고 등으로부터 자사의 키워드를 구입한 경쟁사에게 법적 조치를 취할 수 있는 가능성이 열렸다고 할 수 있고, 이는 메타태그 등을 이용한 웹사이트의 홍보 내지 유인에도 마찬가지라고 할 수 있을 것이다.

Adidas 오픈마켓 사건

□ 사건번호 : 서울고등법원 2010. 5. 10. 선고 2009라1941 결정 (상표권침해금지가처분)
□ 키워드 : 오픈마켓에서의 상표권 침해

1. 사건의 개요

(1) 신청인1은 독일에 본사를 두고 '아디다스' 또는 'adidas'라는 상표의 국내 상표권자로서 각종 스포츠용품을 제조·판매하는 업체이고, 신청인2는 신청인1의 위 상표권의 전용사용권자이자 대한민국 내 자회사로서 국내 마케팅을 담당하고 있다.

(2) 피신청인은 'www.gmarket.co.kr'이라는 도메인이름으로 인터넷 쇼핑몰을 운영하고 있다.

(3) 피신청인의 쇼핑몰은 이른바 '오픈마켓' 형태로 운영되는데, 그 쇼핑몰에서 이 사건 상표로 유통되는 상품 중에는 신청인들의 허락 없이 판매자가 임의로 이 사건 상표를 부착하여 판매하는 '위조품'이 상당수 존재한다.

(4) 신청인들은 피신청인에게 위조품의 판매를 차단하는 적절한 조치를 취해줄 것을 요구하였지만, 피신청인은 판매자의 등록계정을 삭제하는 등의 소극적인 조치만 취하였다고 주장하면서 이 사건 상표권 침해금지가처분을 신청하였다.

2. 법원의 판단

(1) 상표권 침해행위를 사전에 일반적 · 포괄적으로 방지하여야 할 조리상 작위의무의 존부

① 이 사건 쇼핑몰은, 불법복제 음원 파일 내지 동영상 파일의 배포 · 교환을 주된 목적으로 하는 이른바 P2P 사업모델과는 달리 일반상품 및 용역의 거래를 목적으로 하는 것으로서 법률에서도 명시적으로 인정하는 합법적 사업방식인 점, ② 오픈마켓 자체는 인터넷 및 물건 배송 수단의 발달 등 시대 변화에 따라 자연스럽게 등장한 것으로서 오프라인 시장과 비교하여 판매자로서는 점포개설 등의 비용 없이 상품을 판매할 수 있고, 구매자로서는 직접 시장에 찾아갈 필요 없이 원하는 물건을 구입할 수 있는 혜택을 제공하는 새로운 형태의 시장인 점, ③ 채무자와 같은 오픈마켓 운영자가 「전자상거래 등에서의 소비자보호에 관한 법률」소정의 통신판매중개자에 해당하기는 하나, 오픈마켓의 본질이 오프라인의 일반시장과 유사하고, 그 운영자는 일반적인 중개인과는 달리 상품거래에 적극적으로 관여하지 아니하는 점에 비추어 채무자와 같은 오픈마켓 운영자는 중개인보다는 시장운영자로서의 성격이 강한 점, ④ 오픈마켓상의 거래는 인터넷을 이용한 비대면 거래라는 특성상 당사자 사이에 직접 계약을 체결하기도 어렵거니와 구매자로서는 거래상대방과 상품을 직접 확인하지 아니하고 등록된 상품정보에만 의존하여 거래를 결정하므로 상대방의 신용상태, 진정한 거래의사의 존재 여부, 제품의 동일성 및 하자 존재 여부 등을 알 수 없고, 판매자로서도 외상판매시 대금 지급에 관한 위험을 부담하게 되는바, 채무자가 계약의 체결 및 대금결제 등에 관여하는 것은 이러한 위험을 제거하여 거래의 안전을 담보하기 위한 것인 점, ⑤ 오픈마켓에서는 상표권자 내지 상표실시권자로

부터 진정상품을 매수하여 이를 판매하려는 영업자, 병행수입업자, 진정상품을 구입한 후 필요가 없게 되어 이를 되팔려는 개인과 같은 판매자도 있을 뿐 아니라 중고품의 거래도 왕성하게 이루어지고 있는 점, ⑥ 위조상품의 유통은 이 사건 쇼핑몰과 같은 오픈마켓 뿐만 아니라 오프라인 시장에서도 발생하는 것으로서 오픈마켓의 고유한 특성에 기인하는 것은 아닌 점, ⑦ 등록된 상품정보만으로는 그 상품이 위조상품인지 여부를 확인할 수 없을 뿐만 아니라 정교하게 제조된 위조상품인 경우에 오픈마켓 운영자로서는 실물을 보더라도 이를 확인하기 쉽지 아니한 점, ⑧ 오픈마켓은 본질적으로 판매자와 구매자 사이에 자유롭게 거래가 이루어지는 구조이므로 운영자로 하여금 판매자가 등록하려는 상품정보를 사전에 일일이 확인하도록 하는 것은 인터넷을 통한 자유롭고 간편한 거래라는 오픈마켓의 존재 이유를 반감시킬 수 있는 점, ⑨ 매일 새로 등록되는 대량의 상품을 일일이 확인하여 특정 상표가 사용된 상품이 위조상품인지 여부를 검증하는 것은 현실적으로 불가능에 가까운 점, ⑩ 설령 그것이 가능하더라도 이 사건 쇼핑몰을 통하여 거래되는 상품도 품목이 약 3,500만 개에 달할 정도로 그 수가 많고, 그 대부분은 정상적인 상품으로 보이는바, 위조상품의 유통을 사전에 차단하기 위하여 채무자로 하여금 상품정보가 이 사건 쇼핑몰에 등록되기 전에 이를 검토하거나 상품의 진정성 여부를 일일이 확인하도록 한다면 이는 곧 거래비용의 증가를 가져오고, 이와 같이 증가한 거래비용은 결국 이 사건 쇼핑몰의 거래당사자에게 전가되는데, 이는 상표권을 보호하는 데 드는 비용을 그 상표권과는 아무런 관련이 없는 다른 상품의 거래당사자에게까지 전가하는 결과가 되어 부당할 뿐만 아니라 이와 같이 위조상품의 유통에 대한 책임을 채무자와 같은 오픈마켓 운영자로 하여금 모두 부담하게 한다면 오픈마켓의 정상적인 운영 자체를 어렵게 만들 위험이 있는 점 등에 비추어 보면, 채무자에게 상품의 진정성 여부에 대한 포괄적 · 전면적 사전 검사, 위조상품 등록 여부의 상시감시(monitoring), 포괄적 · 사전적 자동검색을 통한 위조상품 등록 차단(filtering), 판매자에 대한 엄격한 신원확인 등과 같이 상표권 침해행위를 사전에 일반적 · 포괄적으로 방지할 수 있는 적극적인 조치를 취하여야 할 조리상 작위의무가 있다고 보기는 어렵다. 따라서 채무자에게 이러한 작위의무가 있음을 전제로 한 방조책임은 인정되지 아니한다.

(2) 상표권 침해행위를 사후에 개별적 · 구체적으로 방지하여야 할 조리상 작위의무의 존부

채무자가 이 사건 쇼핑몰을 운영 · 관리하고 있어 이 사건 쇼핑몰을 통한 위조 상품 거래가 적발되었을 경우에 그에 대하여 그 위조상품의 판매금지 등 적절한 조치를 취할 수 있는 권한이 있는 점, 오픈마켓이 오프라인 시장에 비하여 상대적으로 익명성이 높기 때문에 상표권을 침해한 위조상품이 유통되기 쉬운 점, 채무자는 위조상품의 거래에 대해서도 서비스 이용료를 받음으로써 위조상품 거래로 인한 경제적 이익을 취득하는 점, 민법의 불법행위 법리상 일반적으로 누구든지 불법행위에 가담하거나 협력하지 아니할 주의의무를 부담하는 점 등을 종합하여 보면 채무자가 상표권자로부터 구체적 · 개별적인 위조상품의 삭제 및 판매금지조치를 요구받은 경우는 물론 채무자가 상표권자로부터 직접적인 요구를 받지 않은 경우라 하더라도 이 사건 쇼핑몰에서 그 위조상품이 유통되는 것을 구체적으로 인식하였거나 그 위조상품이 유통되는 것을 인식할 수 있었음이 외관상 명백하게 드러나는 경우에는 채무자에게 기술적 · 경제적으로 가능한 범위 내에서 그 판매자가 더 이상은 이 사건 쇼핑몰을 통하여 위조상품을 판매할 수 없도록 조치할 의무가 있음이 인정된다.

그런데, 등록된 상품정보만으로는 그 상품이 위조상품인지 여부를 확인할 수 없을 뿐만 아니라 정교하게 제조한 위조상품인 경우에 오픈마켓 운영자로서는 실물을 보더라도 이를 확인하기 쉽지 아니한 점, 매일 새로 등록되는 대량의 상품을 일일이 확인하여 특정 상표가 사용된 상품이 위조상품인지 여부를 검증하는 것은 현실적으로 불가능에 가까운 점 등을 종합하여 보면, 이 사건 쇼핑몰에서 이 사건 상표권을 침해하거나 침해할 개연성이 있는 상품이 판매되고 있다는 사정만으로 채무자가 고의 또는 과실로 개별적·구체적 사후방지 의무를 게을리하였다고 보기 어렵고, 오히려 위와 같은 인정사실에 의하면 채무자는 개별적·구체적 사후방지 의무를 성실히 이행한 것으로 보인다. 따라서 채무자가 이러한 의무를 위반하였음을 전제로 한 방조책임은 인정되지 아니한다.

(3) 따라서 채무자가 상표권 침해행위를 방조하였음을 전제로 한 채권자들의 이 사건신청은 그 피보전권리가 인정되지 아니하므로, 더 나아가 살펴 볼 필요 없이 이유 없다.

3. 해설

(1) 온라인을 통한 상품거래의 비중이 크게 증가하고 있음에도 불구하고, 저작권법과 달리 상표법은 온라인서비스제공자의 책임 제한에 관한 규정을 두고 있지 않아 전자상거래 특히 오픈마켓을 통한 상표권 침해품의 유통과 관련하여 논란이 야기되고 있다.

(2) 오픈마켓에서의 상표권 침해와 관련하여 다루어진 대표적인 사례는 미국에서의 Tiffany Inc. v. eBay Inc. 사건이라고 할 수 있다.

미국의 보석회사인 Tiffany사는 eBay의 온라인사이트에서 Tiffany 위조 상품이 거래되고 있는 것과 관련하여 eBay를 상대로 미연방법원 뉴욕지방법원에 상표권 침해소송을 제기하였다.[72] 동 사건에서 eBay는 위조상품의 판매자도 아니고 위조상품을 소지한 자도 아니라는 점에서 상표권 침해에 대한 직접책임은 인정되지 않았고, 쟁점은 eBay가 기여침해에 대한 책임을 부담하는지 여부였다.

미국 상표법상 기여침해에 대한 판단은 1982년 Inwood 사건에서 연방대법원이 확립한 기준이 적용되는데,[73] 동 판례에 따라 지방법원은 위조품이 존재한다는 추상적 · 추정적 인식만으로는 불충분하며, eBay가 위조상품이 없는 플랫폼을 운영하기 위하여 권리자 검증프로그램(FADE), 침해자의 삼진아웃프로그램 등을 운영하고 있는 점을 들어 Tiffany의 기여침해주장을 배척하였고, 항소심 판결에서도 제2연방항소법원은 이를 지지하였다.[74]

(3) 우리나라의 경우에도 오픈마켓 운영자가 직접 위조상품을 판매하거나 소지하는 것은 아니라는 점에서 상표권 침해 또는 부정경쟁행위의 직접적 책임은 부담하지 않는 것으로 이해된다. 따라서 우리나라에서 오픈마켓 운영자의 책임은 주로 민법 제760조 제3항에 기한 불법행위에 대한 방조책임을 부담하는지 여부에 대해 논의가 이루어지고 있다.

우리 법원은 히노끼 사건에서 정보통신망 이용촉진 및 정보보호에 관한 법률(이하, '정보통신망법'이라 한다) 제44조 제2항을 근거로 오픈마켓 운영자는 정보통신서비스제공자로서 상표권을 침해하는 판매정보가 유통되지 않도록 할 작위의무가 있다고 판결한 경우가 있

72) Tiffany v. eBay, Inc., 576 F. Supp. 2d 463, 478 (S.D.N.Y. 2008)

73) Inwood Laboratories, Inc. v. Ives Laboratories, Inc., 102 S.Ct. 2182 (1982)

74) Tiffany Inc. v. eBay Inc., 600 F.3d 93 (2d Cir. 2010)

지만,[75] K2사건에서는 오픈마켓에서 판매되는 상품이 타인의 권리를 침해할 수 있다는 일반적인 권리침해 가능성 내지 개연성만을 들어 오픈마켓 운영자에 대하여 판매자의 상품의 등록·판매행위가 부정경쟁행위 등 타인의 권리를 침해하는지를 일일이 검색하여 미리 삭제하는 것과 같이 판매자의 부정경쟁행위를 방지할 일반적인 주의의무를 부담하지는 않는다고 하였는데,[76] 대상판결은 오픈마켓 운영자의 상표권 침해의 책임에 대한 대법원 판결이 없는 상태에서 기존의 논의를 종합적으로 정리하여 의의가 있으며, 그 내용을 표로 정리하면 다음과 같다.

시기	내용	작위의무
사전적	상품의 진정성 여부에 대한 포괄적·전면적인 사전검사; 위조상품 등록 여부의 상시감시(monitoring); 포괄적·사전적 자동검색을 통한 위조상품 등록차단(filtering), 판매자에 대한 엄격한 신원확인	없음
사후적	구체적·개별적으로 위조상품의 삭제 및 판매금지 등의 요구를 받은 경우에 그에 상응하는 조치	있음
	위조상품이 유통되는 것을 구체적으로 인식하였거나, 위조상품이 유통되는 것을 인식할 수 있었음이 외관상 명백히 드러나는 경우에 그 상품의 삭제 및 판매금지 등의 조치	있음
	위조상품을 적발하기 위한 포괄적·전면적인 사후검사	없음
	상품의 진정성에 대한 소명을 거부한 자, 상습적으로 위조상품을 판매하였거나 판매하려고 하였다가 판매금지등의 조치를 당한 자를 별도로 관리하거나, 그의 계정을 삭제하고 일정기간 재가입을 금지하는 조치	불분명함

75) 서울중앙지법 2008. 8. 5. 2008카합1901 결정.

76) 서울중앙지법 2008. 11. 13. 선고 2006가합46488 판결.

(4) 이상에서와 같이, 명예훼손 사건 및 저작권 사건에서의 대법원 전원합의체판결(대법원 2009. 4. 16. 선고 2008다53812 판결, 대법원 2010. 3. 11. 선고 2009다4343 판결) 및 대상판결에 비추어 보면, 우리 법원은 '침해에 대한 구체적인 인식 또는 인식가능성'과 '침해에 대한 통제가능성'을 책임 여부 판단의 기준으로 인식하고 있으며, 이 점에서 'notice and takedown' 만으로 면책되는 미국과 차이가 있음을 알 수 있다. 향후 상표권 침해와 관련하여, 오픈마켓 운영자의 책임에 대한 대법원 판결은 상기 판례 및 대상판결과 궤를 같이 할 것으로 예상된다.

저자 소개

최성우

제32회 변리사시험 합격(1995년)
한국외국어대학교 독일어과 졸업
고려대학교 법무대학원 지적재산권법학과 수료
워싱턴대학교(세인트루이스) 로스쿨 LL.M 졸업
특허법인 우인 대표변리사
대한변리사회 연수위원회 위원장
대한상표협회 연구이사
한국상표학회 회장
특허청 상표정책자문위원

저서
『주제별 상표법』, 『저작권법』, 『OVA상표법』 외

상표법의 쟁점과 사례

2012년 12월 10일 초판 인쇄
2012년 12월 12일 초판 발행

지은이 최 성 우
발행처 한국지식재산연구원
편집·제작처 新論社
등록번호 제10-308호(1989.3.4)

보급판매처 새문사
등록번호 제1-273호(1977.9.19)

한국지식재산연구원
주소 : 서울시 강남구 테헤란로 131 한국지식재산센터 3, 9층
전화 : (02)2189-2600 팩스 : (02)2189-2694
website : www.kiip.re.kr

新論社
주소 : 서울시 마포구 대흥로6길 6-12
전화 : (02)715-7232(代) 팩스 : (02)715-7235
website : www.saemoonbook.com

ISBN : 978-89-7411-343-8 93360